U0001996

地方創生 ×SDGs的實踐指南

孕育人與經濟的生態圈，
創造永續經營的地方設計法

推薦序　建立在地方生活的價值與意義

SDGs被認為是地方創生的新動力，但我們還沒有太具體的感受。面對十七大項、一百六十九個細項的指標，只要說我們符合了哪幾項就可以交代了嗎？聯合國的用意可能不在於此，而在於實踐。

本書是將地方創生與SDGs連結在一起思考，並找出實踐方式的一本書。

全書的架構包括知識篇、實踐篇、技術篇等三大部分，而其實技術篇是附在第一篇（含一～三章）後面與第二篇（含四～七章）各章的後面，共有描繪地圖、建立對話場域、聆聽、呈現未來、提問、創意等六種技術。

趁著審定的機會，大致將全文讀過一遍，首先印象深刻的是書中提到的查德湖效應。作者引介了非洲查德湖（Lake Chad）的案例，可以說是「查德湖水少了，恐怖攻擊會增加」的推論，與所謂的蝴蝶效應的說法相似。將原文稍加改寫，大致是：溫室效應（13氣候行動）導致沙漠化加重、查德湖湖泊縮小，湖泊周邊運用湖泊資源的農漁業因此受到影響，甚至有些人失去工作（2消除飢餓、8尊嚴就業與經濟發展），而留下來的人則承受著水源不足（6潔淨水與衛生），孩子們為了協助汲水而失去接受教育的機會（4優質教育）；有些人則選擇離開湖泊區而前往大都會找工作，卻使得大都會的貧困階層增加（1消除貧困）、貧民區問題增加（11永續城市與社區）、治安問題增加（16和平正義與有力的制度）；年輕人在大都會的生活貧困、人際關係淡薄，因而心生不滿，遂受到恐怖主義者的吸收，造成許多地方恐怖攻擊行為的增加（16和平正義與有力的制度）。

如果只看這個說法，則其邏輯過於線性，但這個說法卻也將線性過程中的各因素或結果做了連結，說明了SDGs十七項指標往往牽一髮而動全身的情境。作者也注意到其實影響因素往往是多元的，因果之間往往形成網絡關係而非線性關係，因此，作者在第二章「日本與各地永續發展的實際情況」中分析了十七個永續發展目標各自牽涉到其他目標的情況。第三章裡面作者就以一張大圖呈現十七項指標在負面循環架構下的關係圖，其中包含了經濟衰退、生活困難、孤立疏離、教育低落、環境破壞等五種惡性循環，這些惡性循環也是地方投入社造、創生的重要因素。

但作者也提出了地方再生所需要的四種生態環境，包括跨域對話與合作、居民參與挑戰、地方經濟接班人、未來光明願景等。為了培養這樣的生態環境，作者在第二篇即第四章到第七章中分別以地方社區（土壤）、未來願景（太陽）、生活挑戰（風）、新世代教育（水）等為主題，論述運用SDGs概念，實踐永續社區營造的案例與方法。

從日本回看台灣，日本從二〇一四年推出地方創生政策，台灣則從二〇一六年由國發會開始實驗性地推動地方創生，其後宣布二〇一九年為地方創生元年，加速推動地方創生迄今。台灣的國發會做為地方創生的主要推動者與窗口，同時連接了各部會，讓各地所提的地方創生計畫所需經費有不同部會分擔。台日兩地都積極推動地方創生，日本的許多做法則成為台灣的參考。日本地方創生政策的主標題是「城鎮、人、工作」，某個程度可以對應台灣社區營造政策所提到的「造景、造人、造產」，以及可持續發展的三大項「環境、社會、經濟」，而SDGs的十七項目標、一百六十九項細項目標與兩百三十二項指標，也都可以歸納其中。日本從二〇一八年開始選定「SDGs未來都市」，台灣也在許多學者的提倡下，開始將地方創生政策與SDGs連結，一方面營造地方的魅力，建立在地方生活的價值與意義，另一方面從SDGs思考地方可長可久可持續的應有做法。

讀完此書，我們可能感受到負面循環所帶來可持續社區問題的急迫性，例如地方消滅、文化崩解、環境惡化等，並理解十七項指標彼此的網絡關聯性，以及如何運用參與式設計並從SDGs細項中獲得地方創生的靈感。

——**黃世輝**　國立雲林科技大學教授、本書審定（一～四章）

好評推薦

近幾年來，SDGs愈來愈成為顯學，不僅政府部門由中央到地方，層層要求政策呼應這股全球性的行動；教育界也在各級學校中思考如何有效帶入課程，培養學生的地球公民素養；在產業界，從製造業到服務業乃至農業，也都開始提倡新觀念的學習。但，普遍遇到的困境是，不知從何下手？本書從地方創生切入，一方面跟上最新的政策風向，另一方面則站在地方真實的基礎上提供具體的案例，讓同時關心地方創生與永續發展的人，得以參考日本的經驗，找到實踐之道。

——**曾旭正**　國立台南藝術大學視覺藝術學院院長

聯合國十七項永續發展目標是全球邁向永續的共同指引，但如何行動卻是大家常問的問題，書中有詳加的解析與對應，讓我們了解SDGs在日常生活中融入與實踐的做法。人與組織的互信、規範、網絡與命運共同體等社會資本累積，一向是區域資本保全與活化的行動根本，本書以營造土壤、太陽、風、水四項生態系的屬性特質，來說明地方永續發展的營造，點出關鍵，相當精彩。另外六大實踐技術，可說是現場實務工作系統化與步驟化的操作指引，很具參考價值。推薦這本內容豐富紮實、值得一讀的作品，給關心永續發展與地方創生的您。

——**陳美惠**　國立屏東科技大學森林系教授

在地多元主題發展為社區營造的特色，然而卻常常有難以跨界對話與互動之憾，本書作者則依自身經驗與研究，運用聯合國SDGs中，社會、教育、生態、城鄉、經濟及永續等十七項核心目標，建構了一個讓執行者、關係者、研究者、政策制定者等，皆得以在看似無關連的在地主題中，找到解構、分析、調整、對話與合作的架構，並將其整理為六大技術，詳實的介紹了其實務施作的重點與執行方式，對於實務工作者及研究者皆深具參考價值。

——**王文雄**　南臺科技大學創新產品設計系副教授

SDGs是什麼？我想應不需再多說，從二〇一五年聯合國提出，五～六年間全球公私部門積極倡議，儼然已成為引領當代社會，成為迎向二〇三〇新未來的驅動願景，而在發展過程，也衍生出對應企業端的CSR到ESG，學校端的USR等，讓永續與社會責任等進步價值，能更被正視、理解，更關鍵的是，成為一個可溝通、遵循的實踐準則。

老實說在台灣社會創新界，早已不是新鮮事，為什麼還需要這樣一本書呢？那就可以回到書名《地方創生×SDGs的實踐指南》來說，在台灣推動將近四年，風風火火的所謂地方創生，似乎相對於社創領域，對這樣的概念相對陌生，但當我們信仰「安居樂業是地方創生的最後一哩路」，那包含環境以及人文的永續，不應就是在實踐之路上，應念茲在茲帶上的心念。

推薦這本書，給所有懷抱人本設計思維，在社會創新及地方創生實踐道路上的朋友們。

——**林承毅**　林事務所執行長、國立政治／清華大學兼任講師
〈二地居——地方創生未來式〉、〈未來的設計創造〉作者

本書深入淺出詳述了多元的永續發展指標如何「具項在地化」的作法，以及社區各項營造議題，和如何提升社區能力及思考議題的方法。作者將過去許多無法文字化的「暗默知識」的社區經驗，轉化成可閱讀的「形式知識」，適合不論是對社區議題有興趣的初學者，到精進技術的專家皆適合閱讀。

——**王忠融**　輔仁大學景觀設計系助理教授

永續發展地區——具備「人類與經濟的豐富生態系」的地區

永續發展地區具備四大豐富生態系

土壤：建立關係，彼此合作，切磋琢磨的「地方社群」

太陽：照亮方向，帶領大家前進的「未來願景」

風：創造每個人生活意義的「挑戰」

水：培育開創未來能力的「新世代教育」

序言

該怎麼做，才能打造得以永續發展的地方營造呢？

該怎麼做，才能避免社區營造流於曇花一現，而能綿延不絕呢？

地方創生一定得仰賴強大的領袖，不能是當地居民來主導，一步一步促進地區活化嗎？

地方營造一定得模仿過去的成功經驗或是其他地區的成功案例，不能是根據明確的知識脈絡與科學方法來企劃執行嗎？

地方營造該如何協助所有居民，而不是只有部分居民獲利呢？

我自從二〇〇八年成立issue + design以來，以來自外地的設計師、顧問身分與在地企業老闆的身分，參與日本全國各地解決當地課題的專案。在參與過程中，我發現許多問題與提出相應的解決辦法。本書是以具體的方法論，彙整我所提出的解決辦法。

這幾年參與打造永續發展地區時，我使用的工具是「聯合國永續發展目標（Sustainable Development Goals, SDGs）」。聽到這個名詞可能會覺得是聯合國制定的偉大目標，所以適用的規模是整個地球。其實當前面對諸多課題的地區，正需要隱藏在這些目標背後的概念，而這些概念也一針見血地指出我在第一線執行的地方營造本質。

本書旨在提出具體可行的方法論，協助實現永續發展地區，提供負責解決地方課題的公部門，與從地方創生與SDGs的觀點企劃執行新商業模式、企業社會責任（Corporate social responsibility, CSR）活動的企業，以及想要活化家鄉而創業與舉辦活動的居民們參考。

本書結構

本書共分為三個部分，分別是第一部「知識篇」、第二部「實踐篇」與第三部「終章」。

第一部「知識篇」又分為三章：

第一章相當於入門，說明SDGs與地方創生的基本知識。

第二章分門別類介紹SDGs的十七大目標，以及五十五個與日本各地方息息相關的問題。人口減少、人口老化、社會福利費用高漲、教育與在地產業衰退……這些地方常見的問題乍看之下各自獨立，其實是連帶關係。想要建立永續發展地區，必須俯瞰整個地區，了解地方整體，而非針對眼前的特定課題。

第三章介紹本書核心。地方之所以會出現問題在於五種「負面連鎖結構」，要打破負面連鎖結構與實現地區永續發展必須「重建生態系」，為此又必須整頓四種生態環境。

第二部「實踐篇」分為四章：第三章主張建立永續發展地區需要四種生態環境：土壤（地方社群）、太陽（未來願景）、風（挑戰）、水（新世代教育）。接下來的章節分別介紹這四種生態環境對於地方的意義，以及整頓環境的方法論。

此外，於第三到第六章的各章節最後，分別介紹了打造永續發展地區所需的六種技術。本書介紹的所有步驟需要使用這六種技術，為了方便讀者理解，特意安排在關聯性強的章節結尾。

終章介紹我個人對於地方生活的考察。在這個經濟成長已經告一段落，科技日新月異的時代，日本人追求的「真正富足」的生活其實已遍布於各地鄉鎮。

第一部「知識篇」：了解地方永續發展與SDGs

第 1 章 介紹	SDGs與地方創生
第 2 章 分析	日本與各地永續發展的實際情況
第 3 章 提案	重建地區生態系
技術一	描繪地圖的技術

第二部「實踐篇」：實踐可以永續發展的地方營造

第 4 章 社群	建立關係，互相合作，切磋琢磨的「地方社群」
技術二	建立對話場域的技術
第 5 章 願景	照亮方向，帶領眾人的「未來願景」
技術三	聆聽的技術
技術四	呈現未來的技術
第 6 章 挑戰	打造每個人生活意義的「挑戰」
技術五	提問的技術
技術六	創意的技術
第 7 章 教育	培育開創未來能力的「新世代教育」
終章	真正的「富足」在地方

「地區」的定義

日本的基層地方政府（市區町村）依照地段、產業、人口等現況與目前面對的課題，大略可分為三個地帶：

第一地帶：都心、追求經濟成長地區

第二地帶：郊外、人口超高齡化地區

第三地帶：中山間*、人口急速減少地區

第一地帶指的是東京都中心的二十三區、大阪市等政令指定都市（日本將人口五十萬以上，並經由政令指定之市，稱之為「政令指定都市」，依據各種法律規定，擁有與都道府縣相當之權限及特例，類似台灣過去的省轄市，現在的「市」）。人口不會出現大幅波動，今後應該也是全國與各地經濟的中心，持續發展成長。

第二地帶是大都市的郊區，在大都市工作的人通常選擇居住於此。這裡和嬰兒潮世代購買房屋的地區重疊，所以也居住了許多退休人士。目前人口急速老化，不少地區的人口已經開始減少。相較於第三地帶，減少速度較為和緩。

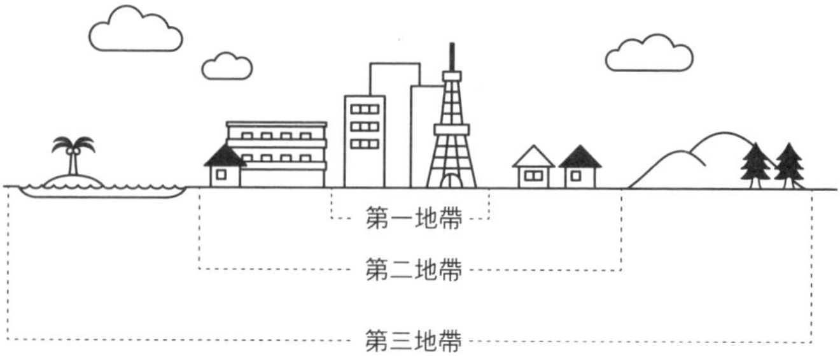

第三地帶稱為「中山間」與離島地區。人口稀少且急速外流，大幅減少。人口老化比第二地帶更嚴重一個階層。

本書的「地區」主要是指第三地帶，也就是人口急速減少的基層地方政府。但是以人口多達一百五十萬的神戶市為例，市中心三之宮高層豪宅與辦公大樓林立，是典型的大都市，也就是第一地帶；驅車或搭乘地下鐵二十分鐘便能抵達的「北區」卻是屬於第三地帶的大農村。許多地方政府三種地帶並列，因此不能以單一一種地帶來分類基層地方政府。

本書的「地方」主要意指「人口急速減少，人口稀少的小地方」，有時會以「鄉村」、「鄉下」代稱。而「地方圈」一詞意指「三大都市圈（東京、關西與名古屋）」以外的地區。

我這十年來參與各地活動，獲得眾人協助指導，一路累積各式經驗，實踐地方營造。寫作本書之際，我重新審視過去的所見所聞，徹底調查，彙整為外顯知識，希望把基於知識脈絡與科學根據所建立的「地方營造科學」系統化，而非套用過去的經驗與案例含糊行事。

希望大家藉由本書體會與實踐地方營造的「科學」。

＊譯註：中山間

中間農業地區與山間農業地區的合稱，泛指從平原的外緣至山間地的區域。

目錄

第一部「知識篇」

了解地方
永續發展與SDGs

第 1 章

SDGs與地方創生

何謂SDGs

二〇一五年九月，聯合國大會一致通過「翻轉我們的社會：二〇三〇年永續發展方針（Transforming our world：the 2030 Agenda for Sustainable Development）」，通稱「SDGs（Sustainable Development Goals）」，中文譯為「永續發展目標」。

應該許多人聽過這個名詞，覺得很難懂，不容易徹底理解吧！應該也有不少人覺得這是地球等級的目標，很難跟自己或是自己居住的地區聯想在一起吧！

SDGs是打造永續發展地區的強大工具。目前許多地方面臨人口外流、老化與經濟衰退等各類課題，想要解決問題正需要SDGs的概念。

本章針對執行「永續發展的地方營造」的人士，介紹應當事先了解的SDGs基礎知識、有益於地方營造的目標達成法，以及SDGs與地方創生的關係。

SDGs的基礎知識

首先介紹一定得具備的五大SDGs基礎知識。

基礎知識之一：這是從開發中國家到已開發國家等全世界、全地區共通的目標

這是地球上所有國家共通的目標，而非只是援助開發中國家或是消弭資源差距等等。此外，這也不是日本全國的目標，而是必須落實到每個都道府縣與市區町村。

基礎知識之二：產學官民、所有部門、所有民眾都是主角

這是全人類共通的目標。不是由聯合國來負責，不是由政治家與學者來主導，也不是由中央與地方政府來指揮。民間企業除了必須對達成目標有所貢獻，也能藉此機會創造新事業。這也和我們每一個人的生活與未來息息相關，每一個人都必須主動積極行動以達成目標。

基礎知識之三：不棄任何人於不顧

二〇一五年九月聯合國發表宣言中的導言*，主張SDGs的重要理念之一是「不棄任何人於不顧（no one will be left behind）」。已開發國家的發展背後經常是犧牲開發中國家，強調環保之餘容易忽略貧困階層，僵化不知變通的規則與社會常識，往往剝奪了弱勢族群的喪失權益，導言指出必須重視這群人。換作是日本國內，代表SDGs不僅是經濟活動與人口集中的大都市圈，而是包括人口僅數百人或數十人的鄉鎮聚落，不會棄任何人於不顧。

現在領取低收入戶補助的民眾與日俱增，卻也有些貧困階層不曾被社會福利安全網接住；發展障礙與精神疾病患者人數隨著社會環境變化而逐漸增加。建立這些弱勢族群得以安心生活的環境，是地方的重要課題。

今後即將邁入百歲時代，住在醫療技術先進的日本，代表可能得和重大疾病或障礙共生。因為罹患癌症、失智，或是為了雙親的長照問題而離職，是每個人都可能面臨的問題。我們都有可能成為弱勢族群，不知何時得面臨健康問題、精神疾病或經濟困難。因此建立「不棄任何人於不顧」的社會不

＊宣言文中的部分導言

在一同踏上這趟偉大的旅途之際，我們保證不會棄任何人於不顧。尊嚴是人類的基本權利。我們在此共識之下，希望實現為所有國家、所有民眾與社會所有階層制定的目標與細項目標。我們將首先致力於協助最落後的人。

是為了別人，正是為了我們自己。

基礎知識之四：三大領域、十七大目標、一百六十九項細項目標

如同SDGs的圖示，一共是由十七大目標所組成。聽到是由聯合國主導，大家通常會聯想到氣候變遷等環保問題，或是開發中國家的貧困問題，其實SDGs的一大特徵是也重視「經濟」課題，例如：「8尊嚴就業與經濟發展」與「9產業創新與基礎設施」。另外也包含許多社會福利相關目標，「3良好健康和福祉」、「4優質教育」與「10減少不平等」都是典型例子。

十七大目標又各自分為十個細項目標，想要了解十七大目標必須先從解讀細項目標開始。以「2消除飢餓」為例，乍看之下似乎與日本人沒有太大關係。然而進一步分析細項目標，便能發現這項目標和農家收入、生產效率與糧食生產系統有關。目前日本農民平均年齡六十八歲，糧食自給率僅三成。消除飢餓這項目標與日本其實息息相關。

no one will be left behind

不棄任何人於不顧

基礎知識之五：目標期限為二〇三〇年

SDGs設定的達成期限是二〇三〇年。十七大目標與一百六十九項細項目標所呈現的是期望於二〇三〇年實現的目標，也就是心目中理想的未來。這不是今年或明年就要達成的短期目標，而是規劃約執行十年左右的中長期計畫。

達成目標所需的手段

為了在二〇三〇年實現地球與地方的永續發展，必須執行以下三種手段。

手段一：革新與節流

月薪只有三十萬，卻月月揮霍五十萬。這種日子可以維持多久呢？要過得下去，只能靠父母的遺產或他人援助，不然就是一直借錢吧！前者總有一天會坐吃山空，後者不可能長長久久。正常人都會想辦法解決這樣的現況。

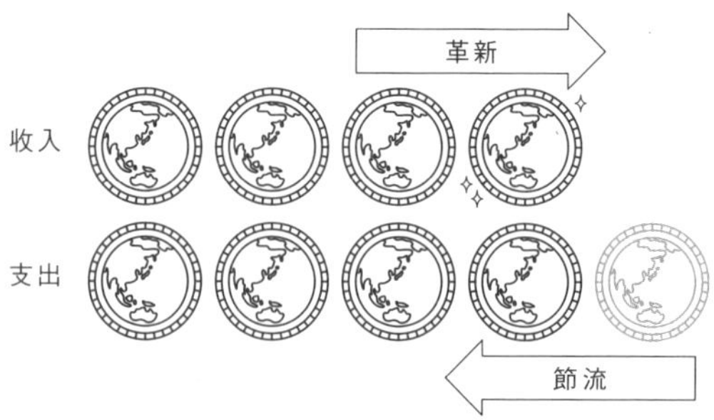

現在的地球以及地方正處於這種狀態。人類生活日漸富足，因而濫用地球生態系賜予我們的自然資源，揮霍過去的資產。日本在二〇一八年經歷夏季異常高溫、豪雨與颱風災情，可能是地球對我們發出警告：「已經沒有任何遺產可供揮霍了。」面對這種負債累累的生活，有兩個解決辦法：一是審視支出，減少不需要的花費，縮小生活規模。例如：檢討住宅、飲食、衣物、交際、興趣、工作、通訊、交通等每個月的花費，調整生活模式，逐漸節省開支。這種作法套用在環保上是改變生活與業務型態，減少垃圾與使用的資源份量，著重保護森林與海洋，減輕地球與地方的負擔。

另一個作法是開源。磨練自己的技術，提升工作價值，嘗試賺取更多收入。這種作法套用在環保上是改善運用自然資源的技術，改革生活方式，以利提升自然資源產生的價值並且更有效活用。聽到永續發展，大家總會聯想到減輕環境負擔等節流的方法。其實不少專家指出目前的地球單憑使用再生能源與節能來減輕負擔已經有點來不及了。想要達成目標，生活、商業模式與社區營造都必須打從根本革新。節流與革新，透過這兩個手段來調節收入（創造的價值）與支出（環境負擔）的平衡，讓收入超過支出以創造美好未來。這就是打造永續開發與建立永續發展地區。

手段二：涵蓋與關聯

十七大目標是SDGs最重要的概念，其定位與關係卻經常遭到誤會。這十七項目標並非各自獨立存在，而是彼此息息相關。分成十七項只是為了方便。國谷裕子接受訪問（見第五二頁）時，介紹了非洲查德湖（Lake Chad）的故事。這正是了解目標彼此關聯的好例子。

查德湖位於非洲大陸中央，過去三十年之間因為溫室效應（13氣候行動）引發沙漠化，導致水位下降，急速縮小。原本周遭眾多居民利用湖泊資源從事農業與漁業工作，因為水源不足（6潔淨水與衛生）而失去工作（2消除飢餓、8尊嚴就業與經濟發展），又為了汲水而失去受教機會（4優質教育），最後只得離開當地，前往大都市討生活。大都市的貧困階層因而增加（1消除貧困），社區淪為貧民窟（11永續城市與社區），治安也因此惡化（16和平正義與有力的制度）。許多年輕人因為在都市的生活人際關係淡薄，生活貧困，於是受到伊斯蘭恐怖組織徵募吸引，成為恐怖份子。這就是全球

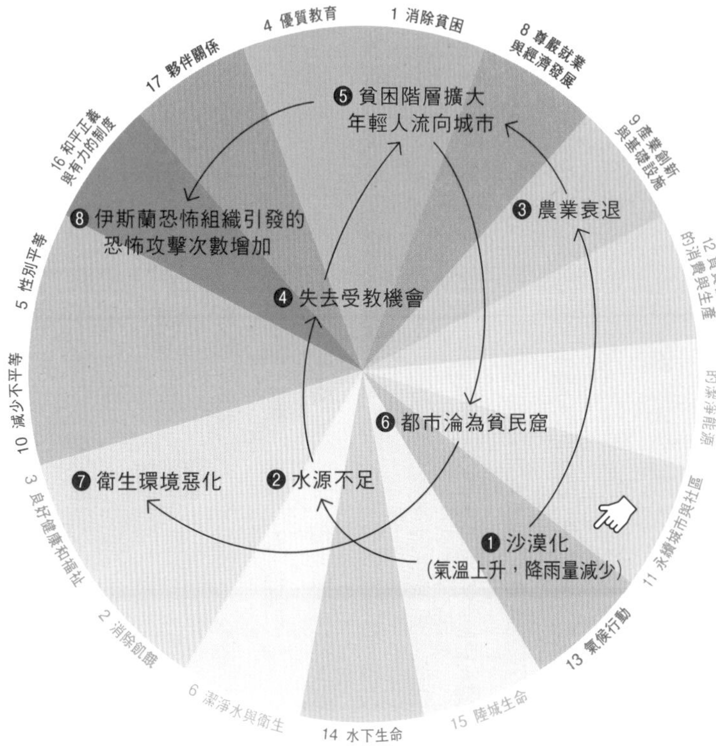

圖表　查德湖四周的環境變遷

各地恐怖攻擊行為急速增加的原因之一（16和平正義與有力的制度）。氣候變遷與世界和平乍看之下毫無關係，其實是因果關係。

兼顧居民個人與地方所有人的需求

十七大目標全部息息相關。想要達成其中一項目標，必須思考與其他目標有何關聯。有時達成其中一個目標的行動可能會阻礙其他目標，反之亦然。

例如某個海景美麗的地區想要建設休閒設施，藉由提振觀光業來振興當地。吸引來自日本全國與世界各地的觀光客，有助於創造就業機會，活化當地經濟（8尊嚴就業與經濟發展、9產業創新與基礎設施）。然而觀光業可能汙染海洋（14水下生命），傷害當地的主要產業漁業（9產業創新與基礎設施）。這項方案有利有弊，根據今後的建設方式可能出現兩種作法：

一是分裂的作法：無論是海洋休閒設施業者、漁業相關人士、當地商家、旅館還是公部門，所有人只著重自己的利益與目的，彼此利害關係相互衝突，導致部分人士受益時必定會損害他人利益。

海洋休閒設施業者力量最為強大，於是推動開發以最大化自身利益。開

圖表　兩種作法分別可能引發的結果。

分裂

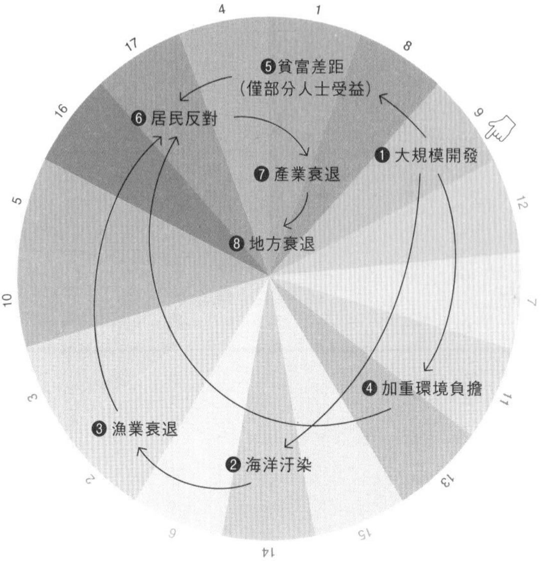
4
1
8
9
12
7
11
13
15
14
6
2
3
10
5
16
17
❺貧富差距
(僅部分人士受益)
❻居民反對
❼產業衰退
❽地方衰退
❶大規模開發
❹加重環境負擔
❸漁業衰退
❷海洋汙染

攜手合作

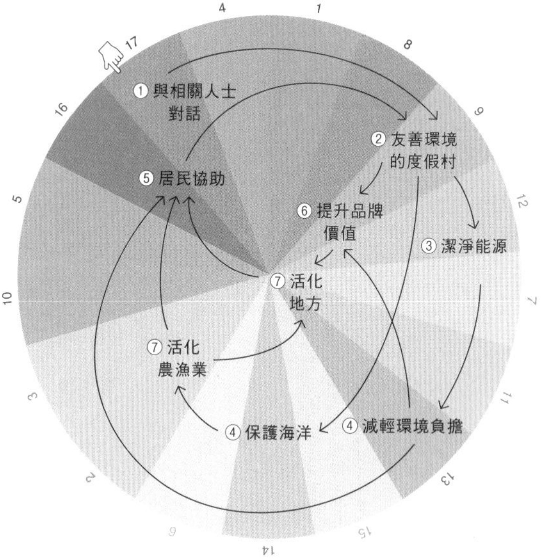
4
1
8
9
12
7
11
13
15
14
6
2
3
10
5
16
17
①與相關人士
對話
②友善環境
的度假村
⑤居民協助
⑥提升品牌
價值
③潔淨能源
⑦活化
地方
⑦活化
農漁業
④保護海洋
④減輕環境負擔

發的確吸引來了觀光客，卻也污染了海洋（14水下生命），導致漁業更加衰退（8尊嚴就業與經濟發展），留下垃圾，破壞當地居民的生活環境（12負責任的消費與生產）。加上觀光客只會停留在休閒設施內用餐與購物，唯一獲利的是休閒設施業者，當地商家無法藉此賺取觀光財，居民群起抗議。

休閒設施業者想利用當地海洋資源開發新的旅遊行程，當然無法獲得居民任何協助，雇用不到優秀的在地人才，也買不到當地海產提供觀光客。這些負面影響日積月累，導致休閒設施日漸蒙塵。原本開幕之際門庭若市，日後競爭力卻逐漸下降，輸給其他觀光勝地。最後在當地只留下破舊的設施與髒汙的海洋，導致衰退更加嚴重。這種以個人目的為優先的作法造成地方分裂，贏家最後也蒙受負面影響。

另一種作法是攜手合作。關係人士彼此對話，共享地區整體目標、各自的生活與事業的目的，齊頭並進。例如：建立小規模度假村，推行零廢棄與使用潔淨能源，避免影響海洋生態，藉此取代大規模但嚴重汙染環境的度假村（7可負擔的潔淨能源、12負責任的消費與生產）；度假村提供當地海鮮與農作物（14水下生命、2消除飢餓）製作的餐點，並且與當地居民共同開發經營觀光行程。友善環境的度假村大獲好評，帶給當地新的工作機會（8尊嚴就業與經濟發展）。最後地區整體因而活化，所有相關人士都因此獲利。這正是最理想的結果。

由此可知十七大目標彼此息息相關，各界人士在達成自己的目標時，也必須意識到地區整體與他人的目標。但是我要強調的是達成地區整體的目標不代表必須犧牲個人。意識到自己的目標與當地整體的目標其實有所關連，兩者一同成功，方才是達成自己目標的捷徑。SDGs正是為了促成這種結果的思想架構，提供眾人溝通時的共同語言。

手段三：回溯，從未來願景反推

相信有人認為合作方案理想美好，卻難以實現。這種看法的確沒錯。相關人士之間的鴻溝不是輕輕鬆鬆便能跨越。因應此種困難，SDGs提倡的解決辦法是「回溯（backcasting）」。

回溯是一種大膽的思考手段，先從勾勒未來願景、制定目標著手，思考實現目標應當執行哪些活動。回溯的相反是「預測（forecasting）」：先從認識現狀開始，找出課題，描繪改善現況後可能實現的目標與未來願景。

把回溯與預測套用在前文提及的家計例子，預測是從檢討目前的收支開始，改善的方式是零用錢減少一萬元，降低外食的次數與多多加班。然而光靠這些辦法難以彌補二十萬元的鴻溝。

回溯則是先勾畫未來願景，藉由打從根本改變生活型態以實現目標。例如：設定目標是「將來搬到海邊，全家一起去衝浪」。想要實現困難的目標必須具備長期觀點，自然會開始檢討工作方式與住處的地點，思考房子與車子該怎麼辦，調整生活的優先順序與現在的待辦事項，提升達成的可能性。

社區營造與新事業的專案習慣採用預測的手段，這種作法會影響相關人士無法擺脫現狀束縛，思考總是繞著改善現況打轉：「希望多少能增加點收入」、「要建設大型設施好早點回收投資資金」。回溯則是暫時無視現況，想像十年後的理想狀態，思考什麼樣的狀態才能讓大家都過上幸福生活。如此一來，自然會浮現「建設友善環境的度假村，推動零廢棄，不使用石化能源」、「打造地產地銷的餐廳，使用當地漁民與農家提供的食材」、「提供海洋生活體驗，由當地居民負責導覽」等眾人共通的理想。SDGs正是一種回

預測

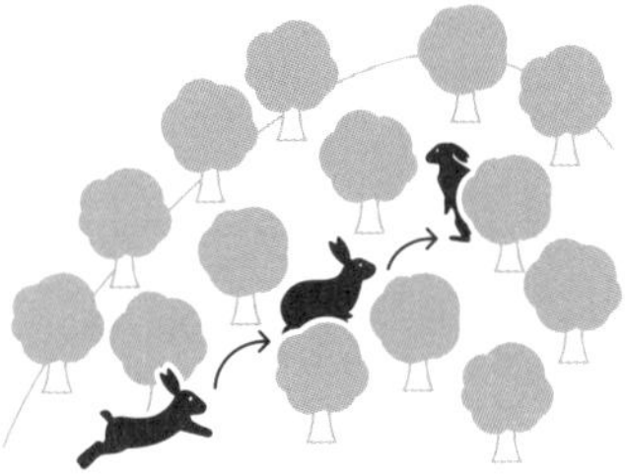

回溯

溯，提供二〇三〇年各地的願景。為了實現這個目標，大家各自企劃與執行做得到和該做的事。由於共享願景，回溯也是一種跨越地方各類分裂的方法。

何謂SDGs

根據前文說明，本書對SDGs的定義如下：

SDGs（永續發展目標）是
居民、企業與公部門等在地與外地的利害關係人，
不拘泥於自己的立場與領域，一同制定地方的未來幸福願景，
為了實現目標，眾人彼此合作，攜手挑戰。

地方創生與SDGs

日本政府因應聯合國於二〇一五年通過SDGs，於二〇一六年五月成立永續開發目標推行總部，同年十二月決定國家執行方針「永續開發目標執行方針」，設定八項優先課題*。課題中提及地方政府在推動SDGs的重要性，二〇一七年十二月內閣決議通過的《城鎮、人、工作創生（地方創生）綜合戰略二〇一七修訂版》明確指出要實現地方創生，必須推動SDGs。

何謂地方創生

二〇一四年十一月頒布的《城鎮、人、工作創生法》定義地方創生的目的是「建立所有國民得以懷抱希望與夢想，安心經營富饒生活的地方社會」。地方創生是安倍晉三第二次擔任首相時提出的政策，旨在消弭人口與資源集中於東京一處，減緩地方人口減少，提升日本整體活力。

主要政策為「地方創生版的三支箭」，第一支箭是「資訊支援」，提供足以分析各地方政府精密資料的資料庫等等；第二支箭是「人才支援」，利

＊八項優先課題

①推動全體國民發揮能力。
②達成健康、長壽。
③創造成長市場，活化地區，革新科學技術。
④整備國土與基礎建設，打造足以永續發展的強韌國土與高品質基礎建設。
⑤節能、再生能源、氣候變遷對策與循環型社會。
⑥生物多樣性，保護森林、海洋與島嶼。
⑦實現和平、安全、安心的社會。
⑧執行推動SDGs的體制與方法。

用地方創生大學、活化地區傳教士與地方創生人才支援制度等培育人才與派遣；第三支箭是「財政支援」，提供地方創生的相關補助金與企業版的「故鄉稅」（相關詳解請見終章）等等。這些措施提供活化地方與降低人口減少所需的資訊、人才與費用，藉此支援各地方社區。

地方的各類分裂

地方創生活動始於二〇一四年，部分地方政府成功吸引外地人移居，減緩人口減少，提出具體成果；卻也有不少地方政府無法改善現狀，苦苦掙扎。難以提出成果的理由之一是地方內部存在各式各樣的分裂。

「官民分裂」：原本地方營造應該是當地各界人士不分民間與公部門，共襄盛舉，自力救濟。然而居民認為「我們繳了這麼多稅，當然是公部門該負責！」公部門則限制自己的角色，認為「地方營造是民間團體的工作」，態度消極。

「各自為政導致組織分裂」：無論是公部門還是民間企業，都存在部門各自為政的問題，必須跨部門解決的問題往往淪為部門間互踢皮球，最後因為沒有明確的負責人而遭到擱置忽視。以兒童和長者為例，過去兩者共享生活空間，現在卻因為兒童保育與老人長照分屬不同的社會福利制度，失去交流的機會。

「現在與未來的分裂」：公部門必須在一年之內提出成果，業績壓力導致各單位優先執行能快速提出成果的業務，只執行眼前半年內的作業。

「地方之間的分裂」：這是資源有限導致的分裂。例如：年輕世代人口稀少，各地方政府卻紛紛爭取年輕人移居；為了獲得更多稅賦，以不合常理的回禮爭取故鄉稅。

「世代分裂」：人口老化的地方社區主要是六十～七十多歲的居民負責社區營造，年輕世代無法參與或是不願參與。

「性別分裂」：許多地方對女性仍舊嚴重歧視，女性的出路與工作受限，難以進入領導階層。

達成SDGs的手段能有效跨越分裂，建立「所有國民得以抱持希望與夢想，安心經營富饒生活的地方社會」。跨越居民、業者、農民、公家機關、非營利組織、居民自治團體、工商組織、農會、學校等立場與組織，跨

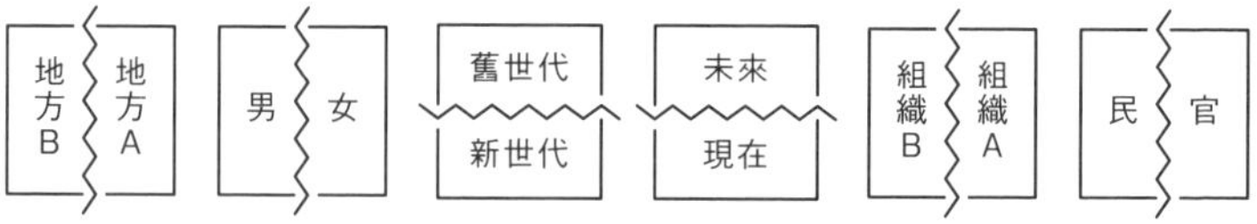

越產業、環境、教育、醫療、福祉、防災、社區營造等領域，實現地方永續發展的活動，就是根據ＳＤＧｓ的地方創生活動。

ＳＤＧｓ的地方創生五大活用法

ＳＤＧｓ用在地方創生，具備五大強大功能：

一、願景地圖：指引邁向未來的道路

地方創生是要打造地方十年、二十年之後的理想樣貌。然而現實情況往往是被眼前的課題追著跑，難以著手執行長期活動。公部門必須在一年之內提出成果，負責人異動與首長任期短暫，都導致短視近利更加嚴重。

要把眼光放遠，推動長期活動，不受人事異動與年度遞嬗影響，需要制定「未來的目標＝願景地圖」。然而邁向目標的路途漫長，途中總不免有迷路的時候，或是旅伴與領隊換人。這種時候不可或缺的就是地圖。從零規劃願景地圖難如登天。但是現在我們已經擁有ＳＤＧｓ這個全世界共通的「願

景地圖」。以這份根據明確的世界地圖為基調，打造地方版的願景地圖就容易得多了。制定未來願景（第五章）時，SDGs是非常有效的工具。

二、共同語言：跨越組織與部門對話

我要再次提醒大家，SDGs的十七大目標彼此息息相關，齊頭並進可以帶動全球與地方整體邁向永續發展的未來。

地方營造活動的相關人士包括業者、個人、公家機關、民間組織、居民自治團體等各界利益相關者；包括兒童到長者等各個年齡層；包括初來乍到的移居者到祖先世世代代都住在當地的居民。大家都習慣站在自己的立場發言行動，為其他相關領域或他人著想不是件容易的事。

因此SDGs便是挑戰地方營造時的共同語言，能夠跨越立場與領域，打破各自為政的藩籬。無論是整個國家、地方政府、民間營利組織、非營利組織、學校還是所有參與人士，SDGs都是可以共享的目標、問題意識與思考架構。利用十七大目標這種共同語言，跨越組織與部門的鴻溝對話，促使所有人朝同一個方向前進。本書嘗試以淺白的文字說明十七大目標（第二章），希望不分老少都能了解運用。促進居民對話合作（第四章），一同勾畫地方未來（第五章），同心挑戰（第六章）都有賴地方營造的共同語言SDGs發揮作用。

三、地方營造的入口：一百六十九個項目中一定有你感興趣的領域

SDGs共有一百六十九個細項目標，代表通往地方營造的入口共有一百六十九個，其中一定有和自己相關、有興趣的項目。聽到振興地方、地方創生等名詞，總會有人覺得「好像很難」、「我應該做不來」、「沒興趣」。SDGs正是降低參與門檻的工具，方便所有人參與，把地方營造當作自己的事。想要促使每一位居民思辨「永續發展地區」的未來（第五章）、挑戰打造永續發展地區（第六章）與自己的學習主題（第七章），可以利用SDGs。

四、標準：和全球其他地方比較目前的地方現況與SDGs執行進度

達成SDGs的時程訂在二〇三〇年，距今還有好長一段時間。衡量達

成進度需要標準、準繩。博德曼基金會*與SDSN*發表《SDGs指標與儀表板報告（SDG Index and Dashboards Report，二〇一八年版）》，公布全球一百九十三個國家的SDGs進度。根據這份報告可知，日本的綜合評分是第十五名（七十八點五分），排名趨前。然而細看各個項目便可發現進度較佳（評價為綠色）的是「4優質教育」，「5性別平等」、「12負責任的消費與生產」、「13氣候行動」、「14水下生命」、「17夥伴關係」都是進度較差的紅色評價。由此可知，日本目前的進度、強項與課題。

SDGs的十七大目標與一百六十九項細項目標是全球共通的標準，藉此丈量自己的所在地區，便能發現特色與優缺點，進一步刻劃未來以強化優點，克服弱點（第五章），進而挑戰新事物（第六章）。

五、檢查清單：不棄任何人於不顧的確認清單

地方營造活動的中心往往是影響力強大的首長、居民自治團體或是工商會等既有組織的領袖，以及充滿活力的年輕移居者。為了實現SDGs的關鍵主題「不棄任何人於不顧」，必須確認推動地方營造活動時是否涵蓋了

＊博德曼基金會（Bertelsmann Foundation）
德國最大的公益財團，規模在全球屈指可數。其成立人為博德曼集團，是總部位於德國的媒體公司，涉足出版與廣播等等。

＊SDSN
Sustainable Development Solutions Network（永續發展方法網路）的簡稱。發起人為聯合國前秘書長潘基文，旨在促進全球學術機構、企業與民間團體等各界利害關係人攜手合作，建立與共享實現永續發展社會的方法。

十七大目標，是否遺漏了什麼課題或是忽略了部分當事人。實現不棄任何人於不顧的地方社群（第四章）、未來願景（第五章）、個人挑戰（第六章）與新世代教育（第七章）時，SDGs同時兼具檢查清單的功能。

整個世界緊密連結

日文有一句形容蝴蝶效應的諺語是「一刮風，做木桶的就賺錢」。這是因為颳風時灰塵飛進人的眼睛裡，導致失明的人增加；失明的人多半是靠拉三味線維生，而做三味線需要貓皮，導致貓的數量減少；貓的數量漸少又使得鼠輩猖獗，老鼠啃咬木桶，於是木桶的需求變大，做木桶的因而賺錢。

上述這一連串的因果關係有待商榷，不過就像氣候變遷與恐怖攻擊乍看之下毫不相干，其實卻是因果關係。我們的行動一定會影響周遭的人。這些行為日積月累，帶來各種變化，打造我們所居住的地區，以及地球的未來。

單憑個人改變日常生活的微小行動，無法改變未來的大方向。然而大家一起為了大幅改變未來而相互對話，攜手合作，各自一點一滴改變行動，涓

流終究會匯聚成大河。推動全世界的人一起改變並不容易，至少在自己居住的地區，一定能找到可以馬上著手改變之處。建立永續發展地區的SDGs活動始於每個人在各地發起活動，大家的行動和當地的未來、地球的未來息息相關。

第 1 章

SDGs與地方創生

訪談一

「中山間」地區是地球未來的關鍵

國谷裕子

一九七九年畢業於美國布朗大學（Brown University）。曾任NHK綜合台《七點新聞》英語新聞的翻譯、主播，以及NHK BS台《世界新聞》、《新聞看世界》等節目的播報員。至二〇一六年為止一直於NHK新聞節目《現代焦點》擔任播報工作。目前是慶大義塾大學研究所政策媒體研究科特任教授。二〇一七年一月出版《播報員這種工作》。

Q1 請問您接觸SDGs時的第一印象。

我是因為電視節目《現代焦點》的播報採訪工作接觸到SDGs。前往採訪二〇一五年九月聯合國成立七十周年大會時，知道大會宣布SDGs目標後開始著手了解內容。

當時的印象是「實在很複雜」，坦白說我無法立刻消化這麼多目標與細項目標。

在二十六分鐘之內介紹這麼複雜的內容談何容易。《現代焦點》通常是開頭花一分半介紹當天的主題，接著播放採訪影片。介紹SDGs時卻說明了將近三分鐘才播放影片。我還記得當時為了說明背景與用字遣詞，費了一番苦心。

Q2 什麼樣的契機促使您進一步了解「複雜難解」的SDGs並且接納呢？

我在採訪時認識了來自奈及利的亞阿米娜·穆罕默德（Amina Mohamed）女士（當時的聯合國秘書長特別顧問），她是《二〇三〇年永續發展議程》的主持人。我在採訪她的過程中清楚明白了SDGs的本質。

她的家鄉有一座名為查德湖*的湖泊。查德湖面積廣大，她小時候甚至會幻想「湖的另一頭究竟是什麼樣子呢？」然而查德湖之後受到溫室效應（13氣候行動）的影響而水位下降，套句穆罕默德女士說的話是變成「一灘水窪」。周遭居民原本利用湖泊資源從事農業與漁業工作，因為水源不足（6潔淨水與衛生）而失去工作（8尊嚴就業與經濟發展），只得離開當地，前往大都市討生活。大都市的貧困階層因而擴大（1消除貧困），社區淪為貧民窟（11永續城市

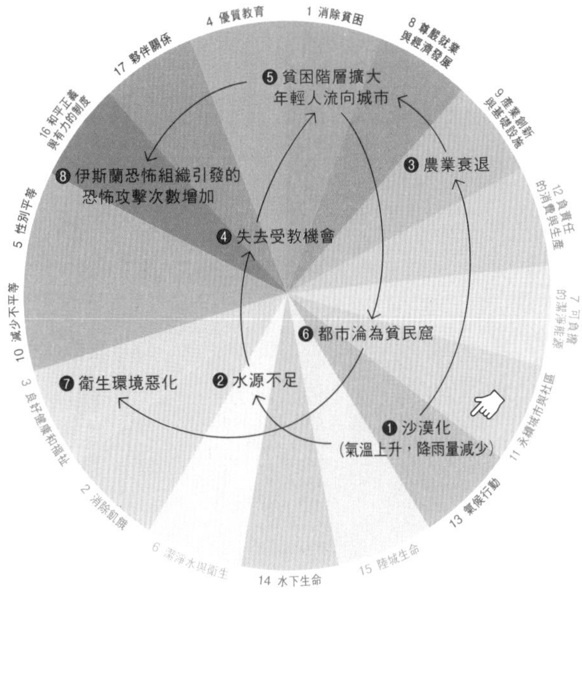

與社區）。由於生活困苦，不少年輕人受到伊斯蘭恐怖組織徵募吸引，加入恐怖攻擊（16和平正義與有力的制度）。

大家都聽過「溫室效應」與「伊斯蘭恐怖組織發動恐怖攻擊」，卻沒有人知道兩者其實是因果關係。穆罕默德女士舉出的例子明確說明了兩者的關係。其一席話令我清楚明白儘管地球上的社會問題形形色色，其實是連帶關係，處理時必須考量相互影響與交互作用。

我透過《現代焦點》這個節目報導日本的社會問題與解決對策。儘管播放時認為介紹的是最合適的對策，好幾次卻事後發現該項對策，其實在眾人沒有注意的地方引發了其他問題或是導致其他問題惡化。我深深感受到自己缺乏SDGs的觀點，才會忽略了這些社會問題其實息息相關。

Q3 可以舉例說明解決了一個社會問題卻又引發其他問題嗎？

第一個例子是泡沫經濟瓦解之後，日本政府放寬雇用勞動法規。

《現代焦點》是在一九九三年開始播放，當時正逢泡沫經濟瓦解的影響逐漸浮現檯面。日本企業出口競爭力不再，苦於處理不良債權，公司一家接一家倒閉。日本企業為了生存，從設備、資產到人才一路削減，颳起一陣資遣風潮。為了削減人事費用，日本政府於是放寬雇用勞動法規，可以採用非典型雇用的職位越來越多。

我們在節目上以「市場做出判斷，市場命令這些企業退場」來形容公司倒閉。考量日本的經濟情況，削減人事費用、資遣、修改《勞工派遣法》*與非典型雇用的情況與日俱增等都是為了避免倒閉，執行這些因應對策是無可奈何。

然而二〇〇八年底發生了金融海嘯，許多人失業又無家可歸，不得不前往連屋頂都沒有的過年派遣村*，靠派遣村提供的食物填飽肚子。我親眼目睹這番光景，心想自己當年究竟報導了什麼？裁員或許是情不得已，可是這個社會「有接住這些人的安全網嗎？」我深刻反省自己完全缺乏這方面的觀點。

另一個例子是削減地方政府的財政支出。

由於地方政府財政惡化，全國各地紛紛提倡減少開支，以免浪費稅賦。解決對策是把社會福利外包，也就是政府向民間企業購買公共服務*。政府購買公共服務當然不是壞事，公共服務可能因此多元化，變得更靈活有創意。

其中一項因為政府委託民間企業，而採用投標方式的公共服務是「兒童保育」。由於地方政府每三年便得重新招標，業者為了得標而削價競爭，導致教保員的薪資水準一落千丈。我們訪問的資深教保員表示他的月薪只剩十四萬日圓（譯註：日本大學畢業生的起薪平均約二十一萬左右），「必須花過去的存款才能過日子，這樣下去沒辦法繼續當教保員」。原本教保員的薪資水準低落就已經是社會問題，為了解決地方政府財政惡化，採用委託民間的作法反而使得薪資問題更加嚴重。除此之外，每三年換一次業者導致教保員也是每三年一輪，看在家長眼裡，這種作法害得本來熟悉孩子情況的教保員某一天就忽然不見了。

這種改革措施或許減少了地方政府的短期支出，卻導致教保員收入減少，保育品質降低。教保員心想「我沒辦法繼續在這裡工作」，家長覺得「我在這裡沒辦法養小孩」，於是選擇離開當地。這些連鎖效應可能導致人口外流更加嚴重。

當時節目是從地方政府財政改革與公共服務效率化的角度來介紹這些政策，現在想想當初的觀點都不夠全面化。要是當年我早點認識SDGs的概念，報導方式或許會有所不同。

Q4 為了達成SDGs，日本各地，尤其是中山間與離島地區等人口急速減少的地區扮演什麼樣的角色呢？

從二〇一八年日本夏天發生的異常氣象可知，氣候變遷已經嚴重到威脅人類生命的地步。過去地球受到吸收循環二氧化碳的系統所保護，這套系統卻因為這數十年來人類生活日趨富足而無法負荷。現在推行以再生能源取代化石燃料來解決環保問題固然重要，單憑轉換能源已經無法完全解決問題。

因此徹底運用植物、土壤與海洋等地球上原本就能從空氣中吸收二氧化碳的偉大系統成為當務之急。日本是全球屈指可數的森林大國，大部分的森林正位於人口急速減少的中山間地區。

森林長期以來被視為無法處理的麻煩，其實是人類與地球的重要資源。二〇一八年四月發表的第五次環境基本計畫*也提出了「地區循環共生圈*」的概念。居民必須適當管理當地的森林並加以徹底活用，把森林吸收二氧化碳的能力提升到最大極限。

現代的開發規模都是針對地球整體，習慣把焦點放在大都市圈，其實這種時候地方扮演的角色更是重要。

Q5 針對中山間、離島等人口急速減少的地區，SDGs對這些地區的地方創生有何裨益？

這些地區討論地方創生時往往執著於過去的作法，難以換位思考，無法提出新點子。SDGs能帶領大家擺脫這些「窠臼」。討論時一起看著SDGs這張共通的地圖，便能擺脫過去的脈絡，擴大話題。

此外，十七大目標與一百六十九項細項目標包含各類主題，所有人都能加入討論，便於邀請外界人士參與，有效促進各界人士提出自己的意見。

我認為SDGs是邁向未來的「希望指標」。SDGs的時間軸是二〇三〇年，十年後的事情意味著為孩子打造世界。我去島根縣海士町參加工作坊時，深深體會到成人能為了孩子放下執著。因此討論未來時能暫時擺脫眼前的問題。凝視SDGs的目標與細項目標，正面思考二〇三〇年時想要把地方打造成什麼樣子，互相對話——我希望大家能把SDGs當作這樣的工具來使用。

＊查德湖（Lake Chad）
位於非洲大陸中央，一九六〇年代的面積為二萬六千平方公里以上，到了二〇一八年縮小至一三五〇平方公里。

＊《勞工派遣法》
日本政府於一九八五年制定的法令，原本限定十三種需要專業知識的業務方可雇用派遣人員，一九九九年修法時放寬為負面表列的業界以外皆可雇用。

＊過年派遣村
二〇〇八年十二月三十一日至二〇〇九年一月五日，設立於東京都千代田區日比谷公園的避難所。因失業而無家可歸、無糧可食的勞工可在此領取年菜與暫時住宿。使用人數多達五百人。

＊政府向民間企業購買公共服務
小泉內閣以「結構改革沒有禁忌」為口號，推動的經濟改革政策之一。大都認為這項改革既削減預算又要求維持服務，導致日後教保員與工地工人等第一線人員的人事費用遭到縮減。

＊環境基本計畫
日本政府根據《環境基本法》制定的環保政策大綱。制定第五次環境基本計畫之際活用SDGs的概念，設立六大跨界重點策略。

＊地區循環共生圈
日本政府在第五次環境基本計畫中提倡的新概念，旨在發揮地方最大活力。推動各地形成自立分散型社會，避免人口與資源過度集中於一地，同時因應地方特性填補資源，彼此互助合作。

第2章

日本與各地永續發展的實際情況

全方位了解地方問題

人口減少、超高齡化、地方產業衰退，拒絕上學的學童愈來愈多，異常氣象接二連三發生……，地方面臨形形色色的問題，而這些問題其實是連帶關係，互相影響。

因此針對眼前單一課題提出對策，無法打從根本解決問題。反而可能因為對策錯誤而加劇其他問題，對地方整體帶來負面影響。嘗試解決一個問題又產生一個新的問題，嘗試解決新問題又產生另一個新問題——惡性循環導致地方疲弊，逐漸衰退。這樣不是永續發展的地區應有的模樣。

想要實現真正的永續發展，必須跨越充斥於地方各處的各種分裂，根據SDGs「包容性與夥伴關係」的概念，從全方位解決地方面對的問題。

因此我們每個人需要了解地方面對的整體問題，而不是只關心和自己相關的領域。

本章根據SDGs的十七大目標，將日本與各地面對的課題，也就是五十五大在地議題分門別類，說明各類問題的現狀，以及未來發展的相關資訊*。

光是閱讀十七大目標的說明，或許會覺得是地球等級的課題，不符合日本或自己在地情況，或是感到質疑。然而把十七個目標各自分為十個不同程度的目標來解讀，就能明白十七大目標其實與日本各地息息相關。希望本章能協助大家從在地脈絡了解SDGs。

本章介紹的五十五大在地議題在居民透過對話，深入了解彼此之際（第四章），制定地方未來願景（第五章）、構思各類挑戰專案之際（第六章），以及實踐永續發展地方營造的教育時（第七章）都能派上用場。希望大家能搭配下一頁的SDGs議題圖，活用於實踐地方營造的各式場景。

＊十七大目標與五十五大在地議題

五十五大在地議題依照十七大目標分類，一項問題可能與多種目標有所關連。介紹各項問題的頁面會標記相關目標，建議搭配參考。

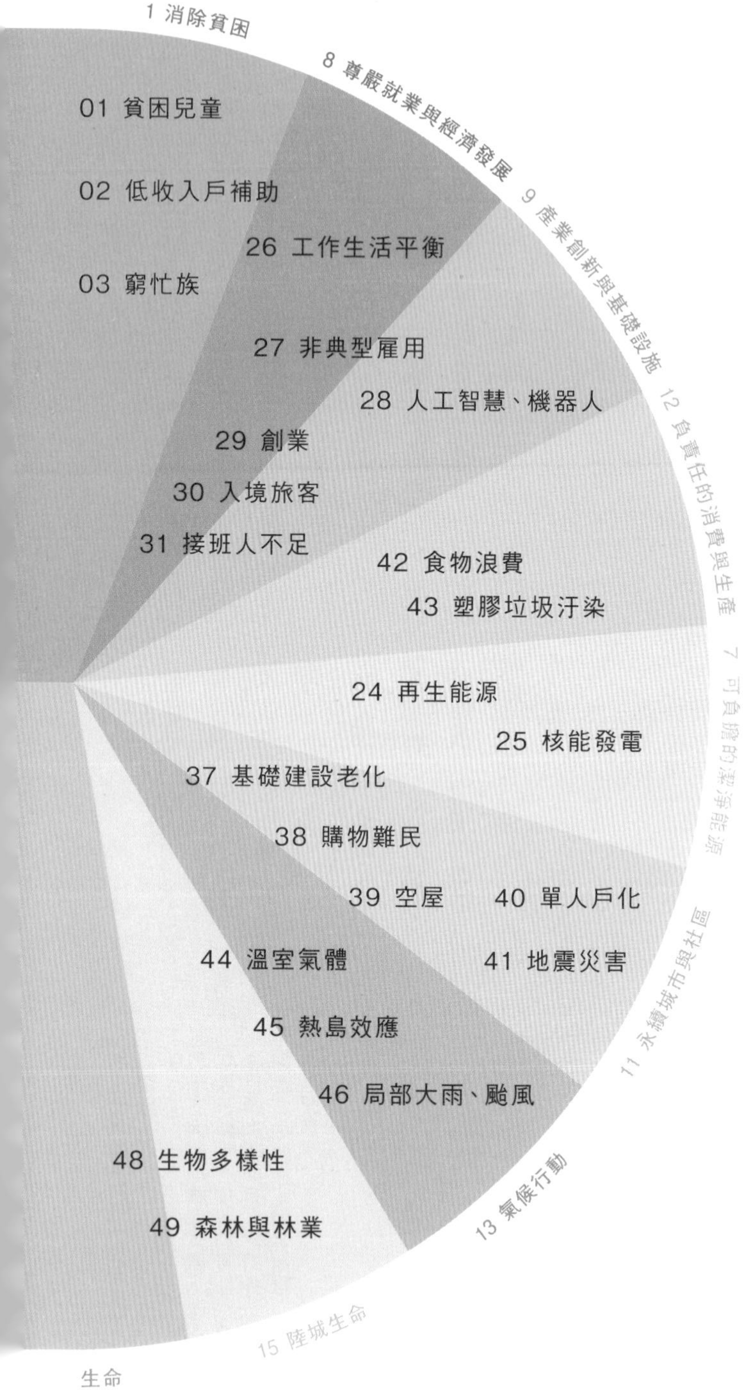
1 消除貧困
8 尊嚴就業與經濟發展
9 產業創新與基礎設施
12 負責任的消費與生產
7 可負擔的潔淨能源
11 永續城市與社區
13 氣候行動
15 陸域生命
01 貧困兒童
02 低收入戶補助
26 工作生活平衡
03 窮忙族
27 非典型雇用
28 人工智慧、機器人
29 創業
30 入境旅客
31 接班人不足
42 食物浪費
43 塑膠垃圾汙染
24 再生能源
25 核能發電
37 基礎建設老化
38 購物難民
39 空屋
40 單人戶化
44 溫室氣體
41 地震災害
45 熱島效應
46 局部大雨、颱風
48 生物多樣性
49 森林與林業
生命

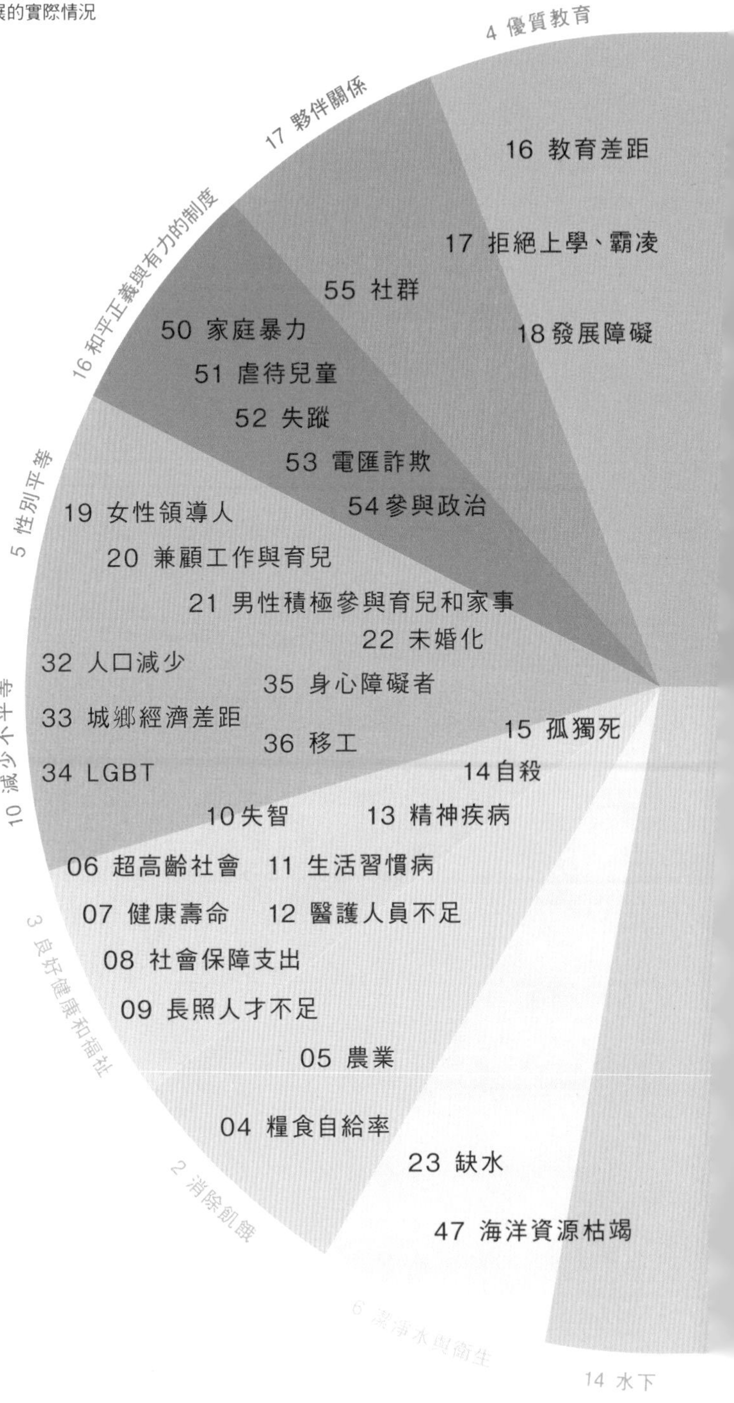
4 優質教育
16 教育差距
17 拒絕上學、霸凌
18發展障礙
17 夥伴關係
55 社群
16 和平正義與有力的制度
50 家庭暴力
51 虐待兒童
52 失蹤
53 電匯詐欺
54參與政治
5 性別平等
19 女性領導人
20 兼顧工作與育兒
21 男性積極參與育兒和家事
22 未婚化
10 減少不平等
32 人口減少
33 城鄉經濟差距
34 LGBT
35 身心障礙者
36 移工
15 孤獨死
14自殺
10失智
13 精神疾病
3 良好健康和福祉
06 超高齡社會
07 健康壽命
08 社會保障支出
09 長照人才不足
11 生活習慣病
12 醫護人員不足
2 消除飢餓
05 農業
04 糧食自給率
6 潔淨水與衛生
23 缺水
14 水下
47 海洋資源枯竭

1 消除貧困

消除貧困

儘管日本號稱有一億人口是中產階級，貧富差距還是日益擴大。相較於其他已開發國家，兒童的相對貧困率較高，單親家庭的貧困問題尤其嚴重。窮忙族努力工作也無法獲得相對報酬，非典型雇用的勞工隨時可能失去工作，兩者人數長久以來逐漸增加。加上近年來日本經常發生地震、風災與水災等天災，許多人因此失去房屋財產。大家攜手消弭日本的貧困問題吧！

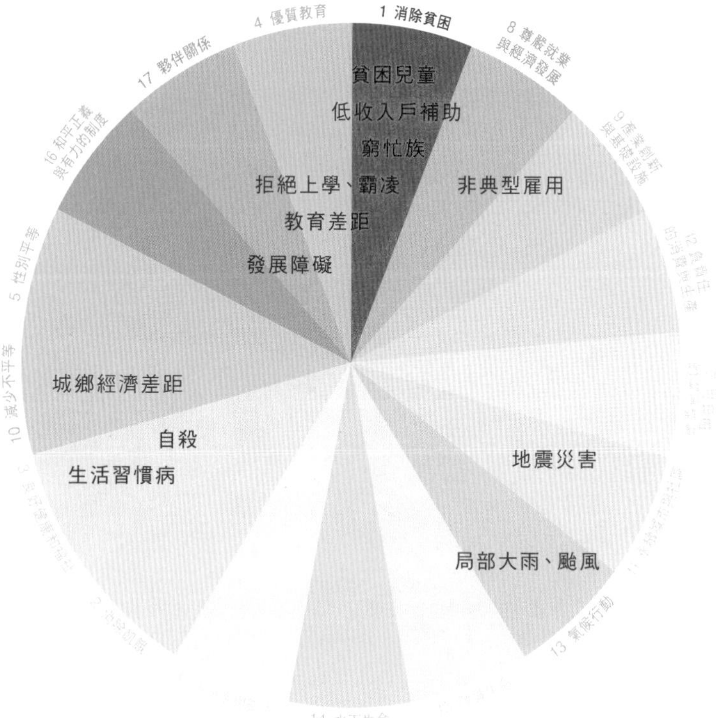

issue 01 ｜ 貧困兒童

1 2 3 4 8 10 16 17

相對貧困率的變遷

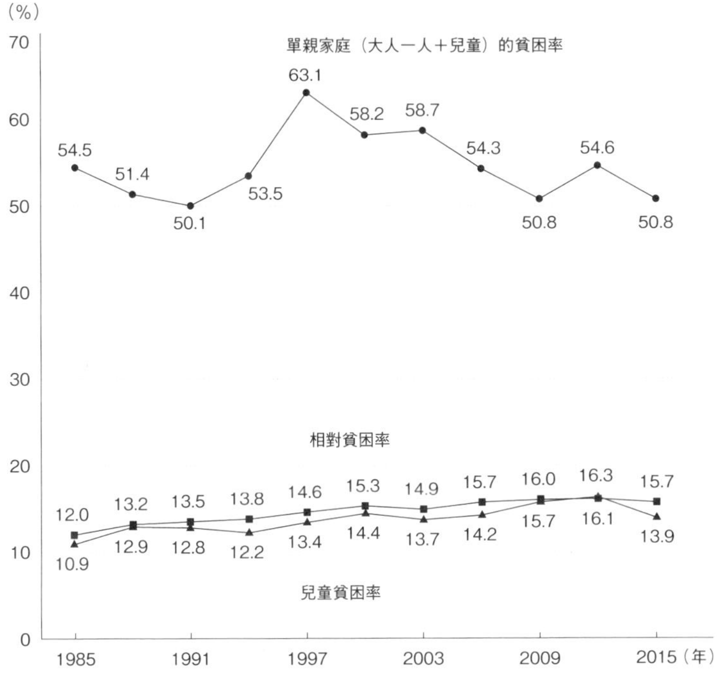

單親家庭的貧困率超過百分之五十

日本的相對貧困率在過去三十年緩緩上升，處於相對貧困狀態的比例是單親家庭（大人一人＋兒童）每兩家就有一家，有孩子的雙親家庭是每六～七家就有一家。

☑ 相對貧困率：所得低於全國收入中位數一半以上（收入為一般人的一半以下）的人口比率。

☑ 兒童貧困率：家中有十七歲以下者（兒童）的家庭的相對貧困率。

出處：厚生勞動省（二〇一六）「二〇一六年　國民生活基礎調查概況」

issue 02 | 低收入戶補助

1 2 3 8 10 17

低收入戶補助對象的人數與比率變遷

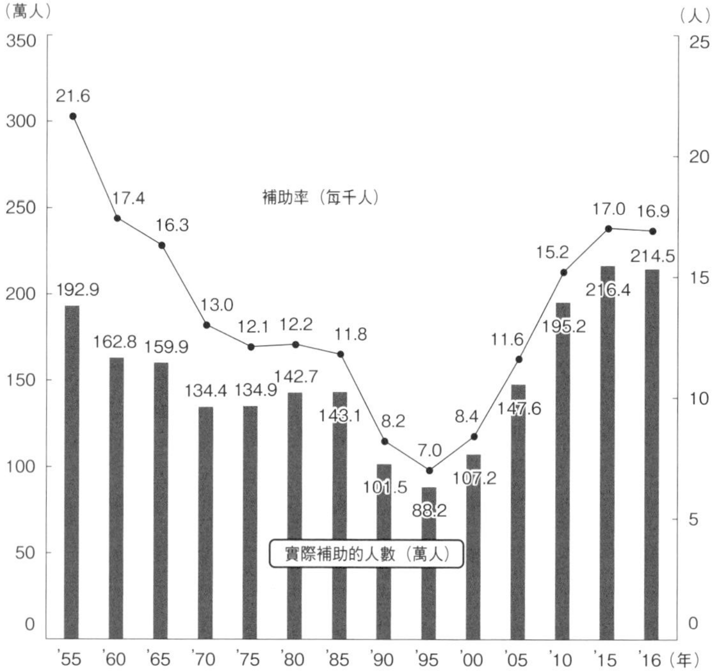

低收入戶補助對象約二百萬人

日本的低收入戶補助對象在一九九〇年代中期由於景氣熱絡，人數逐漸減少，有一陣子低於一百萬人。之後受到景氣低迷影響，人數與日俱增，到了二〇一六年超過二百萬人。

☑ 低收入戶補助：中央政府或地方政府針對貧困國民發放補助金的社會救助制度，以便民眾維持基本水準生活（補助率是以每個月實際補助對象的平均人數除以總人口）。

☑ 低收入戶補助對象實際人數：實際補助的人數。

出處：厚生勞動省（二〇一六）「二〇一六年　低收入戶補助對象調查（每月調查）」

issue 03 窮忙族

1 2 3 8 10 17

窮忙族的比率與戶數變遷

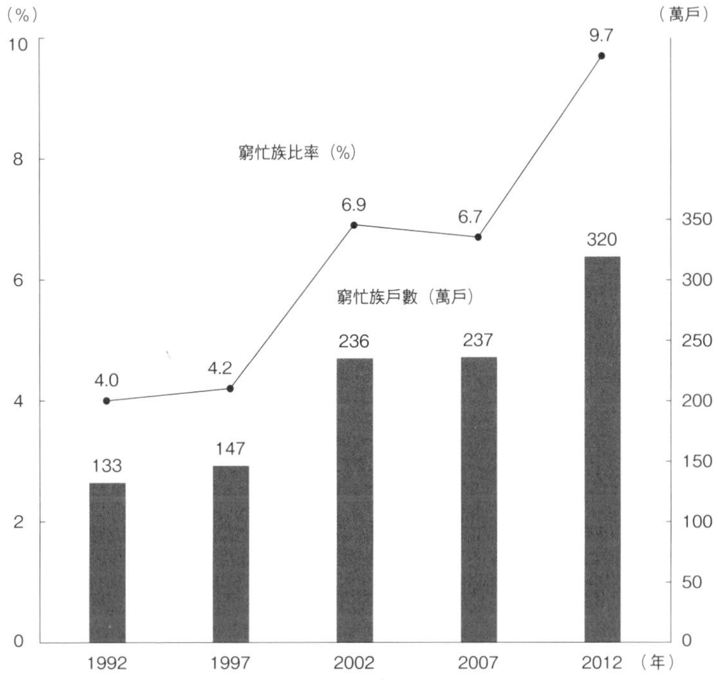

每十個家庭有一戶是窮忙族

一九九二年，每二十五戶有一戶是窮忙族；到了二〇一二年，每十戶便有一戶是窮忙族，增加了二點五倍。這些人辛勤工作也賺取不到最低生活費（在東京的獨居戶最低生活費約一百四十四萬日圓），要擺脫這種情況不能僅靠當事人努力，還需要周遭的人與地方社群協助。

☑ 窮忙族：薪資水準在低收入戶以下的人。

☑ 窮忙族比率：戶長就業的家庭戶數中，窮忙族家庭所占的戶數。

出處：戶室健作（二〇一六）「各都道府縣的貧困率、窮忙族比率、兒童貧困率與捕捉率探討」

2 消除飢餓

消除飢餓

日本人可能覺得飢餓一詞與自己無緣，其實目標二包含了所有糧食問題。由目前日本糧食自給率不到四成，農業陷入衰退危機的情況看來，目標二是切身問題。日本的農民平均年齡將近七十歲，農業人口逐年減少。想要解決糧食問題，必須以適當的價格收購地產、國產農作物，提高農民收入，把農業打造成充滿魅力的產業。大家攜手解決未來可能面臨的糧食問題吧！

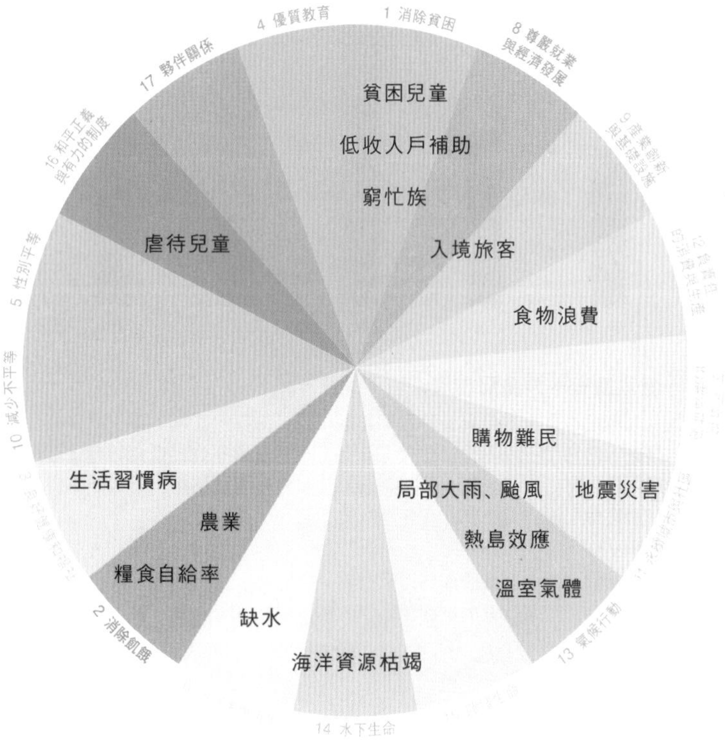

issue 04 糧食自給率

2 6 9 12 13 14 15 17

糧食自給率（以產品熱量為基礎）的變遷

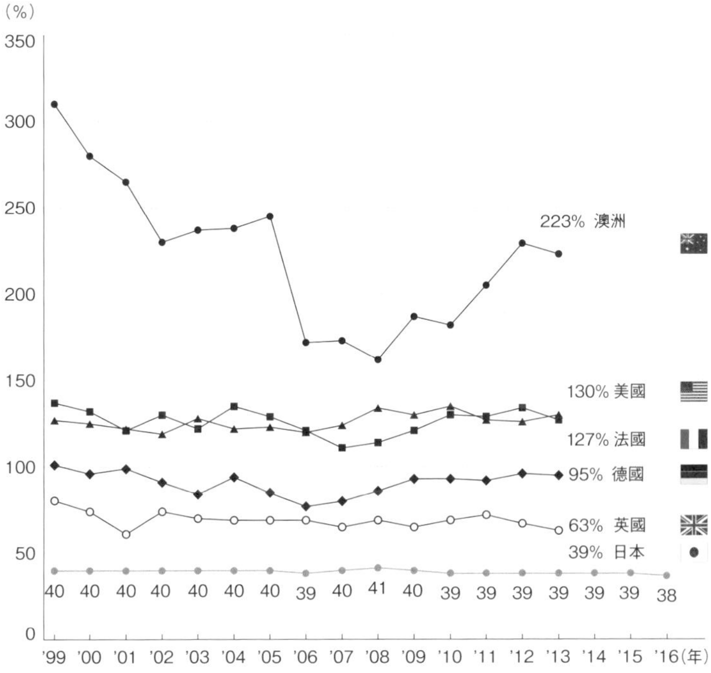

在已開發國家中排名最後，僅百分之三十九

農業在日本是地方的重要產業。然而近二十年來，糧食自給率卻一直僅將近四成，代表有六成糧食引賴進口，在已開發國家中排名最後。糧食供給穩定與否受到國內農業衰退、全球糧食不足與價格高漲等影響，未來可能成為日本必須面對的嚴重問題。

☑ 糧食自給率：國內消費的糧食當中有多少是國產品的指數。

出處：農林水產省（二〇一六）「二〇一六年度糧食供需表」

issue 05 | 農業

2 6 8 9 11 12 13 15 17

農業就業人口與平均年齡的變遷

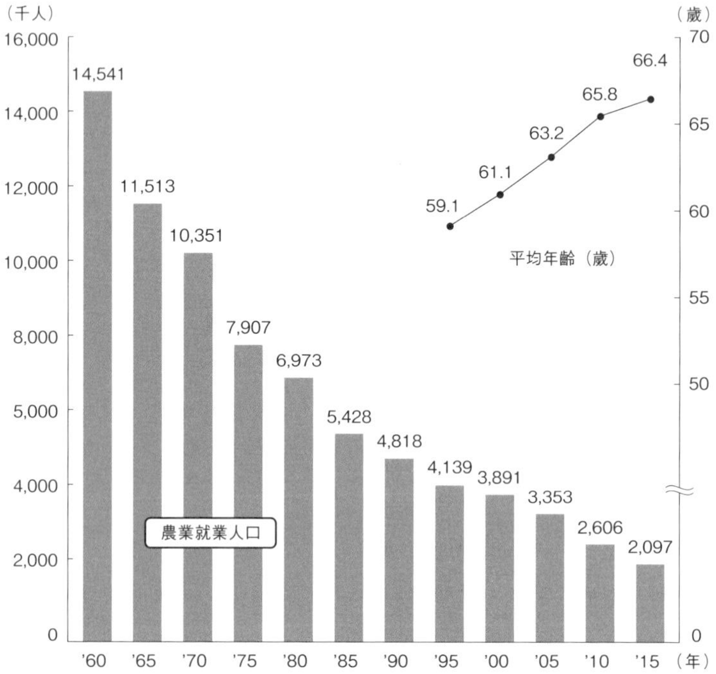

農民平均年齡為六十六點四歲

日本以農業維生的人數逐年減少，從一九六〇至二〇一五年的五十五年間，一共減少了一千兩百萬人。加上人口老化，二十年來平均年齡也拉高了七歲。

☑ 農業就業人口：農戶中十五歲以上者，過去一年僅從事自家農業或同時從事其他工作與自家農業，而自家農業勞動天數較多者。

出處：農林水產省（二〇一五）「農林業普查農業結構動態調查」

3 良好健康和福祉

良好健康和福祉

日本是全球數一數二的超高齡國家，早其他國家一步面臨相關的醫療衛生問題，而且問題堆積如山。需要長照服務的人口與日俱增，失智症患者超過五百萬人。醫護與長照人員嚴重不足。經濟狀況不穩定與高壓生活，導致憂鬱症等精神疾病患者增加。都市化與家庭結構變化導致孤獨死的比例提高。醫療、長照、年金等社會福利費用壓迫國家財政。中央政府、地方政府與民眾必須攜手合作，方能克服諸多課題。

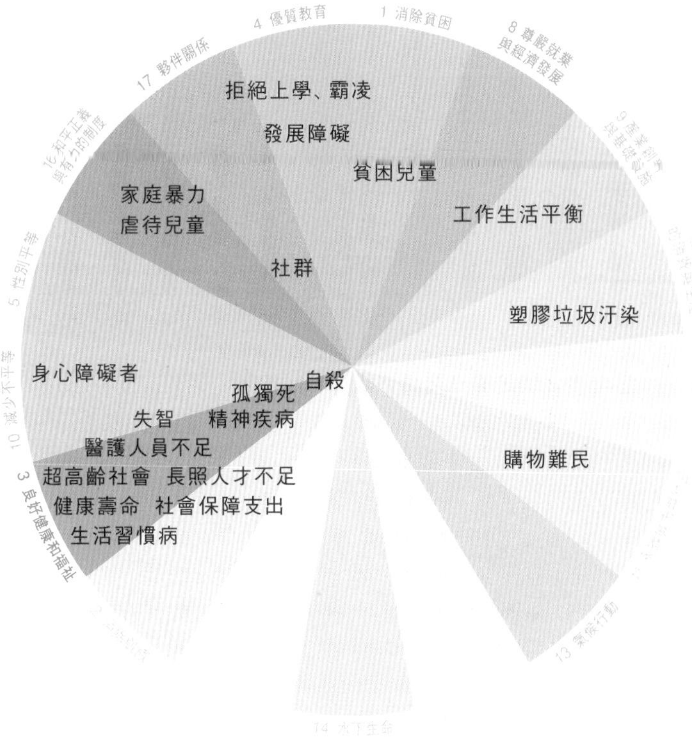

issue
06

超高齡社會

3 8 11 17

日本總人口、高齡（六十五歲以上）人口與勞動人口比率的變化

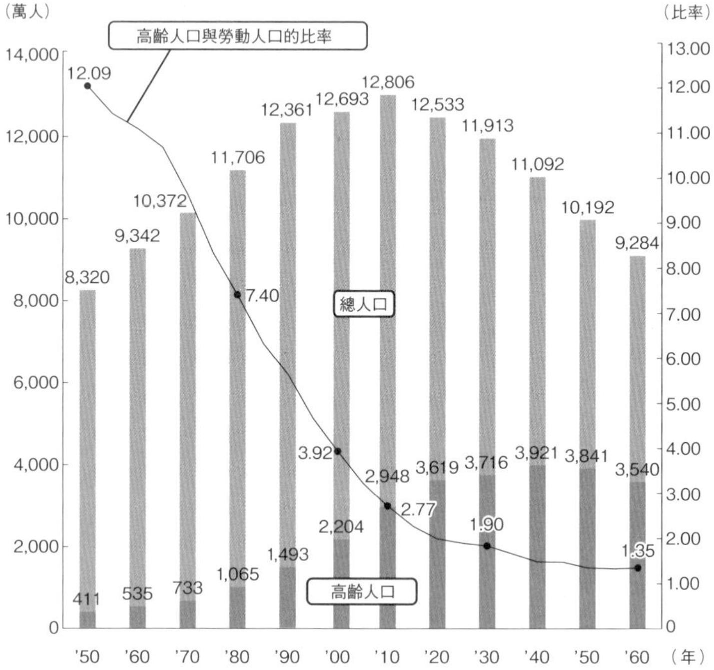

二〇六〇年的人口約四成為六十五歲以上

日本的總人口已經開始減少，六十五歲以上的人口卻可能一路增加至二〇四〇年。今後高齡人口的比率將急速攀升。一九五〇年時每十二個勞動人口扶養一名老人，到了二〇六〇年可能縮減到一點三五人扶養一名老人。

☑ 勞動人口：十五歲以上，未滿六十五歲的人口。

出處：國立社會保障、人口問題研究所（二〇一七）「日本未來人口推估（二〇一七年推估）」

後期高齡者（七十五歲以上）的增加率（二〇一五～二〇三〇年）

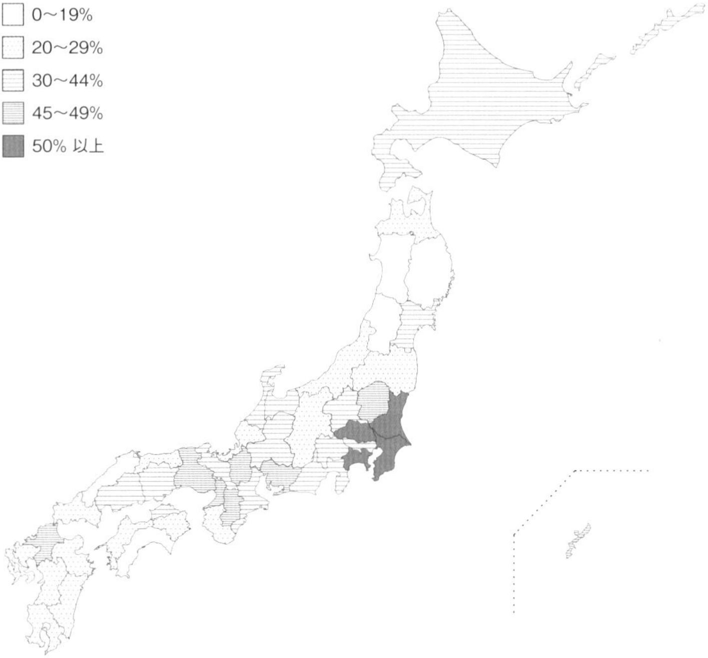

首都圈人口持續超高齡化

日本全國各地的人口都逐漸老化，老化速度依地區而異。日本稱七十五歲以上的高齡人口為「後期高齡者」，預估後期高齡者的增加率在秋田、山形、島根、岩手與高知等高齡化較快的地區不到二成，埼玉、千葉、神奈川與茨城等東京周遭的地方政府則會在短短的十五年內暴增至五成以上（比二〇一五年多一點五倍）。

出處：國立社會保障、人口問題研究所（二〇一八）「日本各地區未來人口推估（二〇一八年推估）」

issue 07

健康壽命

3 5 17

平均壽命與健康壽命的變遷

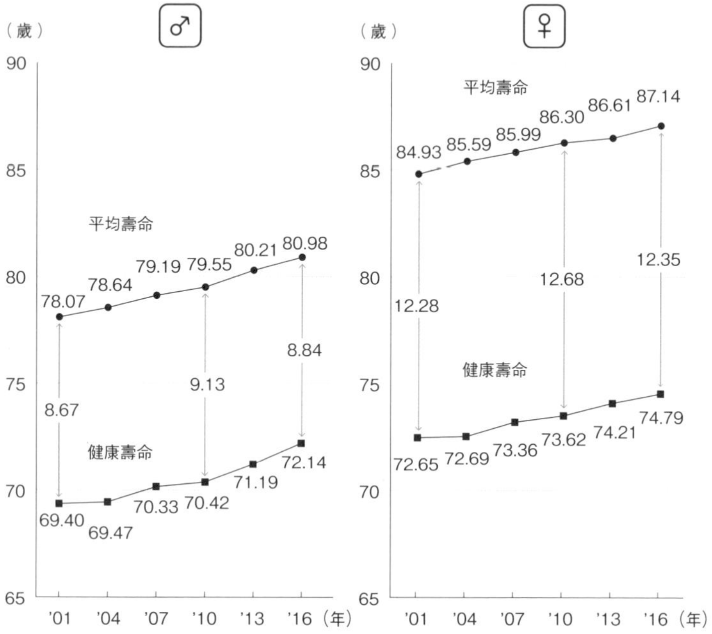

男性無法自由行動的時間是九年，女性約十二年

過去十五年來，男性平均壽命與健康壽命的差距為零點一七歲，女性為零點零七歲，略為擴大。無法自由行動的時間（約莫相當於需要長照的期間）也隨之延長。然而無法自由行動的時間近年來逐漸縮短，原本二〇〇〇年代男女皆延長零點五歲，到了二〇一〇年代則雙方皆縮短零點四歲。

☑ 健康壽命：沒有健康問題，能自理日常生活的期間

☑ 平均壽命：從零歲到過世的平均年齡

出處：厚生勞動省（二〇一八）《二〇一八年版高齡社會白皮書》

issue 08 | 社會保障支出

3 10 17

日本社會保障支出變遷與預測

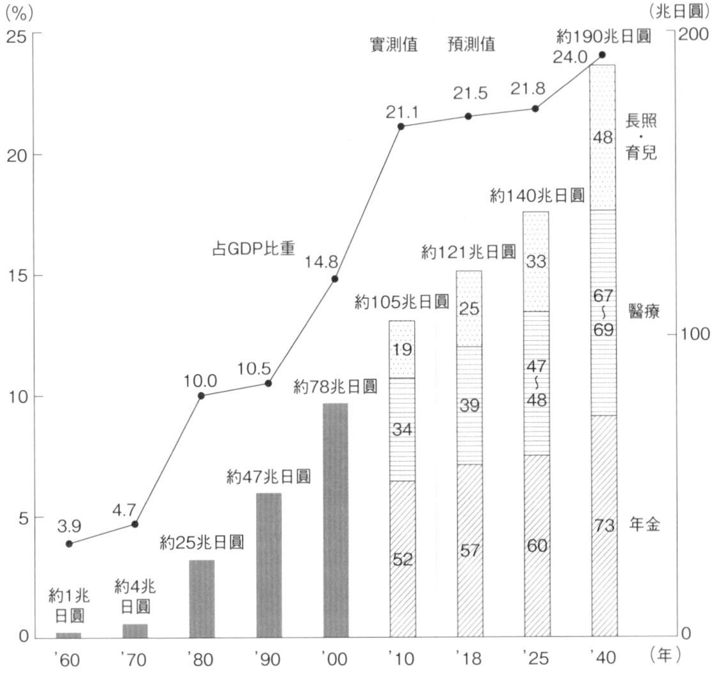

二〇一〇年代約一百兆日圓，超過GDP國內生產毛額的二成

由於人口超高齡化，日本的社會保障支出年年攀升。二〇一〇年代時為一百兆日圓，超過國內生產毛額的二成。推估到了二〇四〇年會增加到一百九十兆日圓。想要打造財政永續發展，就必須解決這項重要課題。

☑ 社會福利費用：扣除醫療與長照等民眾自費部分，中央與地方政府依照社會福利制度給付民眾的金錢與服務全年總額。

☑ GDP：國內生產毛額。國內全年藉由消費、投資與貿易等手段獲得的生產成果。

出處：國立社會保障、人口問題研究所（二〇一六）「社會保障支出統計」／內閣官房、內閣府、財務省、厚生勞動省（二〇一八）「二〇四〇年社會保障推估」

issue 09 | 長照人才不足 3 8 9 17

長照職員不足人數（二〇二五年）

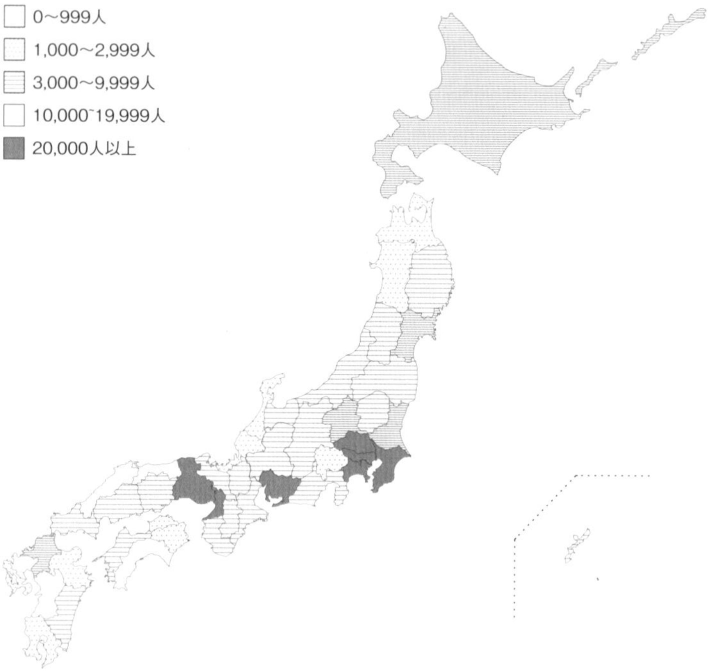

大都市圈的長照人才嚴重不足

長照人才不足問題在日本全國各地都日益嚴重，今後也不見改善的徵兆。預估到了二〇二五年會短少三十萬人以上。儘管人口老化問題是地方圈較都市圈嚴重一個層級，三大都市圈（首都圈、關西圈與名古屋圈）的人才不足更是嚴重，推估屆時東京、千葉、神奈川、愛知、大阪與兵庫各縣會出現二萬人以上的空缺。

☑ 長照職員人數：任職於提供長照保險服務的長照公司、長照設施的職員人數。

出處：厚生勞動省（二〇一五）「二〇二五年長照人才供需推估（最終值）（各都道府縣）」

issue 10 失智

3 8 10 11 16 17

失智症患者人數與六十五歲以上的患者比率

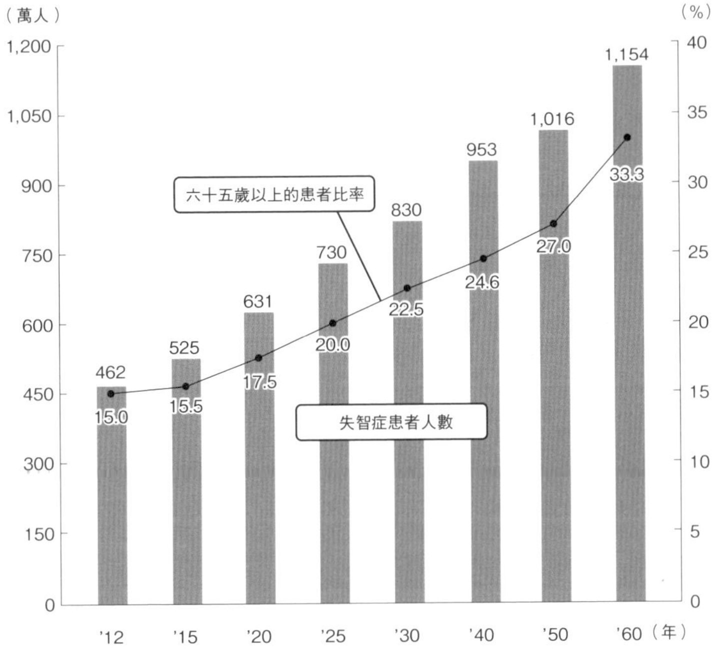

失智症患者在二〇二五年將超過七百萬人

失智症患者逐年增加，推估到了二〇二〇年會達到六百萬人，二〇五〇年則會超過一千萬人。平均壽命延長等原因導致六十五歲以上的失智症患者比率到了二〇二五年可能超過二成。今後是人生百年的時代，在日本這個超級長壽的國家，任誰都可能罹患失智症。

☑ 失智症：認知、記憶與判斷能力退化，影響日常生活。失智症類型眾多，包括阿茲海默症、血管性失智症、路易氏體失智症與額顳葉型失智症等等。

出處：厚生勞動省（二〇一七）《二〇一七年版高齡社會白皮書》

issue 11 | 生活習慣病 1 2 3 17

肥胖人數比例的變遷

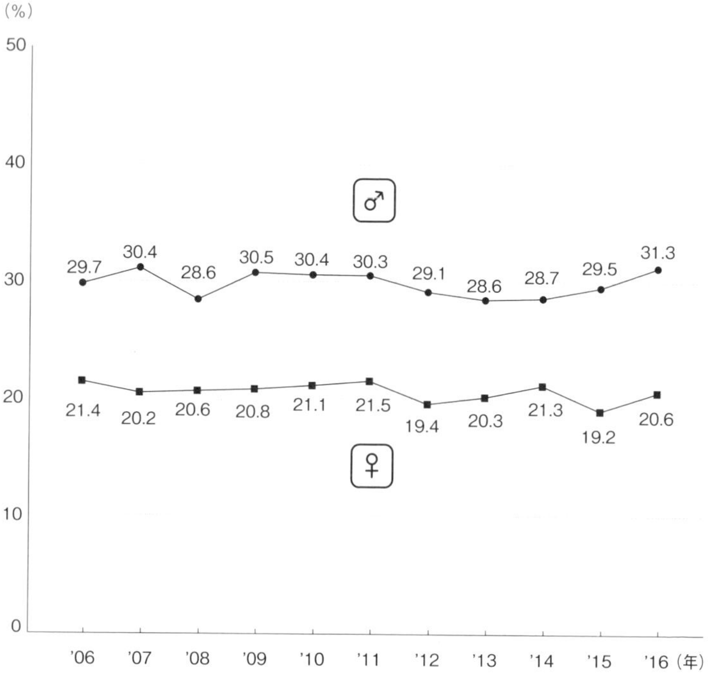

男性肥胖者約三成，女性約二成

這十年來，肥胖人數的比例並未出現明顯變化。飲食、運動與睡眠等生活習慣可能導致肥胖，進而引發癌症（惡性腫瘤）、高血壓、心血管與腦部疾病、糖尿病與失智症等多種疾病。

☑ 肥胖：以體重與身高計算肥胖程度的體質指數BMI（Body Mass Index）為標準。日本對肥胖的定義是BMI二十五以上者。

出處：厚生勞動省（二〇一六）《二〇一六年國民健康、營養調查報告》

issue 12

醫護人員不足

3 8 9 10 17

醫師人數的變遷

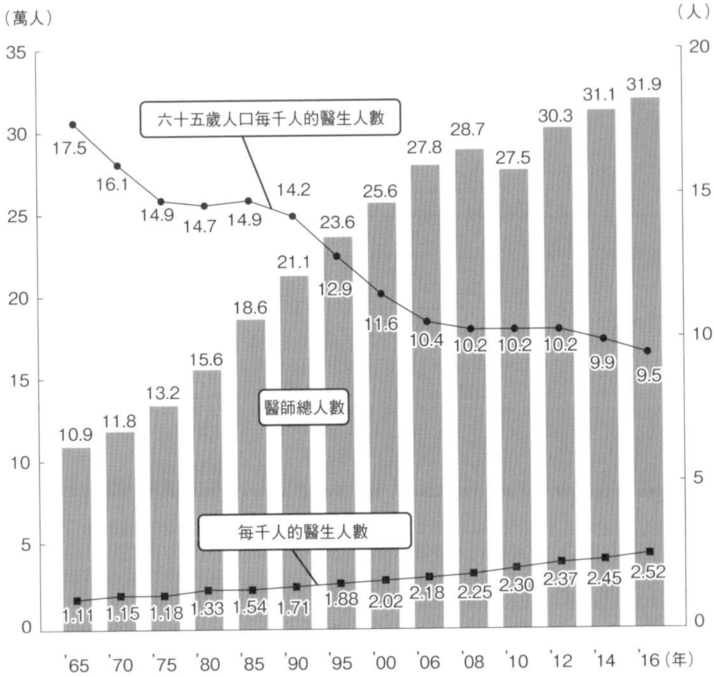

追不上人口老化的腳步，醫療人才慢性不足

醫師的總人數雖然逐年增加，卻追不上六十五歲以上人口攀升的速度，導致醫師與護理師人手慢性不足。尤其是地方圈缺乏小兒科與婦產科醫生，嚴重影響懷孕生子與育兒。

出處：厚生勞動省（二〇〇八）「二〇〇八年醫師、牙醫、藥劑師調查」

精神疾病患者人數的變遷

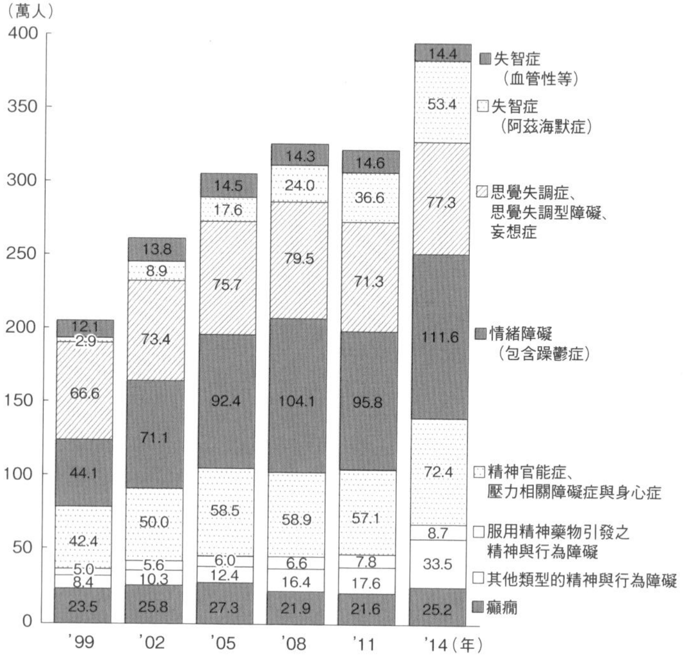

精神疾病患者十五年來增加約二倍

日本的精神疾病患者在二〇一四年時約四百萬人，十五年來人口成長將近二倍；憂鬱症等情緒障礙患者由四十四萬人增加至一百一十二萬人，成長將近三倍。經濟持續成長的時代已經落幕，工作、家庭與生活型態變化劇烈，環境充斥各類壓力，腐蝕現代日本人的心靈。

☑ 精神疾病：國際疾病分類第十版（ICD-10）分類為「精神和行為障礙」者，以及癲癇、阿茲海默症（出處：厚生勞動省「大家的精神健康」）。

出處：厚生勞動省（二〇一四）「患者調查」

issue 14 自殺

1 3 16 17

自殺率（二〇一七年）

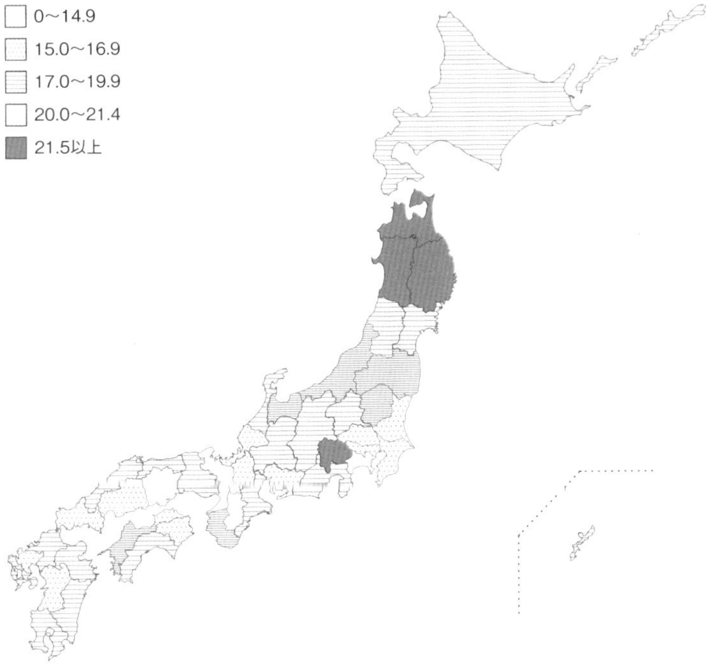

相較於都市圈，東北地區等地方圈自殺比例偏高

日本的自殺人數在二〇〇四年達到高峰，約三萬四千人，之後逐漸減少。近年來則明顯大幅減少，例如：二〇一八年為二萬一千人。自殺率也出現城鄉差距。三大都市圈低，地方圈高，尤其是東北地區（宮城縣除外）、新潟與富山等日本海沿岸地區自殺率偏高。

☑ 自殺率：每十萬人的自殺死亡人數。

出處：厚生勞動省（二〇一八）《二〇一八年版自殺對策白皮書》

孤獨死

東京都二十三區六十五歲以上獨居者於自家死亡人數的變遷

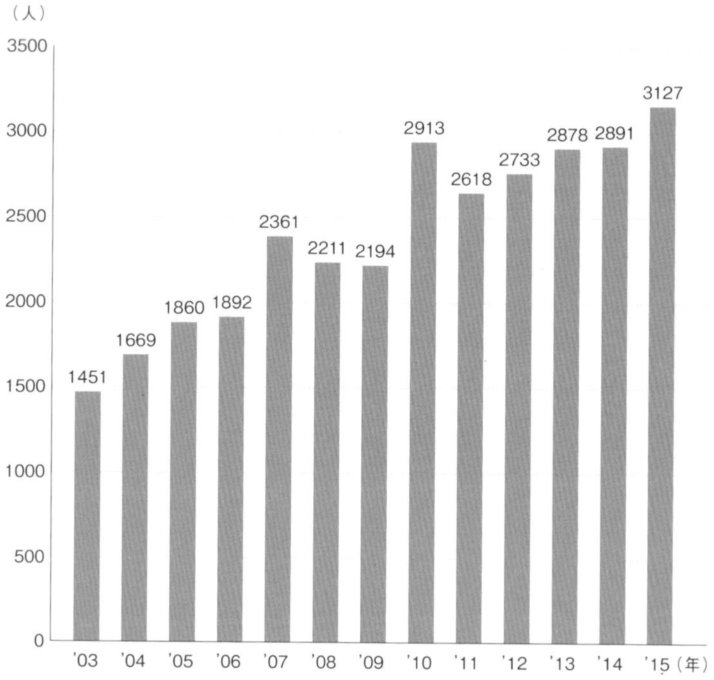

孤獨死人數十年來增加二倍

獨居於東京都二十三區，在自家過世的人數十年來增加兩倍。高齡人口孤獨化日益嚴重的成因包括高齡人口，尤其是獨居人口增加；與鄰居或是當地居民的人際關係逐漸淡薄，以及長照設施不足等等。

出處：內閣府（二〇一七）《二〇一七年版高齡社會白皮書》

優質教育

在這個日新月異的時代，日本的公立教育正面臨轉捩點。家境等經濟問題與大學的地段等環境問題，造成城鄉的教育差距。拒絕上學、霸凌、發展障礙的兒童增加，兒童面臨的學習環境益發艱困。同時因應社會環境變化，必須採用STEAM教育與主動學習等嶄新教育型態。想把日本打造成永續發展的國家，改革新世代教育迫在眉睫。

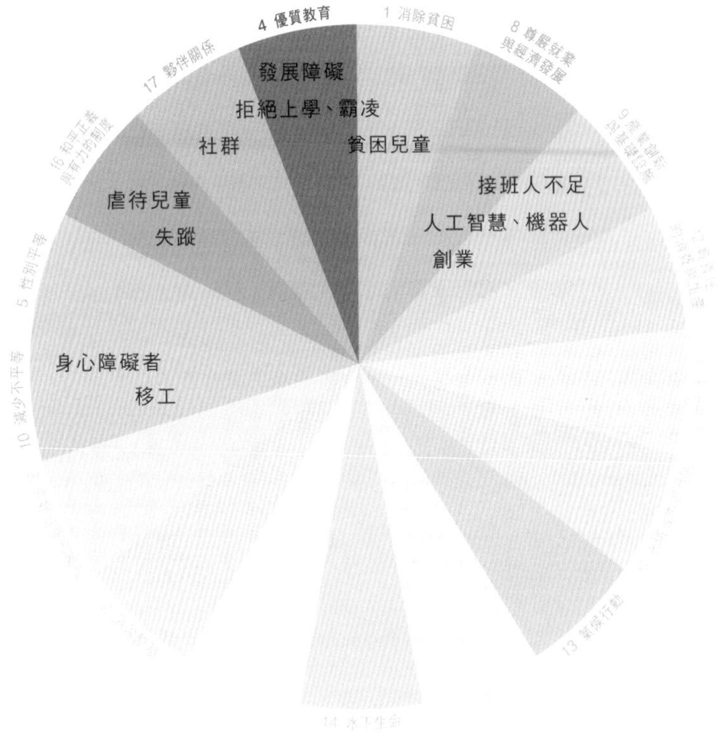

家庭年收與學力的關聯（二〇一七年）

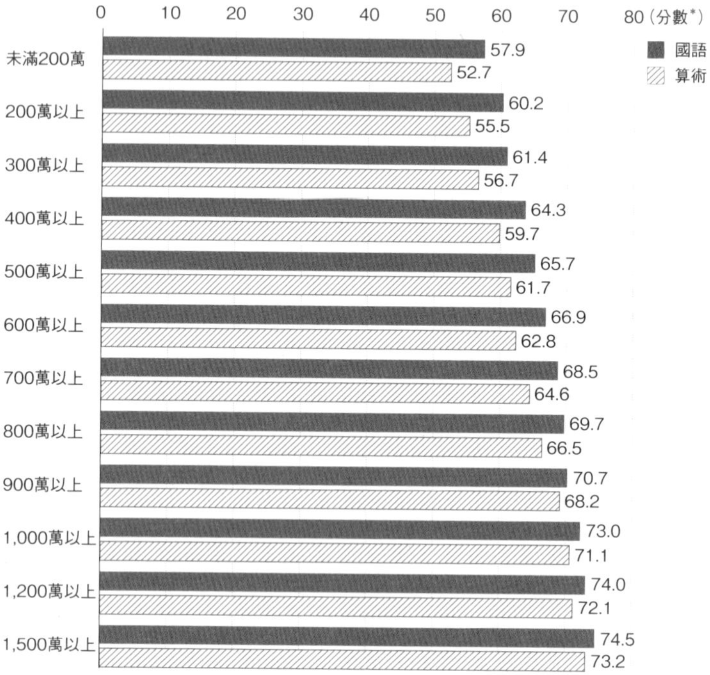

年收不滿兩百萬日圓的家庭與一千五百萬以上者相差約二十分

從國語與算術的分數看得出家庭收入與兒童學力的關聯，部分研究結果卻顯示家庭為教育支出的金額與兒童學力並無關係（可參考三六三頁）。這是因為除了貧富差距，提升兒童學習動力的知識與文化體驗也有所差距，進而影響成績。

＊國文與算術的分數為「全國學力、學習狀況調查」（文部科學省）的國語A、國語B、算術A、算術B的答題正確率平均（譯註：A為基礎知識，B為應用）

☑ 家庭收入：全戶所有人扣除稅金與社會保險等費用之前的薪資所得

出處：濱野隆（二〇一八）「家庭環境與兒童學力」國立大學法人御茶水女子大學「家長調查結果與學力等關聯之專業分析調查研究」

大學錄取名額與升學率的關聯（二〇一六年）

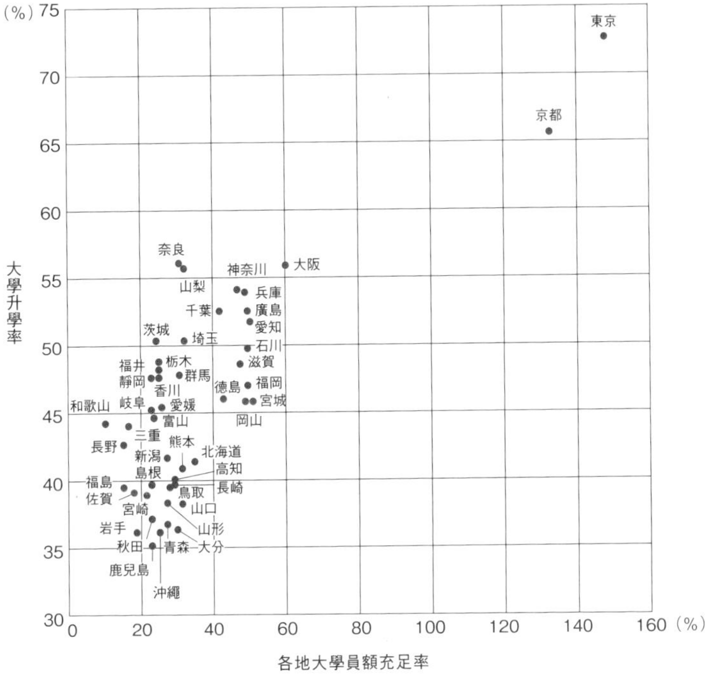

當地大學數量與大學升學率有關

大學數量愈多，錄取名額愈多，當地十八歲居民就讀大學的比率愈高。相較於東京與京都等大學林立的地區，所在地大學較少的年輕人升學的機會可能受限。

☑ 大學升學率：各縣十八歲人口進入大學的比率（含重考生等人）

☑ 大學員額充足率：大學錄取名額 ÷ 十八歲人口

出處：文部科學省（二〇一七）「高等教育基礎資料（各都道府縣）」

issue 17 | 拒絕上學、霸凌 1 3 4 16 17

公私立國中小學的霸凌件數變遷

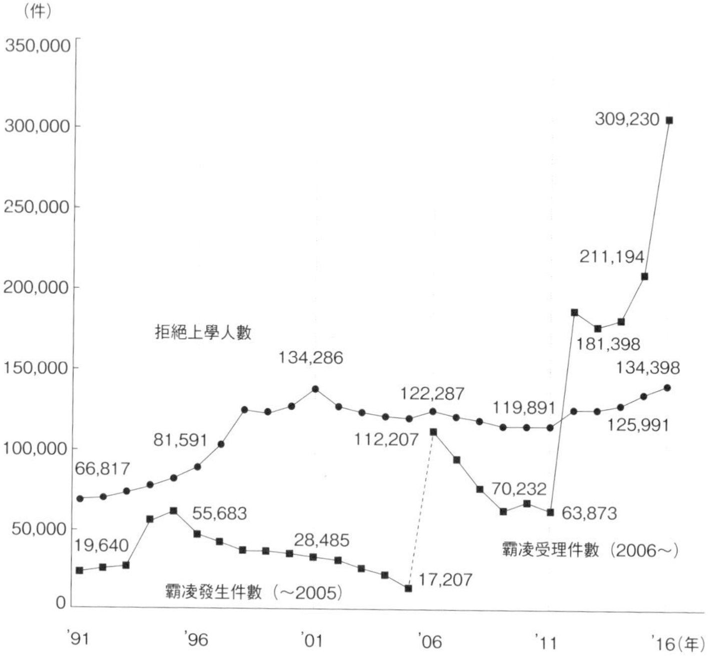

霸凌案件共三十萬件，拒絕上學者十三萬人，雙方數據持續增加

拒絕上學的人數在過去二十五年之間緩緩爬升，幾乎增加二倍。原本是每一千名學童中有四點七人拒絕上學，現在變成三倍，共十三點五人。霸凌的受理件數受到校方與教師的態度、認知與報告情況左右，難以掌握實情。近年來急速增加，一年多達三十萬件。

☑ 霸凌：受害學童遭到同一學校認識的學童施以影響心理或實際的行為（包含透過網路者），導致身心受創。

☑ 拒絕上學：受到心理、情緒、身體或社會因素影響，導致學童不上學或想上學卻無法上學（理由為「疾病」與「經濟問題」者除外）

出處：文部科學省（二〇一六）「學童的問題行為、拒絕上學的學童指導等諸課題調查」

issue 18 | **發展障礙** 3 4 8 10 17

公立國中小學資源教室學童人數變遷

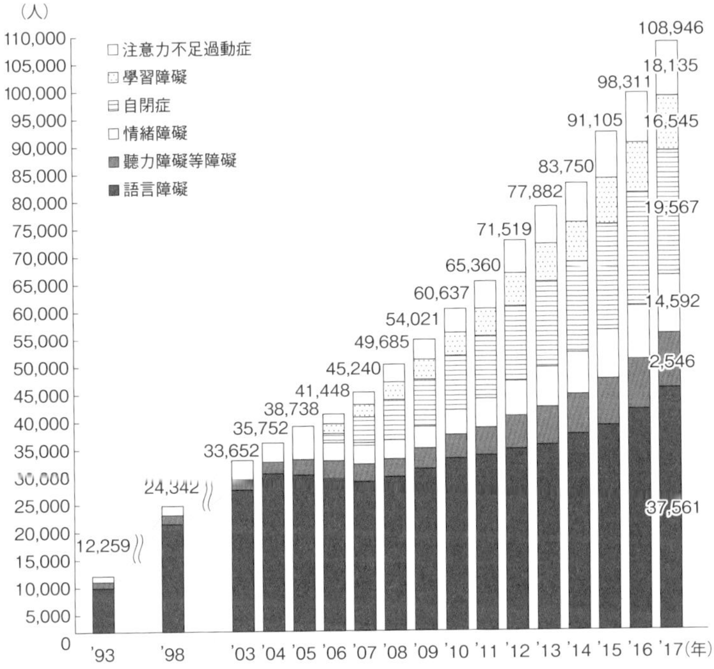

人數在二十年間增加約四點五倍

因為輕度障礙而接受資源教室輔導的學童人數，這十年來增加了二倍，可見兒童的生活環境日益嚴峻。

☑ 資源教室：學生學籍在普通班，學科課程在普通班受教，需要特別輔助教育時前往「資源教室（資源班）」上課。
☑ 注意力不足過動症（ADHD）：一種行為障礙，特徵是難以專注、過度活躍與做事不顧後果。
☑ 學習障礙：不易學會或使用聽說讀寫、計算與推理等特定能力。
☑ 自閉症：一種行為障礙，症狀會在三歲之前顯現，特徵是不易與他人建立人際關係，語言發展遲緩，興趣極為侷限且過度堅持特定行為。
☑ 情緒障礙：一直無法自行控制偏頗或過度激烈的情緒。

出處：文部科學省（二〇一七）「資源班的指導狀況調查」

性別平等

在十七大目標當中，日本評價最差的項目是「性別平等」。無論是商界還是政界，日本的情況都還是以男性為主。性騷擾等性別歧視的社會問題尚待解決。非典型雇用的男女比例也是女性遠多於男性。兼顧育兒和工作需要完善的兒童保育環境，以及男性一同參與育兒。然而目前日本的現況是兩者都有待改進。加上其他諸多原因，導致愈來愈多人對結婚與生育抱持消極態度。想要實現地方永續發展，關鍵在於提供女性得以自然發揮能力的社會環境。

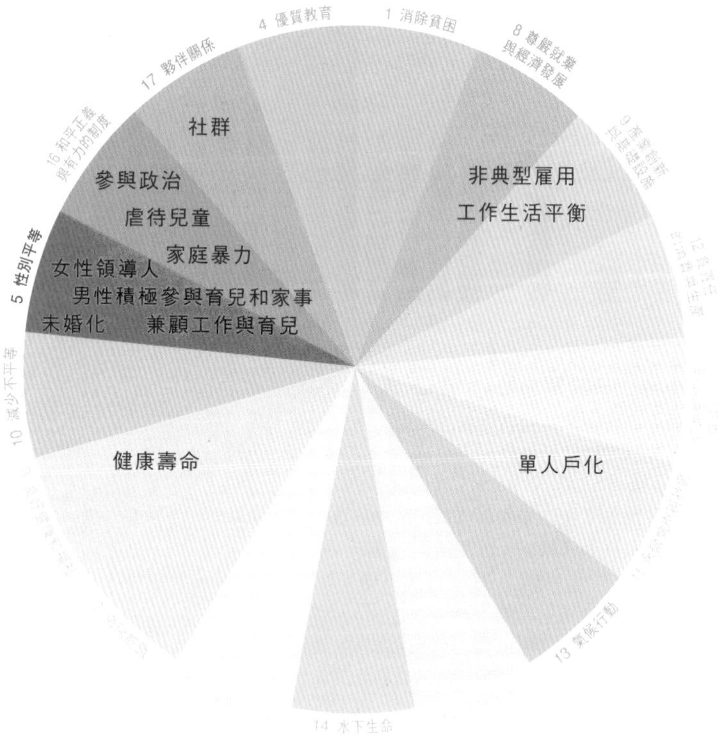

issue 19 女性領導人

5 8 9 10 16 17

女性領導人比率

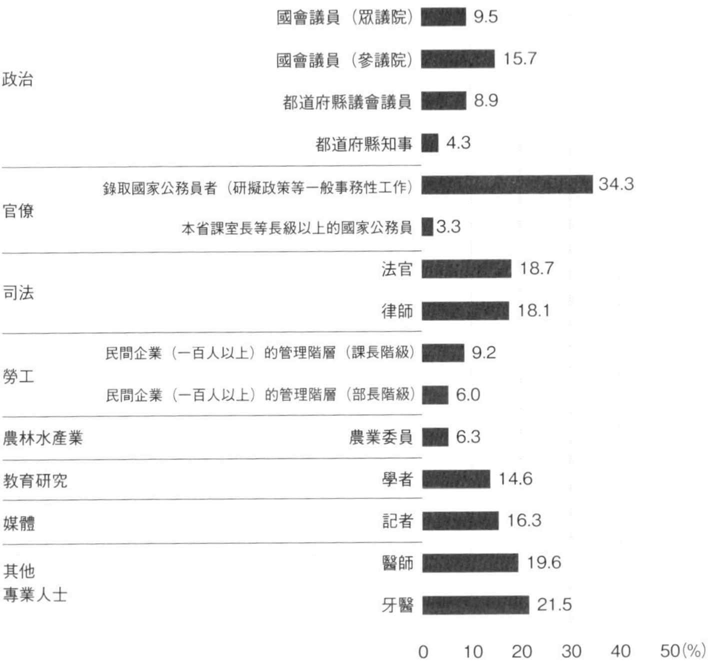

民間企業的管理階層與眾議院議員的女性比例不到一成

眾議院議員、都道府縣議會議員的女性比例都不到一成，都道府縣知事則不到百分之五。日本政界還有許多女性發揮的空間。錄取國家公務員的考生當中有三分之一是女性，能夠爬上課長、室長等管理階層者卻只有百分之三點三。商界的女性管理階層也不滿一成。

出處：內閣府男女共同參與局（二〇一五）《男女共同參與白皮書　二〇一五年版》

issue 20 | 兼顧工作與育兒 5 8 10 17

女性各年齡層的就業率變遷

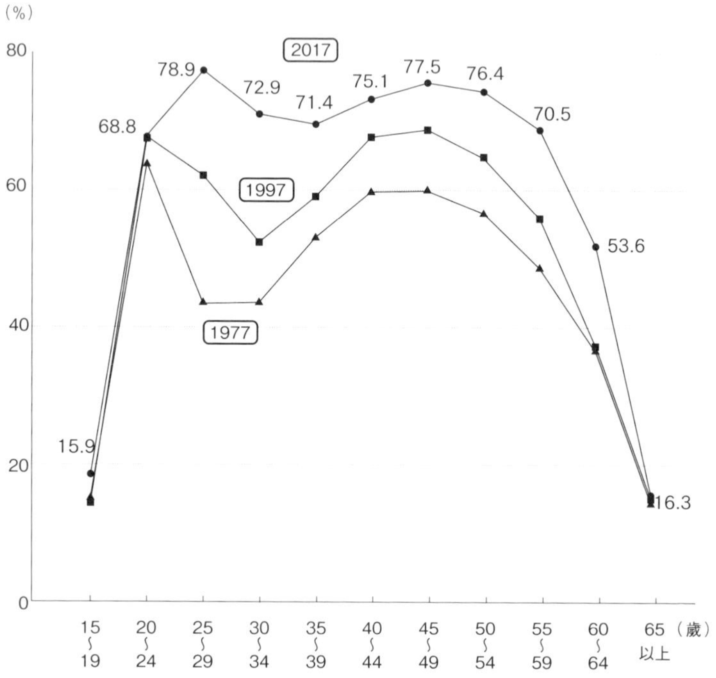

M字型的曲線逐漸拉平

女性過去往往因為生產育兒而一時辭去工作，在圖表上形成M字型的曲線。現在曲線卻急速拉平。一九七七年時，二十五至三十四歲的女性就業率不到五成；二〇一七年時，十五至二十九歲的就業率卻持續攀升。三十至三十九歲儘管略為下降，依舊維持在七成左右。女性婚後持續工作在日本逐漸成為常態。

出處：總務省統計局（二〇一八）「勞動力調查　長期時間序列資訊」

等待進入托兒所的兒童比率（二〇一七年）

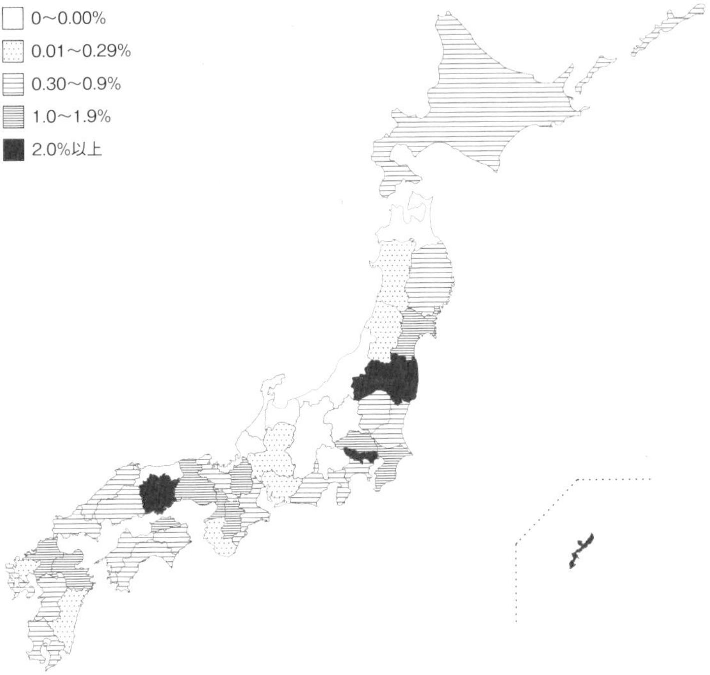

人口增加的地區難以解決托兒所不足的問題

沖繩與東京等人數維持現況或持續增加的地區，遲遲無法解決托兒所不足的問題。在這個人口急速減少的時代，無論是要解決人手不足問題，還是促進女性產後持續工作，建立完善的托育環境正是當務之急。

☑ 等待進入托兒所的兒童比率：想要進入托兒所的兒童（收托兒童與等待收托者）中，等待收托的兒童比例。

出處：厚生勞動省（二〇一七）「托兒所等相關狀況彙整」

男性積極參與育兒和家事

各國男女做家事與育兒的時間*

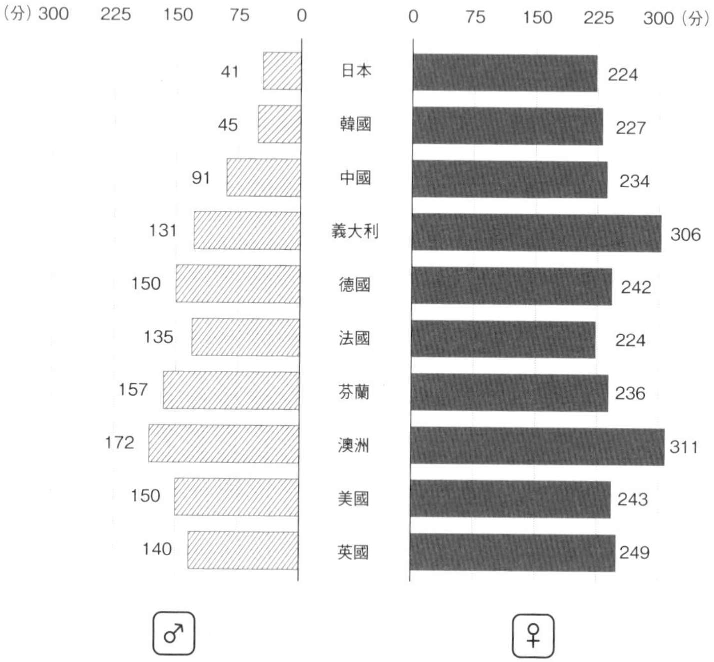

日本男性做家事與育兒的時間最少

日本男性一天做家事與育兒的時間是四十一分鐘，女性是二百二十四分鐘，差距懸殊。韓國與中國等亞洲國家雖然和日本一樣男女有別，三國之中以日本男性時間最短。歐美各國男性做家事與育兒時間儘管比女性短，至少全部都在二小時以上。

＊每個國家調查年度不同

出處：經濟合作暨發展組織（OECD）（二〇一八）「性別資訊入口網站」

issue 22 未婚化

1 8 5 17

終生未婚率的變遷與預估

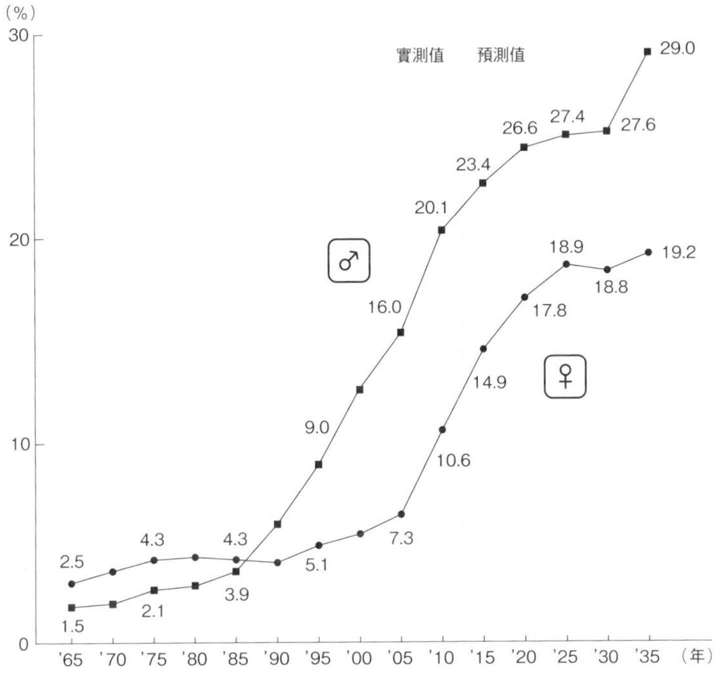

二〇三五年的男性終身未婚率為三成，女性為二成

男女雙方的未婚率都逐年提升，今後應當也會持續增加。價值觀多元化促使結婚不再是人生唯一的選擇，一輩子不結婚也能獲得周遭的人同理。反而言之，想要結婚的人卻結不了婚。目前的社會制度是以結婚為前提，今後必須依照社會變化來修正。

出處：厚生勞動省（二〇一五）《二〇一五年版　厚生勞動白皮書》

潔淨水與衛生

日本給人水資源豐富的印象，其實考量國土面積與人口規模，絕對稱不上資源充沛。雨量不足引發的缺水問題總是不定期發生。此外，日本進口穀類與肉類，因此可說是大量進口了栽培這些糧食所需要的水（虛擬水，virtual water，意指生產一個商品或服務背後所需要或參與的水資源）。二十一世紀是水的世紀。確保飲用水等水源是國家的重要課題，也是擁有大量水源的地區應當負起的重責大任。

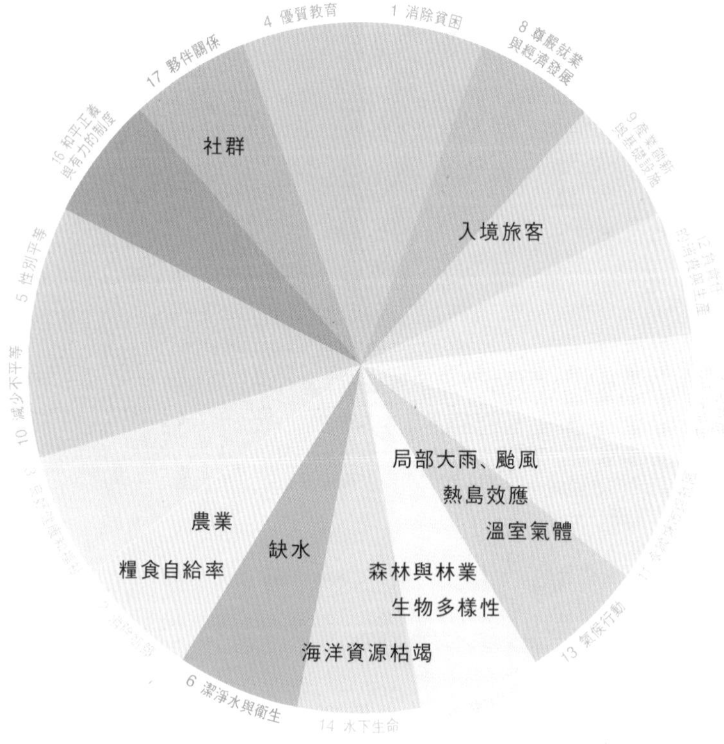

issue 23

缺水

2 6 13 14 15 17

因缺水導致限水與停水的情況（一九八三至二〇一二年）

日本各地都不定期缺水

日本全國各地，尤其以四國與關東地區經常限水與停水。一九九四年日本列島缺水之際，全國約一千六百萬人受限水與停水之苦，農作物損失高達一千四百億日圓。氣候變遷導致夏季白天溫度超過三十五度的日子增加，雨量適當的頻率降低，水的重要性今後將與日俱增。

☑ 缺水：無法照常供水的情況，例如：預設水庫會因為降雨量少而枯竭，於是執行限水措施等等。

☑ 限水與停水：上水道減少或停止供水。

出處：國土交通省網頁「發生缺水現象」

現代人之所以能享受富足便利的生活，和地球生物轉化而成的化石燃料密切相關。現在不會排放溫室氣體的潔淨再生能源使用量逐漸增加，使用範圍卻還是有限。日本全國，尤其是設廠地點的居民對於是否採用高風險的核能發電依舊爭議不斷。想要實現地方永續發展，必須推動節能與活用水、風、森林等在地能源的生活。

7 可負擔的潔淨能源

可負擔的潔淨資源

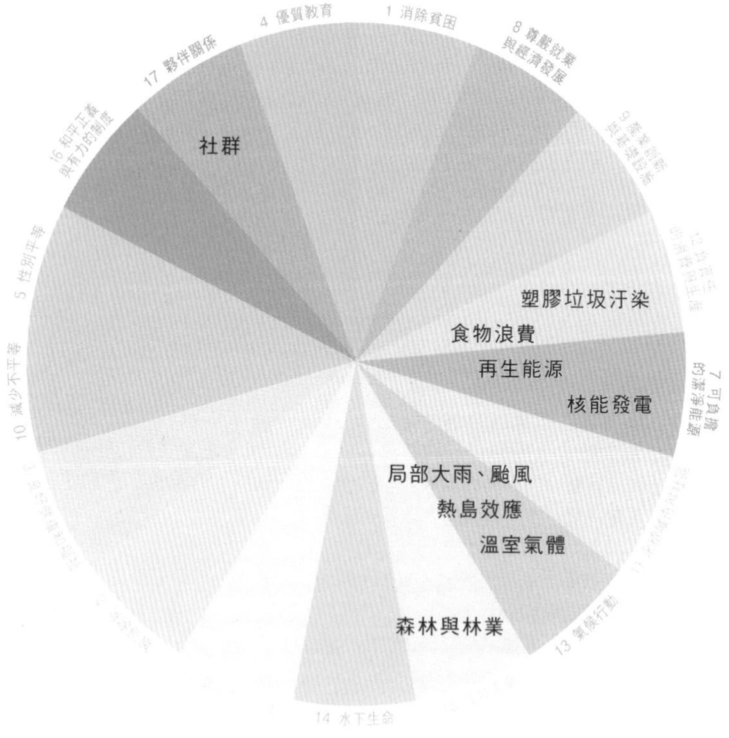

issue 24 再生能源

7 8 9 12 13 14 15 17

再生能源比率的變遷

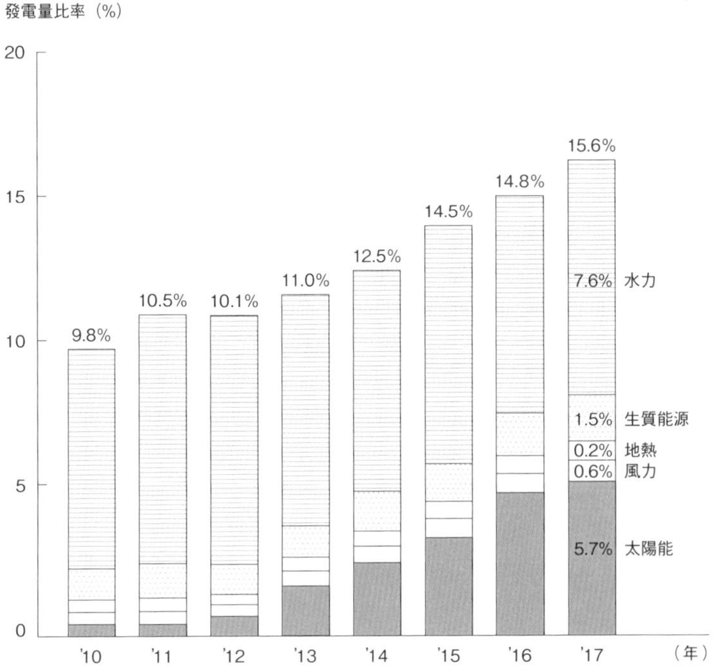

再生能源的發電量比率終於超過百分之十五

日本從二〇〇九年推動住宅用太陽能發電的躉購制度以來，太陽能發電的比例節節升高，到了二〇一七年超過總發電量的百分之五。二〇一六年開放電業自由化之後，越來越多再生能源發電業者進入市場，今後也應當會持續增加。

☑ 生質能源：使用動植物等生物製造的有機能源
☑ 躉購制度（FIT, Feed-In Tariff）：以特定價格收購再生能源電力的制度
☑ 電業自由化：原本電力業由少數業者壟斷，日本政府放寬市場進入管制，引進市場競爭機制

出處：經濟產業省資源能源廳（二〇一七）「電源調查統計」

issue 25

核能發電

6 7 8 9 12 13 14 15 16 17

日本核能發電量與核能電廠的運轉情況（二〇一八年）

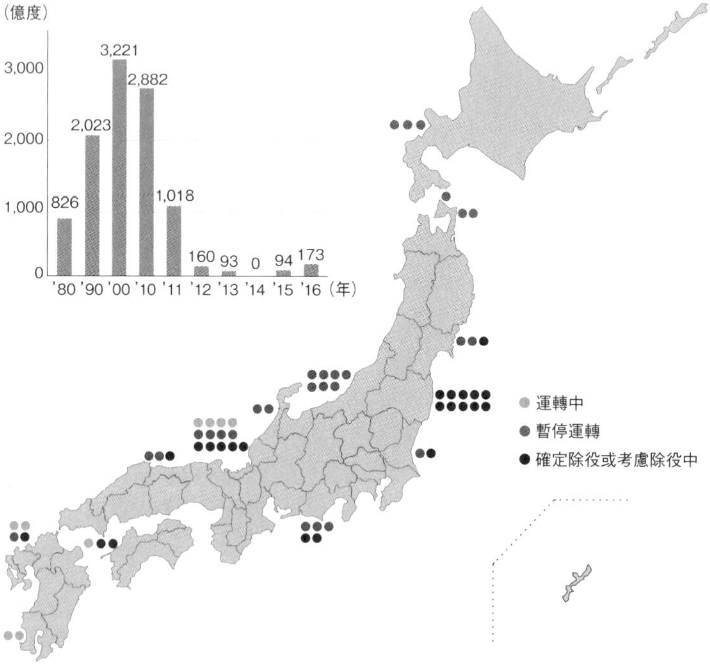

全國各地核電機組共六十部，九部運轉中

二〇一一年三月十一日以前，日本約三成電力是來自核能發電。然而伴隨三一一大地震而來的福島第一核能電廠事故，大幅改變了日本核能發電的定位。截至二〇一八年，運轉中的核電機組共九部，二十三部確定除役或正在考慮。

☑ 除役：停止使用不需要的核電機組與拆解設備，或是整理到安全的狀態後棄置。

出處：日本能源經濟研究所計量分析單位篇（二〇一八）《EDMC能源、經濟統計要覽二〇一八年版》一般財團法人節能中心／經濟產業省資源能源廳（二〇一八）「日本核電廠的情況」

實現地方永續發展的前提是建立永續發展經濟。非典型雇用的勞動人口增加與工時長等問題可知，當前的工作環境日益嚴苛。創業率低迷，中小企業苦無新生代接棒。另一方面，人工智慧與物聯網等科技，極有可能解決人口減少地區面臨的課題；外國觀光客人數攀升帶來商機。地方居民活用在地資源與環境，主動創造工作機會。

尊嚴就業與經濟發展

產業創新與基礎設施

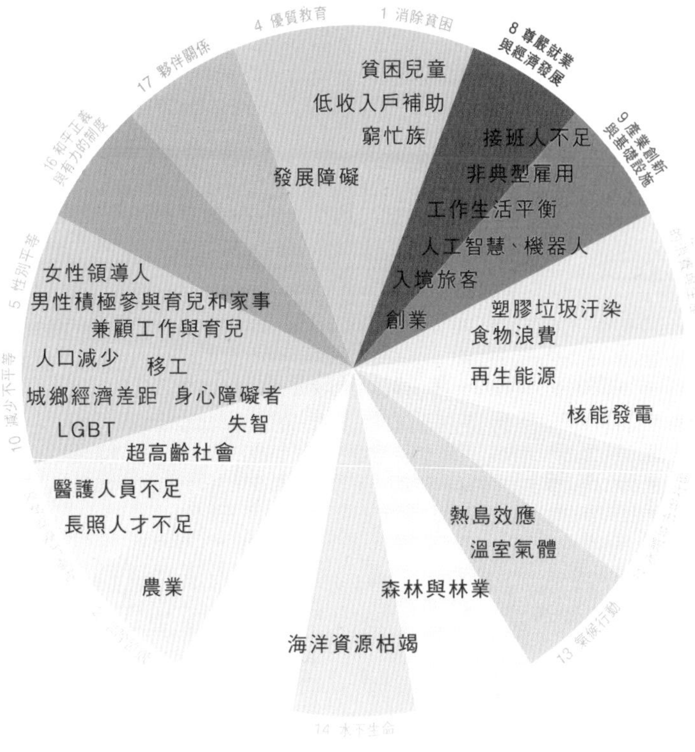

issue 26

工作生活平衡

1 3 5 8 9 10 17

平均每人一年工作時間的變遷

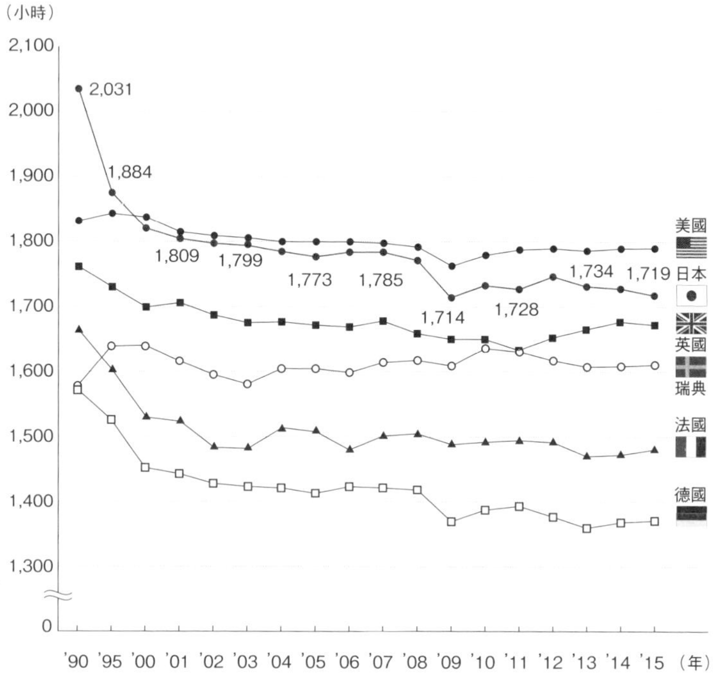

已開發國家的平均每人一年工時以美國最長，日本居二

一九八八年《勞動基準法》修正之後，日本人的工作時間逐漸縮短。然而在已開發國家中仍舊排名第二，僅次於美國。儘管起因不限於工時，不過認定為職業促發腦心血管疾病的案例一年共九十二起，包含未遂的自殺事件則有九十八起（二〇一七年厚生勞動省調查結果）。

☑《勞動基準法》：一九四七年制定的法令，規範勞動基準（關於勞動條件的最低標準）。法令規定勞動時間為一天八小時，一週四十小時以下。

出處：勞動政策研究、研修機構（二〇一七）「數據手冊　國際勞動狀況比較」

「喜歡工作」的人數比例變遷

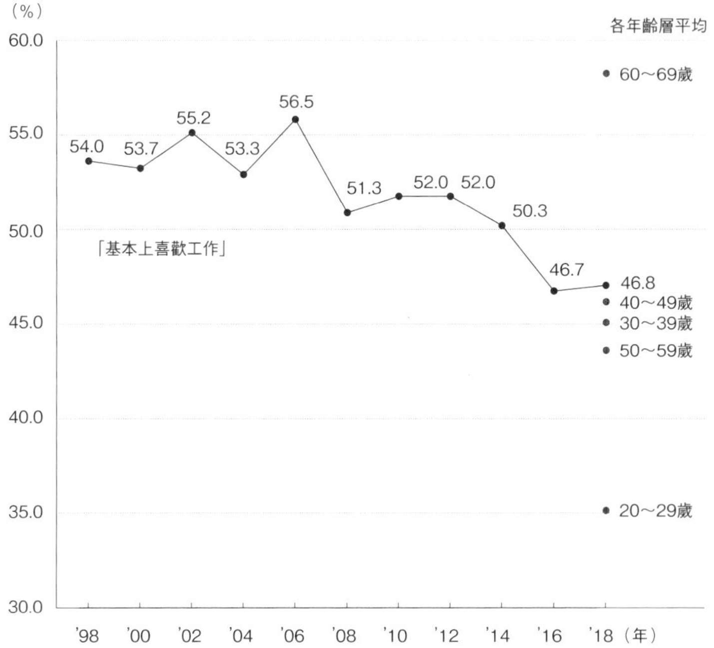

「喜歡工作」者不到一半，年紀愈輕人數愈少

「喜歡工作」的人數原本在五成以上游移，近年來逐漸減少，到了二〇一六年已經不滿五成。各年齡層的差距明顯，二十至二十九歲者不到四成，與中高年齡層有天壤之別。長時間忍耐不喜歡的工作，可能傷害心理層面，難以持續。

出處：博報堂生活總研（二〇一八）「生活定點　二〇一八」

issue 27 | 非典型雇用

1 5 8 9 10 17

第一份工作為非典型雇用的比率變遷

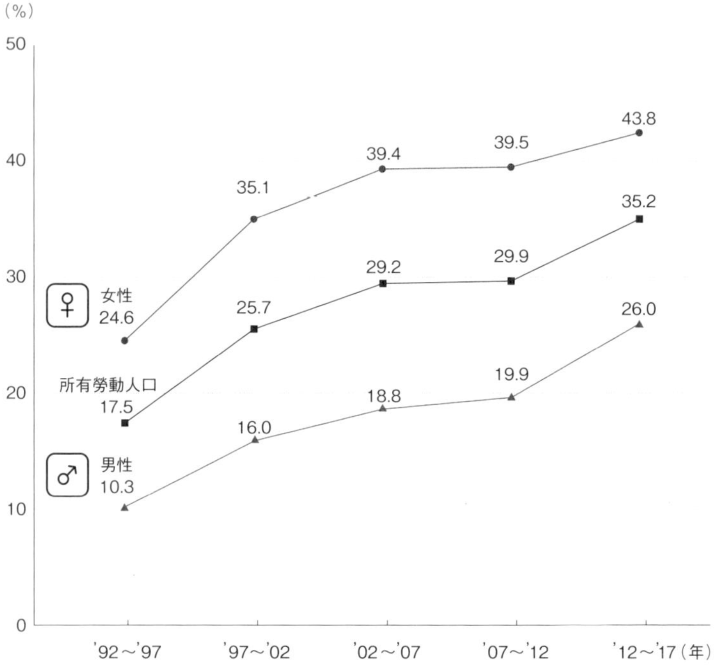

第一份工作為非典型雇用的女性超過四成

第一份工作不是正職員工的女性超過四成，男性則超過百分之二十五，而且比率逐年增加。非典型雇用對於需要彈性工時的勞工而言是一種選擇，實際情況卻是許多人希望能找到正職工作，並且因為工作不穩定而對結婚與懷孕生子抱持消極的態度。

☑ 非典型雇用：工作期間與工時受勞動契約限制的工作型態，包括計時人員、兼職人員、契約工、派遣工等等。

出處：前田正子（二〇一八）《無子高齡化——無人出生的恐怖》岩波書店

issue 28

人工智慧、機器人

4 8 9 17

各國以機械化（人工智慧、機器人）取代人工的可能性比較（二〇一三年）

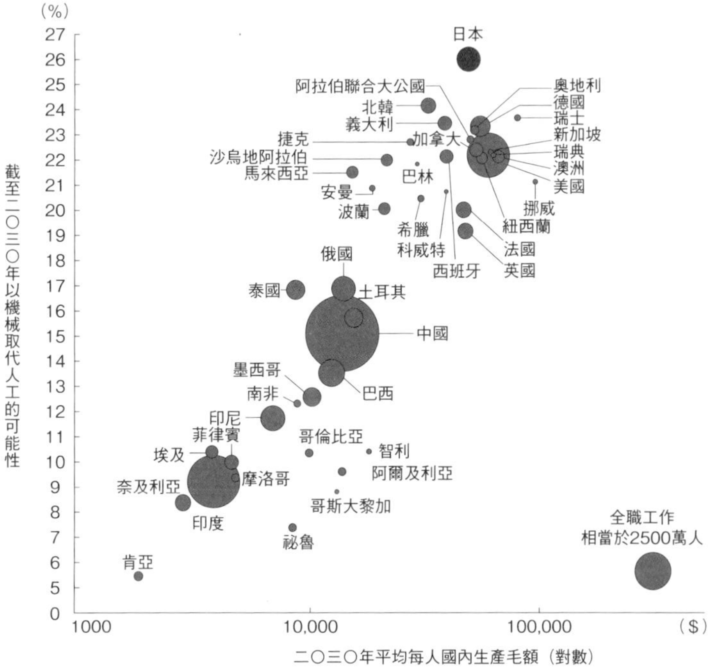

約一千六百萬人份的工作將由人工智慧與機器人取代

截至二〇三〇年，全球可能會有八億人口，也就是勞動人口的二成會因為引進機器人與作業自動化而失去工作。相較於其他調查對象，日本的取代率最高。勞動人口的百分之二十六，相當於一千六百萬人可能因此失去工作。人口日益減少的地區則期待以自動化與機械化解決人手不足的問題。

出處：麥肯錫全球研究所（McKinsey Global Institute）（二〇一七）〈失業與就業：自動化時代的就業變遷〉（Jobs Lost, Jobs Gained: Workforce Transitions in a Time of Automation） issue 29 | 創業

4 8 9 17

各國創業率比較

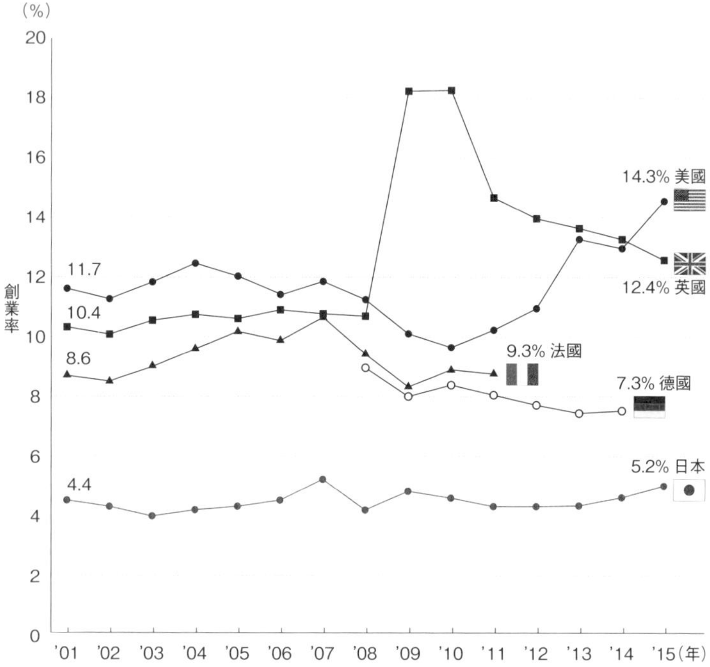

日本創業率僅百分之五點二，在已開發國家當中排名最後

日本的創業率長年以來在百分之四～五之間游移，相較於美國與英國為百分之十以上，法國與德國為百分之七以上，比率偏低。自營業逐年減少，經濟體系以大企業為主。工作缺乏「創業」這個選項是日本社會整體的問題。

☑ 創業率：全年新成立的公司平均數 ÷ 同期間原本的企業數X100

出處：經濟產業省中小企業廳（二〇一七）《中小企業白皮書》

issue 30 入境旅客

2 6 8 9 12 14 15 17

訪日外國觀光客平均每人消費支出的變遷

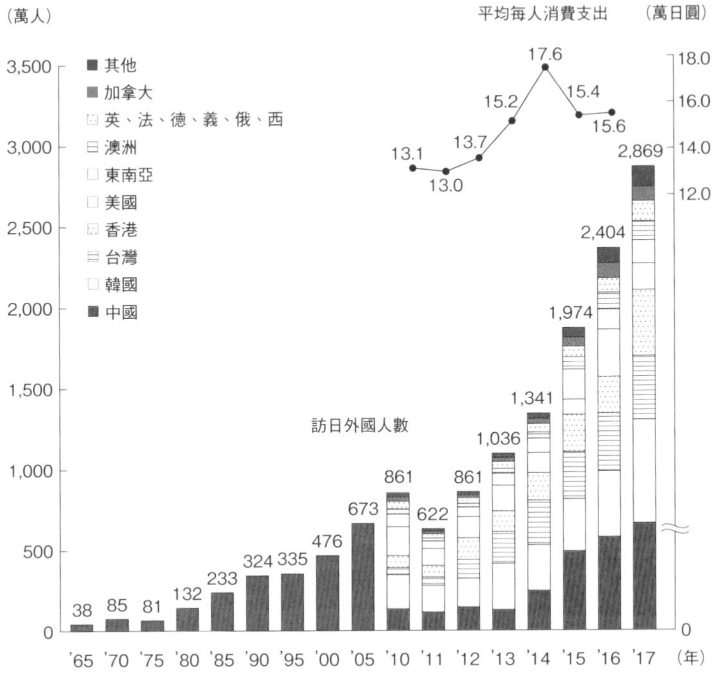

外國觀光客人數超過三千萬人

外國觀光客人數在二〇一一年時雖然因為三一一大地震而一時減少，到了二〇一三年又增加至一千萬人以上，二〇一八年則超過三千萬人，一路快速攀升。然而平均每人消費支出則出現停滯現象，想要吸引眾人消費必須提供能更加展現出地方魅力的行程。另一方面，儘管外國觀光客人數增加，為地方帶來經濟效益，如何承受觀光客等課題尚待解決。

☑ 入境旅客（inbound）：來自國外的旅客，出國的旅客稱為「出境旅客」

出處：觀光廳（二〇一八）「訪日外國人消費動向調查」

issue 31 | 接班人不足

8 9 14 15 17

中小企業老闆的年齡變遷

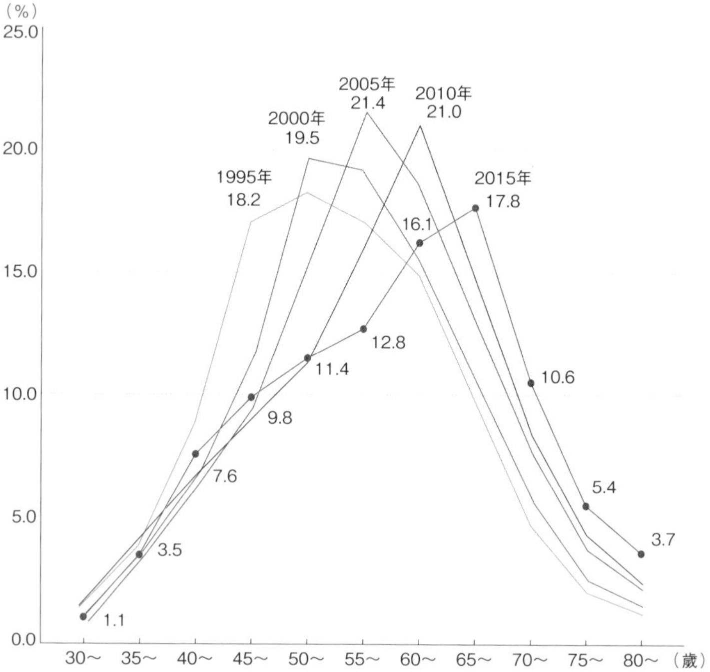

六十五歲以上的老闆將近四成

中小企業的老闆以六十五至六十九歲者居多，六十五歲以上者共四成，逐漸高齡化。二十年前人數最多的是四十五歲以上者，由此可知過了二十年之後還是同一群人。業界最大的問題在於年輕人創業不易，中小企業乏人繼任接棒。

出處：經濟產業省中小企業廳（二〇一六）《二〇一六年版　中小企業白皮書》

31 接班人不足

10 減少不平等

減少不平等

日本國內還有許多差距與歧視，身心障礙者、性少數族群、外國人、賤民部落出身、少數民族等不少弱勢族群都活得很辛苦。人口與資源集中於大都會，地方人口外流嚴重，在地產業因而衰退，城鄉的人口與經濟差距日漸擴大。性別歧視也依舊嚴重。大家攜手消弭各類歧視，縮小城鄉差距，打造人人都能快樂生活的社會與地方吧！

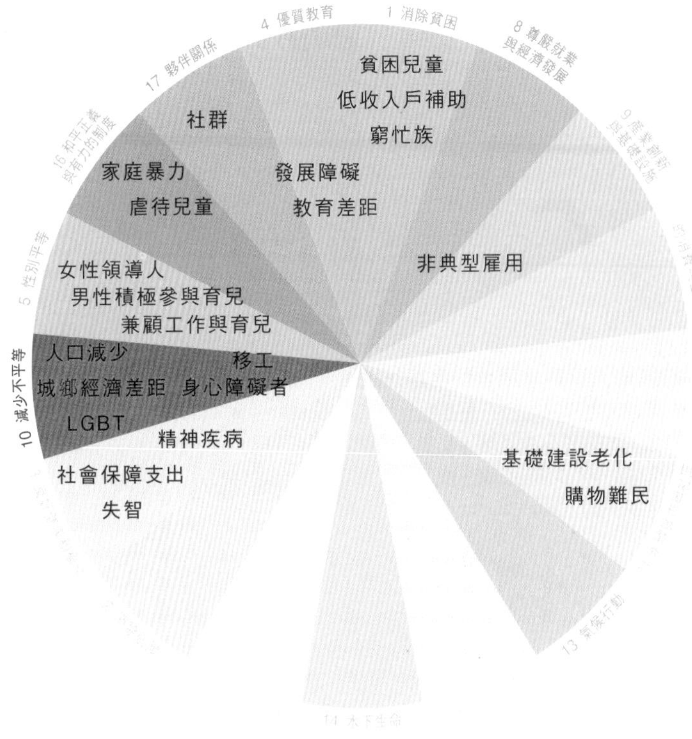

issue 32

人口減少

4 8 10 11 17

人口減少率（二〇一五～二〇四五年）

各地區的人口減少率呈現明顯差距

日本人口開始急速減少，推估在二〇五〇年時為一億人以下。然而二〇一五至二〇四五年的三十年之間，秋田、青森、山形、福島與岩手的東北五縣與高知縣會大幅減少，幅度高達三成以上；東京與沖繩維持現狀；愛知縣與神奈川縣的減少幅度則不到一成，地區之間的差距明顯。

出處：國立社會保障、人口問題研究所（二〇一五）「日本各地區未來人口推估」

issue 33 城鄉經濟差距

1 8 9 10 17

各地區物價與薪資的關係（二〇一六年）

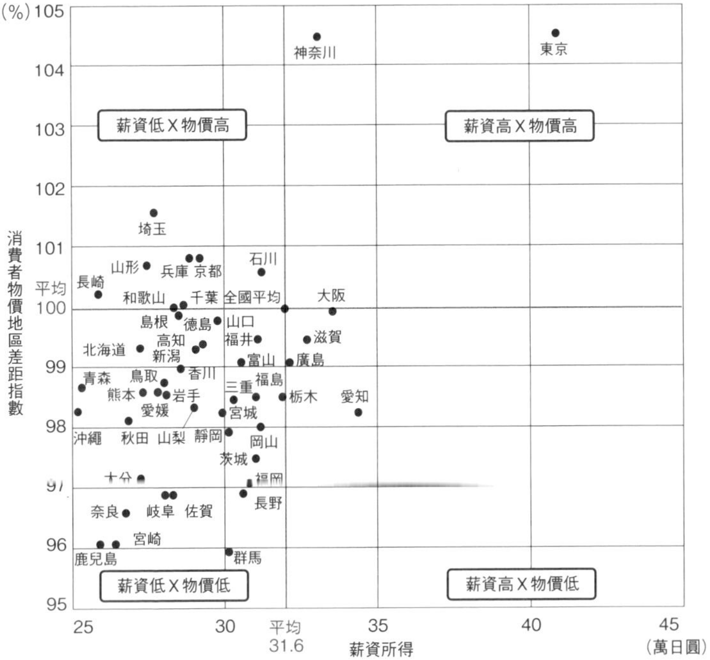

物價與薪資也有城鄉差距

薪資與物價也呈現城鄉差距。X 軸象徵薪資，東京明顯鶴立雞群，其次是愛知、大阪、神奈川與滋賀等大都市圈。另一方面，九州、北海道、東北則偏向薪資與物價皆低的象限。薪資與物價不見得有關，各地區生活開支造成的負擔有高有低。

☑ 消費者物價地區差距指數：顯示該年各地區物價水準差距的指數。
☑ 薪資所得：扣除所得稅、社會保險費、工會會費與在公司內部的消費等費用之前的工資。

出處：厚生勞動省（二〇一八）「每月勞動情況統計調查」

性少數族群與LGBT的人數與出櫃情況（二〇一六年）

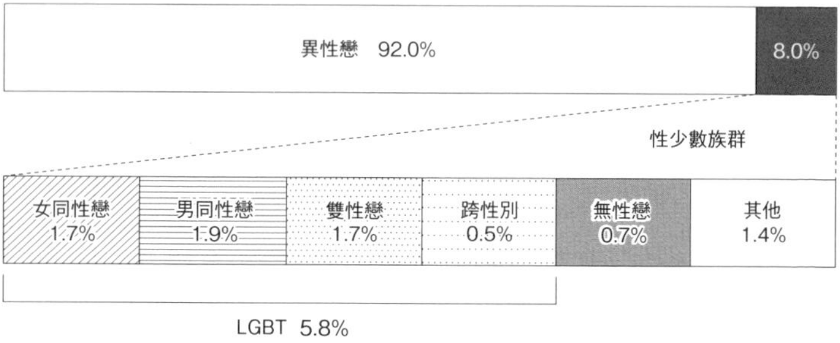

Q. 曾經主動告訴其他人自己是LGBT族群嗎？

每一百人當中有八人是性少數族群

LGBT等性少數族群就在我們身邊，只是大環境導致多數人無法坦承自己的性取向。目前的日本社會對於性少數族群並不友善。教育、就業、醫療與社會福利等各領域都必須更加了解性少數族群，改善環境。

- ☑ 女同性戀（Lesbian）：身體與自我認同為女性，對女性感到性吸引力。
- ☑ 男同性戀（Gay）：身體與自我認同為男性，對男性感到性吸引力。
- ☑ 雙性戀（Bisexual）：無論身體與自我認同為男性或女性，對兩種性別都感到吸引力。
- ☑ 跨性別（Transgender）：身體與自我認同的性別不一致。
- ☑ 無性戀（Asexuality）：身體與自我認同無關，對他人感受不到性吸引力或不會產生戀愛的情感。

出處：LGBT綜合研究所（二〇一六）「LGBT意識行為調查二〇一六」

issue 35

身心障礙者

3 4 8 10 11 17

十八～六十五歲身心障礙者約三百五十五萬人的就業情況（二〇一六）

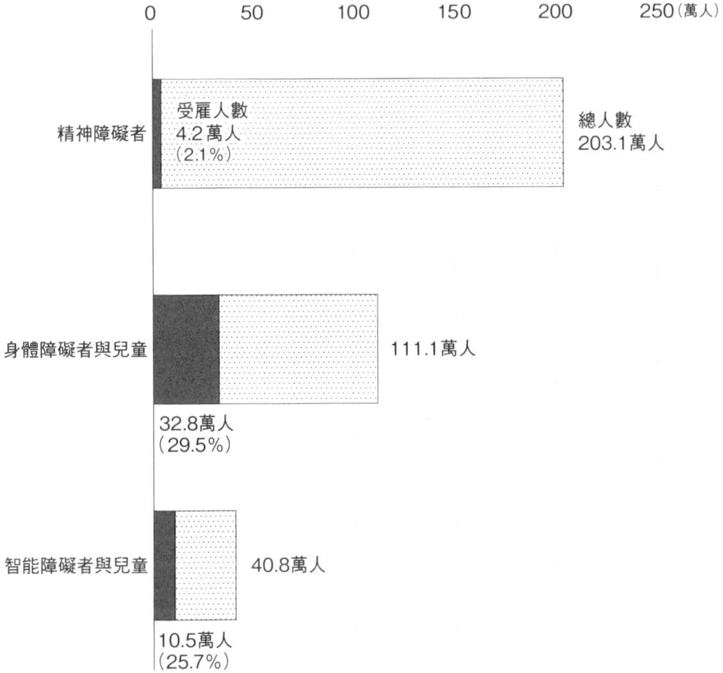

身心障礙者人數與受雇比率皆增加

儘管身心障礙者的受雇人數較以往增多，受雇者仍舊是少數派。進入職場的身體障礙與智能障礙者各約三成，精神障礙者卻僅百分之二。資方對於身心障礙者依舊缺乏了解，許多人受雇之後沒多久便辭職等嚴重問題有待解決。

☑《身心障礙者雇用促進法》：一九六〇年制定的法令，規定企業與公家機關有義務雇用一定人數的身心障礙者。二〇一八年四月修法後的新規定為民間企業需進用的身心障礙者人數為員工總人數的百分之二點二以上，公家機關則為百分之二點五以上。

出處：厚生勞動省（二〇一七）「身心障礙者就業情況」

issue
36 | 移工

4 8 9 10 17

居留日本的外國人數變遷

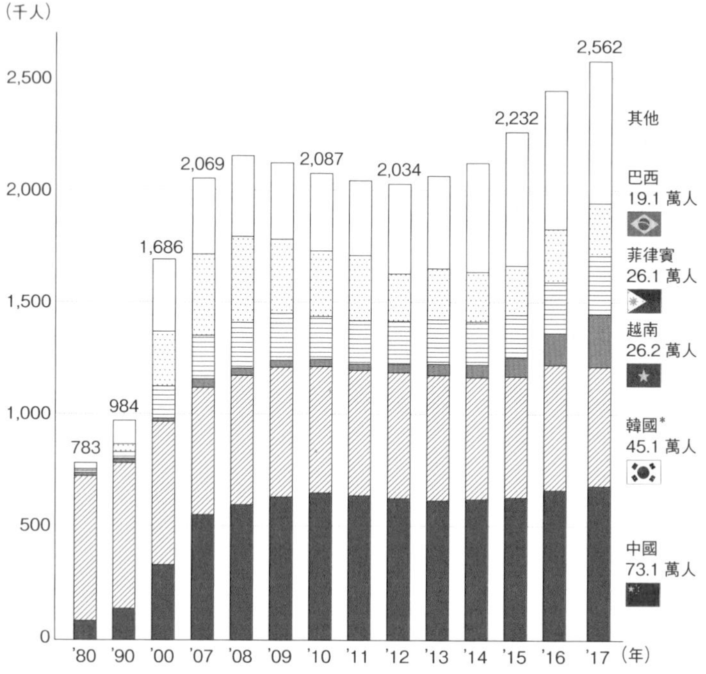

移工人數共二百五十六萬人

近年來日本移工人數急速增加，約占總人口的百分之二。引進移工的優點是彌補不足的勞動人口，以及協助企業全球化。然而許多雇用移工的企業、移工所在地的地方政府與當地居民並未做好心理準備，又缺乏合宜的制度，結果與移工產生摩擦。許多地方必須迅速因應此一課題。

＊截至二〇一一年底的統計，外籍人士登錄證明書的「國籍等」欄為「朝鮮民主主義人民共和國」與「大韓民國者」皆視為韓國籍。

出處：法務省（二〇一七）「截至二〇一七年底居留日本的外國人數」

永續城市與社區

大家生活的「城鎮」面臨各式各樣的問題。人口減少導致空地、空屋急速增加；道路橋樑等基礎建設逐漸老舊，維護修繕費用漸漸壓迫財政；大眾交通運輸系統的班次減少，無法開車的居民淪為購物難民。日本各地都可能發生地震、海嘯、風災與水災等災害。大家攜手打造所有人都能愉快生活，安全安心的城鎮吧！

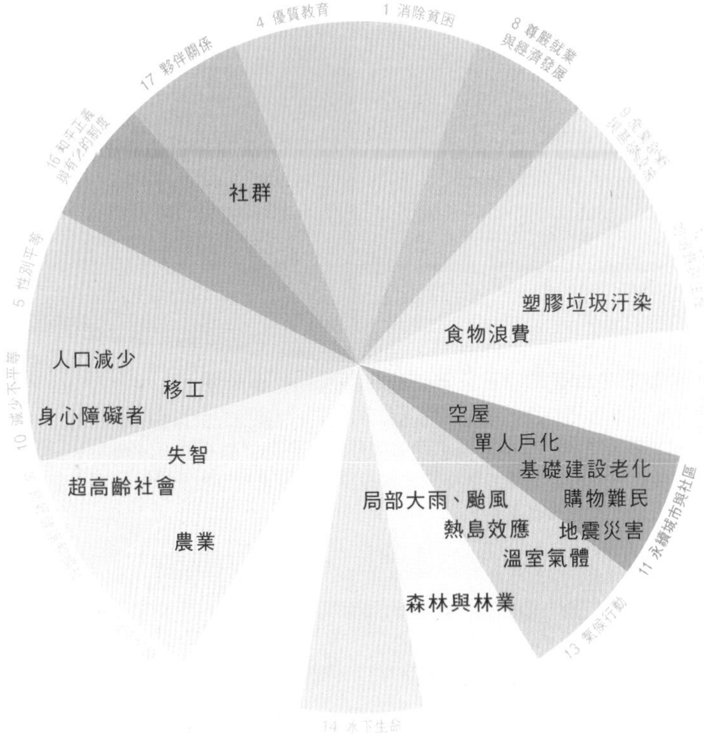

issue 37

基礎建設老化

10 11 17

基礎建設老化率（建設五十年以上的基礎建設比率）的變遷

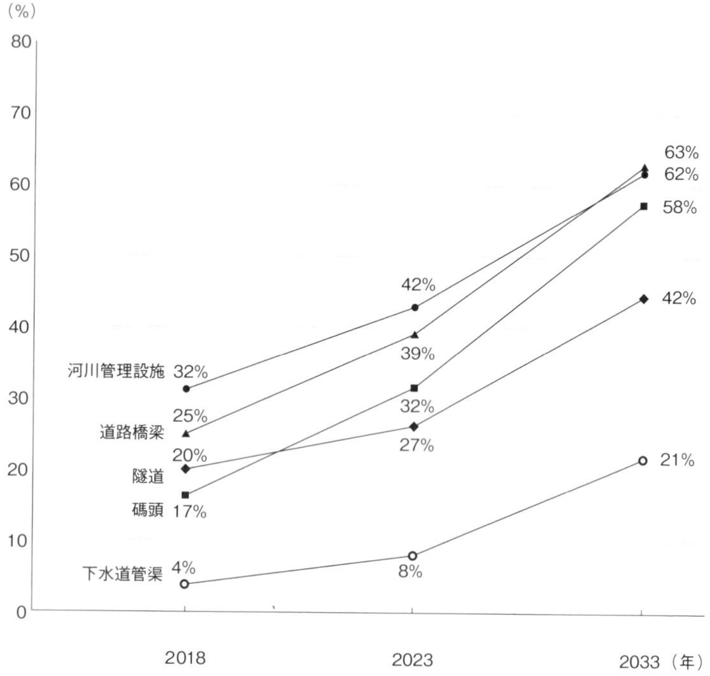

基礎建設老化在二〇三三年將成為嚴重的社會問題

日本全國各地百分之六十三的道路橋樑與百分之四十二的隧道，會在二〇三三年建設滿五十年。這些在高度經濟成長期急速完工的基礎建設屆時將一同老化，維護整修需要大筆經費。日本財政已受到社會保障支出壓迫，要再擠出預算修整基礎建設實屬不易。

☑ 下水道管渠：排放汙水與廢水的管路。

☑ 基礎建設：提升國民福利與經濟發展所需的公共設施。

出處：國土交通省（二〇一八）「社會資本老化的現況與預測」

issue 38 購物難民

2 3 10 11 17

六十五歲以上的購物難民比率（二〇一五）

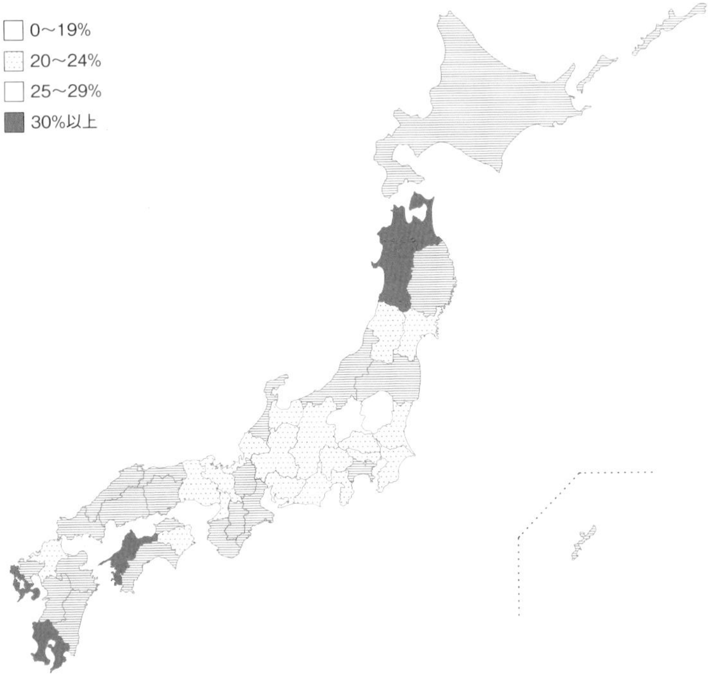

日本全國各地都有購物難民

日本高齡人口，尤其是高齡獨居者增加，加上小規模零售業者歇業，大眾交通運輸系統衰退等問題，造成沒有車子或無人接送便無法購物的「購物難民」與日俱增。購物難民問題不僅發生於人口外流的偏鄉，也可能出現於大都市。

☑ 購物難民：前往肉舖、魚鋪、蔬果店、百貨公司、大賣場、超市與便利商店等店家不便者；住處距離店家五百公尺以上，難以自行開車外出的六十五歲以上高齡者。

出處：農林水產政策研究室（二〇一八）「食品供應鏈（三）食品取得問題」

空屋

11 13 16 17

空屋數的變遷與預測

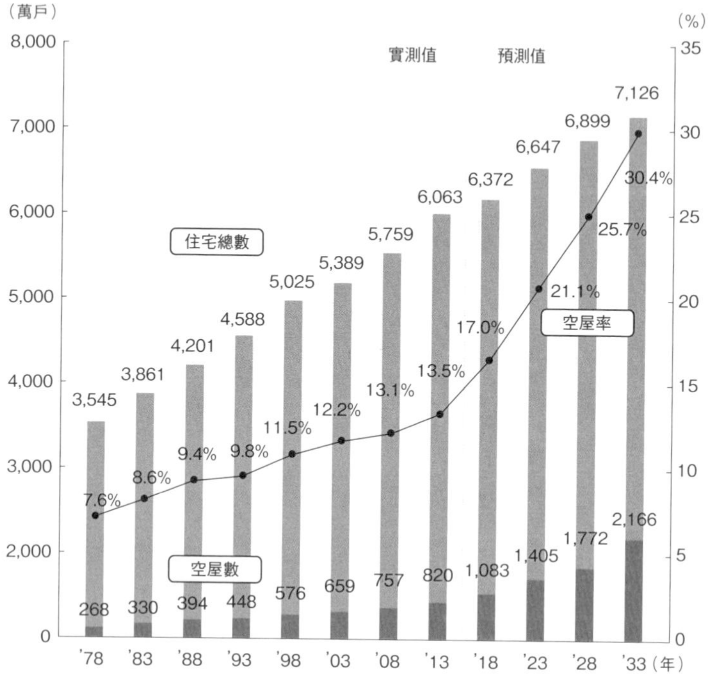

空屋率到二〇三三年將攀升至三成

日本人口開始減少，新建住宅卻持續增加，空屋數與空屋率與日俱增。乏人管理的空屋帶來災害、犯罪、景觀與衛生等各類問題。另一方面，部分地方因為移入居民增加，現有的住宅不敷使用。空屋也是地方的資源之一，需要建立制度以適當管理與運用。

出處：<實測值>總務省統計局（二〇一三）「住宅與土地統計調查」〈預測值〉野村綜合研究所（二〇一七）「二〇三〇年的住宅市場」

issue 40

單人戶化

3 5 11 13 16 17

各類型家庭的戶數變遷與預測

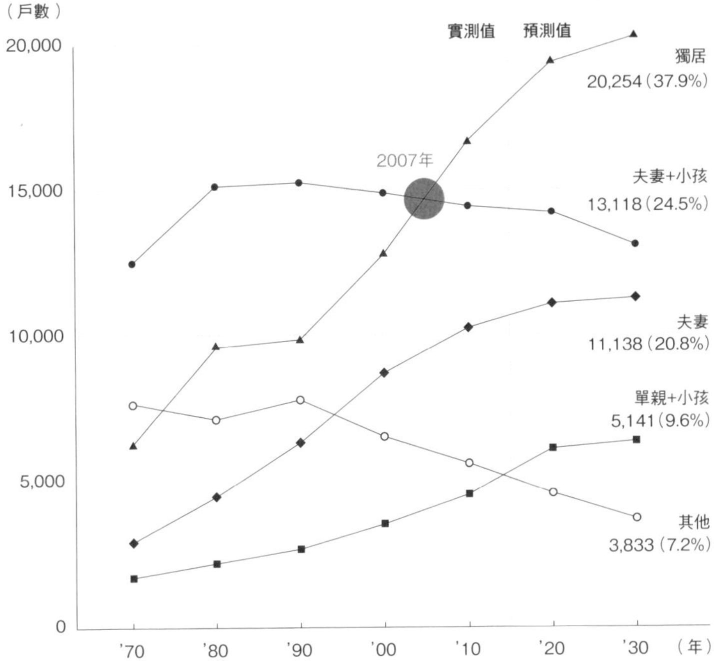

二〇三〇年時獨居者占所有家庭戶數的三分之一

高度經濟成長期的標準家庭型態是夫妻與子女。然而家庭型態隨時代而變化，到了二〇〇七年已經是單人戶比率最高。單人戶之後也會持續增加，預測到了二〇三〇年會成長至總戶數的三分之一。

出處：國立社會保障、人口問題研究所（二〇一八）「日本各類型家庭戶數未來推估（全國推估）」

issue 41 地震災害

1 6 8 10 11 13 16 17

自主防災組織活動覆蓋率（二〇一七年）

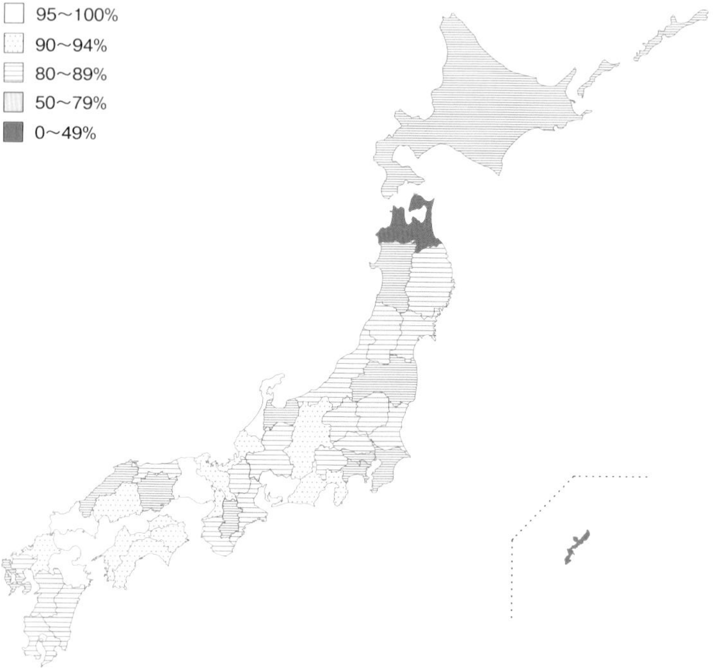

自主防災組織主要分布於西日本

居民自動組成防災組織，自主防災組織的數量與活動覆蓋率與日俱增。活動覆蓋率依地區大相逕庭，呈現西高東低的現象：兵庫、山口、大分、石川與愛知等地高達百分之九十五，青森卻不到百分之五十。

☑ 自主防災組織：由里民會、居民自治會等組織主導的非法人團體，當地居民主動合作，一同舉辦防災活動。

☑ 自主防災組織活動覆蓋率：自主防災組織的活動範圍中的戶數占全戶數的比例。

出處：總務省消防廳（二〇一七）《消防白皮書》

負責任的消費與生產

人類使用大量能源與資源，製造與消耗產品，並且大量廢棄。廢棄物與製造過程產生的化學有害物質汙染地球。日本一天廢棄的糧食相當於一億兩千萬國民每人都能吃上一碗飯的程度。想要減輕環境負擔，需要每一位居民審視日常生活的每一個小動作，例如：珍惜物品，以修理取代丟棄；回收再利用；減少使用加重環境負擔的物品與服務。

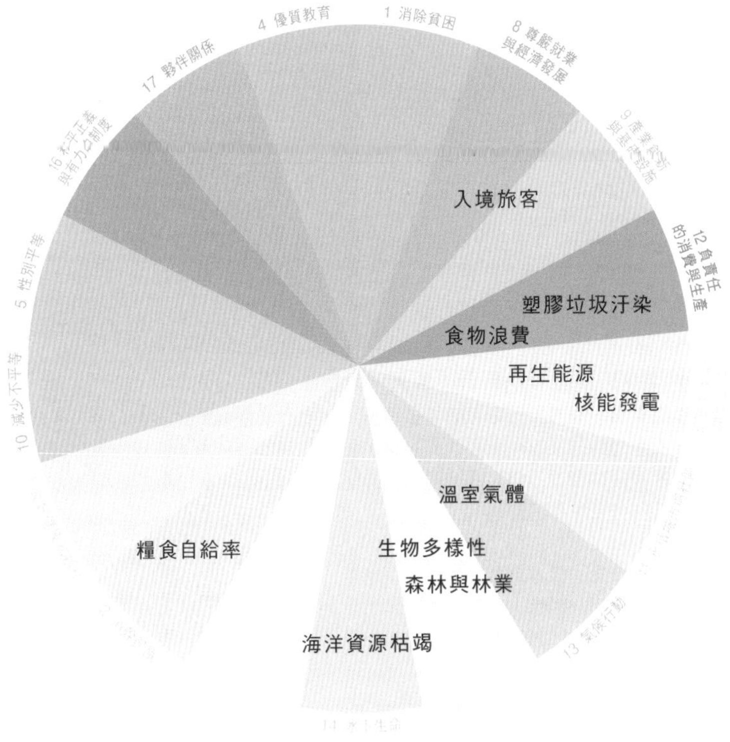

issue 42 食物浪費

2 7 9 11 12 13 17

食品廢棄物的情況（二〇一五年）

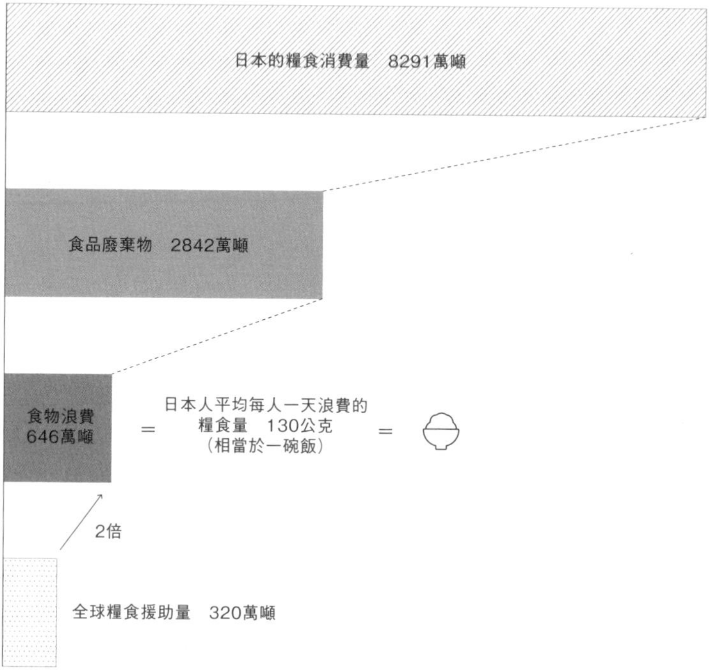

每天廢棄的份量可以讓日本國民一人吃一碗飯

日本每天都會丟棄大量還能食用的食品。這些食品主要來自剩餘商品、過期商品、不合規格的商品和餐廳、家庭吃剩的食物等等。日本人浪費的食物相當於全球糧食援助量的二倍。重新審視日本人的飲食生活、製造過程與銷售方式，有助於解決全球貧困問題。

☑ 糧食消費量：日本全年消費的糧食總量。
☑ 食品廢棄物：製造、加工、流通與消費之際廢棄的食品總稱。
☑ 食物浪費：還能食用卻遭到廢棄的食品。

出處：農林水產省（二〇一五）「食物回收、食物浪費」

issue 43 塑膠垃圾汙染

3 7 9 11 12 13 14 15 17

塑膠垃圾的產量與回收的情況（二〇一三年）

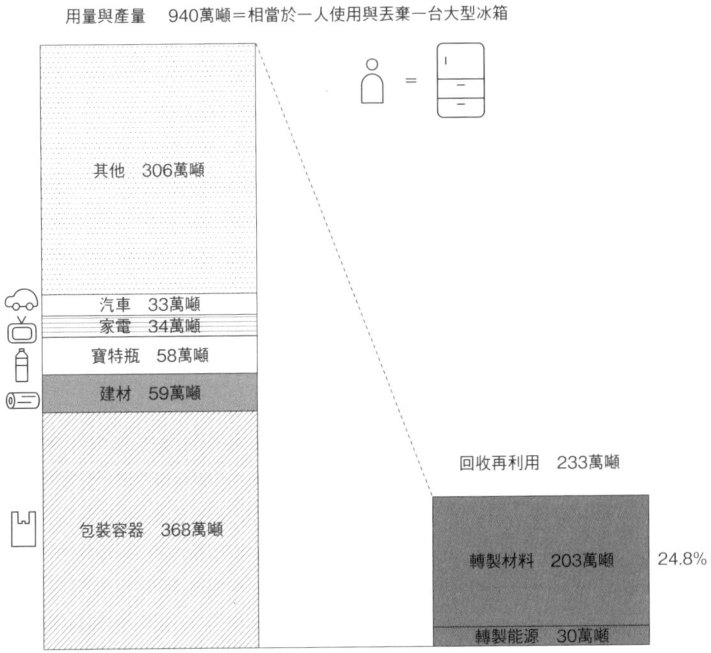

回收再利用的塑膠垃圾僅總產量的四分之一

每年地球充斥四億噸的塑膠垃圾，持續汙染環境。日本全年產出的寶特瓶、包裝容器與家電等塑膠垃圾約九百四十萬噸，實際回收再利用的卻不到總量的四分之一。漂浮在海上的塑膠碎片「塑膠微粒」可能對海洋生物與人體造成危害。

出處：環境省（二〇一六）「以採用物質循環減少天然資源消費量與環境負擔為目標」

氣候行動

現在地球正在大聲哀號。二〇一八年夏天，日本氣候異常炎熱，強烈提醒眾人氣候變遷的影響。隨著全球經濟成長，溫室氣體排放量與日俱增。如同其他國家，日本推展減少溫室氣體排放量一事並不順利。近年來，局部大雨與颱風頻仍，重大災害接二連三發生，形成嚴重影響地方的問題。為了今後繼續在地球上生存下去，我們必須立刻打從根本解決問題。

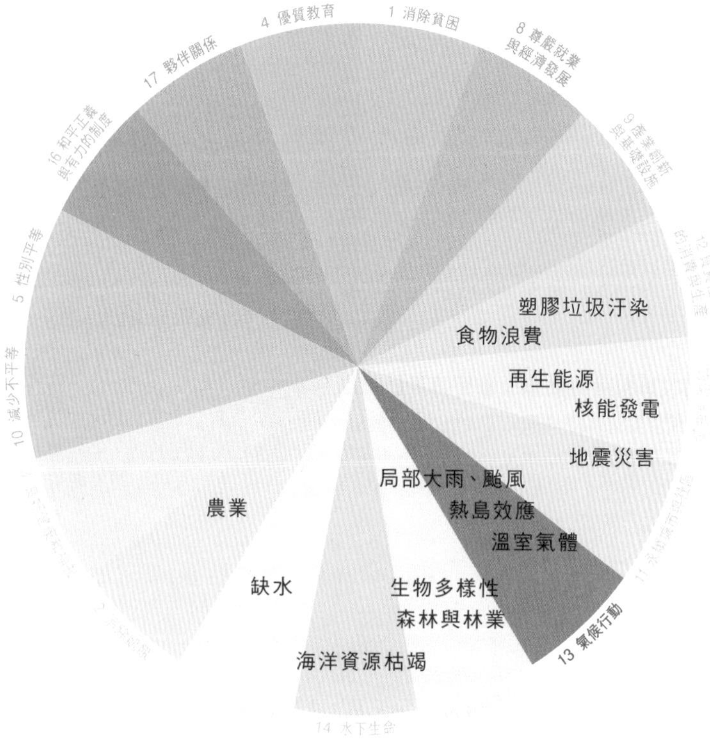

issue
44

溫室氣體

7 8 9 11 12 13 14 15 17

每人平均排放量的變遷

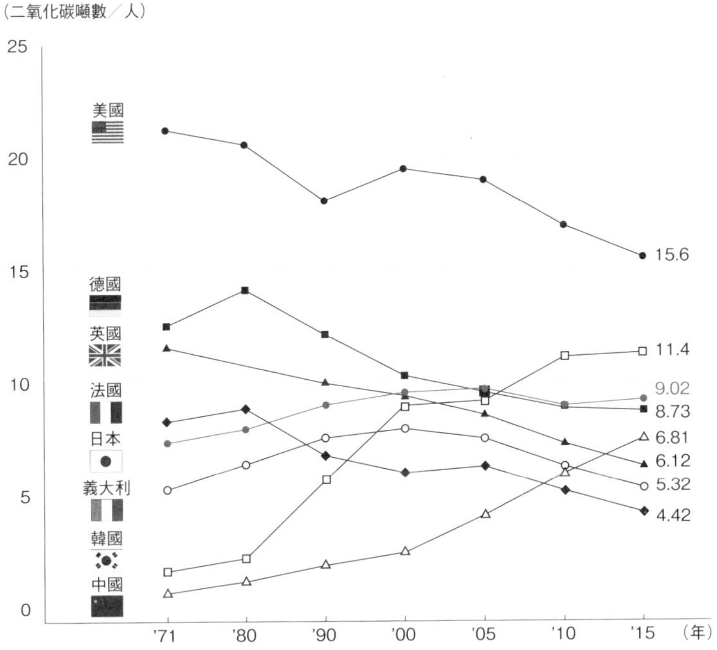

日本與中國的每人平均排放量持續增加

一九九七年簽訂京都議定書以來，二〇〇〇年代官民合作，推動減少二氧化碳排放量的社會活動日益頻繁。然而二〇一一年三一一大地震之後，日本的排放量趨向固定。根據巴黎協定，日本的中期目標是在二〇三〇年之前達到比二〇一三年度減少百分之二十六。想要達成這個目標必須打從根本改變。

☑ 巴黎協定：二〇一五年通過的國際協定，旨在解決二〇二〇年之後的氣候變遷問題。

☑ 京都協議書：一九九七年在京都舉辦的聯合國氣候變化框架公約參加國第三次會議（COP3）所通過的協定，旨在制定全球針對氣候變遷應採取的行動。目標是所有已開發國家的溫室氣體排放量必須比一九九〇年減少百分之五。

出處：日本能源經濟研究所計量分析單位篇（二〇一八）《EDMC能源、經濟統計要覽二〇一八年版》一般財團法人節能中心

issue 45 | 熱島效應

2 6 7 8 9 11 12 13 14 15 17

平均氣溫增幅（換算為百年單位）與最高氣溫排行榜

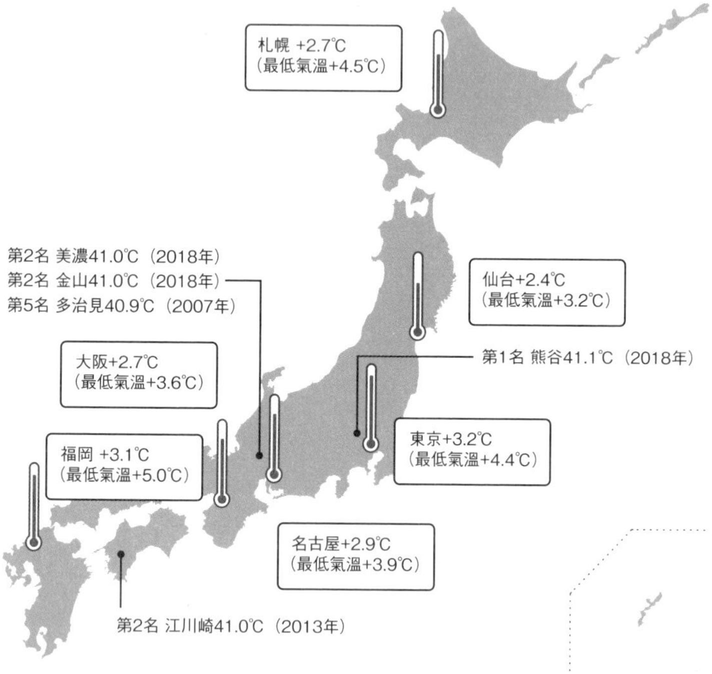

相當於一百年上升三度

從北海道到九州的全年平均氣溫換算起來，相當於一百年增加了三度，最低氣溫上升了將近五度。各地都出現熱島效應這種都市氣溫異常攀升的現象。夏天時，白天最高氣溫超過三十五度與夜晚最低溫度超過二十五度的日子越來越多，造成中暑人數增加，危害健康。

☑ 熱島效應：都市的氣溫明顯高於周遭郊區的現象，起因為大量使用混凝土等容易蓄熱的建材，日常生活與產業活動所需的汽車與冷暖氣機等排放熱氣，建築物樓層與密度增加，影響輻射冷卻效應，地面難以發散熱能。

出處：氣象廳（二〇一七）《氣候變遷監視報告二〇一七》

issue 46 局部大雨、颱風

1 2 6 10 11 13 14 15 17

單日降雨量在1.0mm以上的全年總日數（五十一個地點的平均值）的變遷

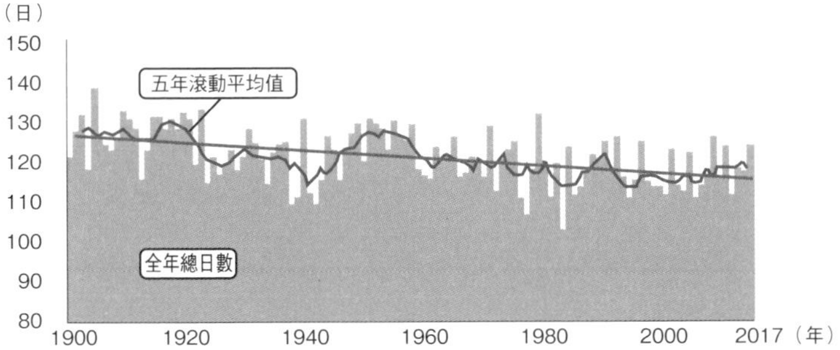

單日降雨量在200mm以上的全年總日數（五十一個地點的平均值）的變遷

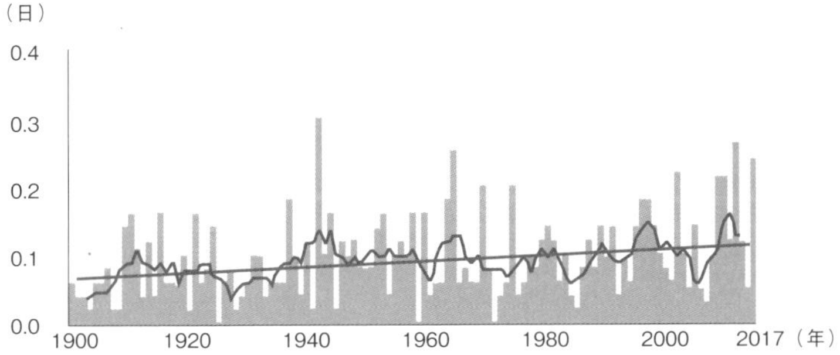

豪雨增加，小雨減少

由過去一百二十年的觀察資料可知，單日降雨量1.0mm的小雨頻率減少，取而代之的是單日200mm以上的豪雨。這意味適量的雨量減少，極端降雨增加。適量的雨量減少可能引發缺水，影響農業與日常生活。近年來，豪大雨造成的經濟損失與人身安全威脅日益嚴重，例如：房屋進水、土石流與農作物損失等等。

出處：氣象廳（二〇一七）《氣候變遷監視報告二〇一七》

日本四面環海，是全球屈指可數的海洋大國。日本人的生活離不開海洋，人類製造的垃圾與化學物質卻汙染了海洋。在海洋中漂浮的塑膠微粒，對海洋生物與人類的生命造成威脅。儘管日本人的魚類食用量逐漸下降，全球對於魚類的需求擴大，導致水產資源陷入枯竭危機。海洋與海洋生物是地方自然資源的泉源。我們應當保護海洋和海洋生物，與大海和平共處。

14 水下生命

水下生命

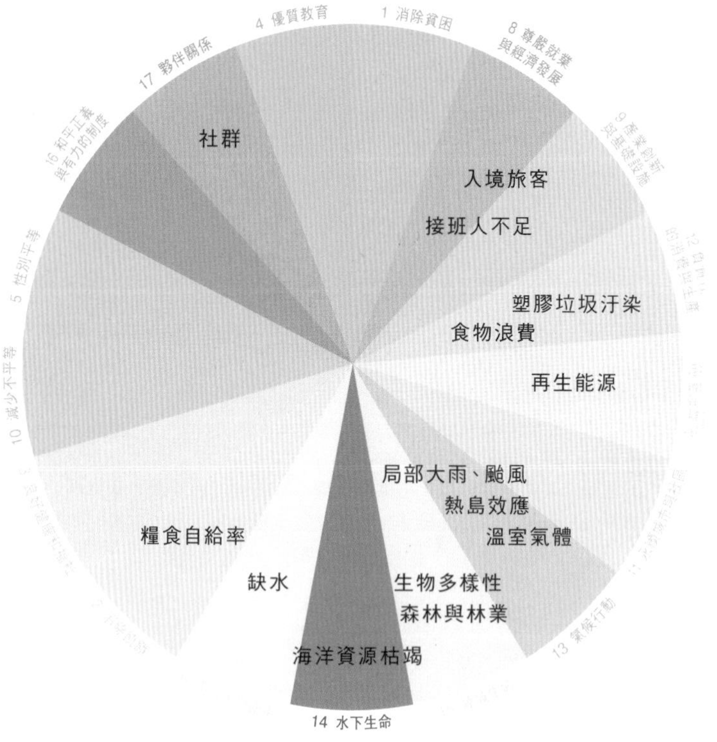

issue 47 海洋資源枯竭

2 9 12 13 14 15 17

全球漁業、養殖業產量的變遷

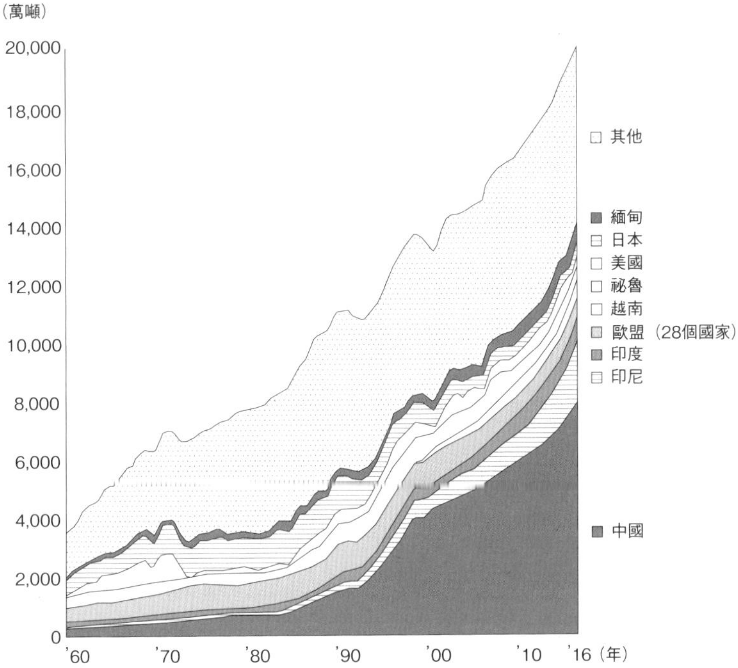

漁業產量二十年來增加一倍，全球海洋資源陷入枯竭危機

隨著吃魚的習慣普及全球，尤其是亞洲國家等地因為經濟成長，全球漁業與養殖業產量在九〇年代之後增加將近兩倍，海洋資源極有可能因此消耗殆盡。魚類是日本人常用的食材，吃魚的習慣是傳達各地特色與魅力的重要文化。日本身為漁業大國，應當活用關於海洋資源的智慧，保護全球海洋資源。

出處：水產廳（二〇一七）《水產白皮書》

日本國土高達百分之六十六為森林所覆蓋，是全球數一數二的森林大國。然而建立永續發展的森林所需的林業人才急速減少，日本的森林陷入困境。適當維護森林才能確保樹木吸收二氧化碳，抑制溫室氣體增加。保護土壤、減少天災、涵養水源，以及維護生物多樣性也都是森林的功能。保護陸地的豐富資源能維持地方生活的魅力。

陸城生命

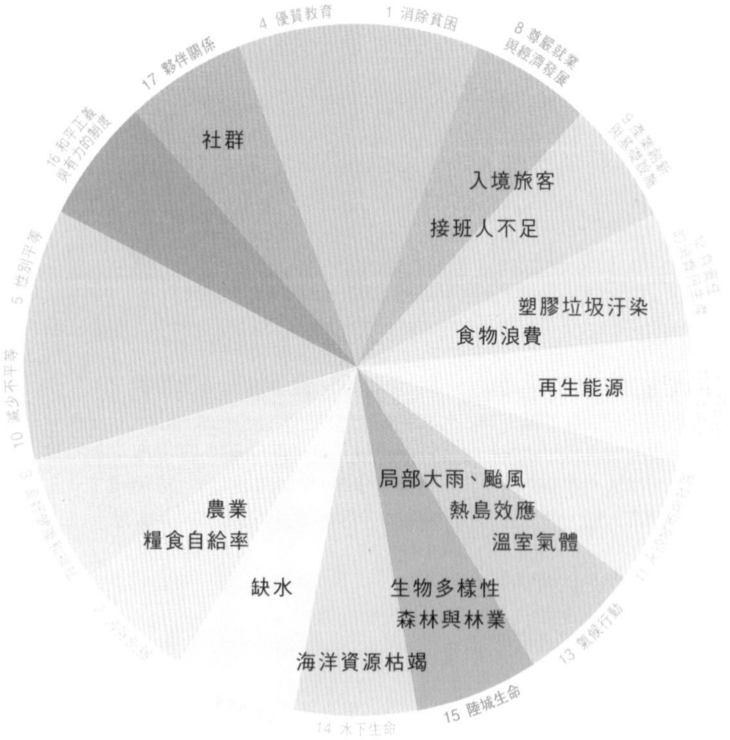

issue 48

生物多樣性

2 6 9 12 13 14 15 17

瀕危物種的比例（二〇一二年）

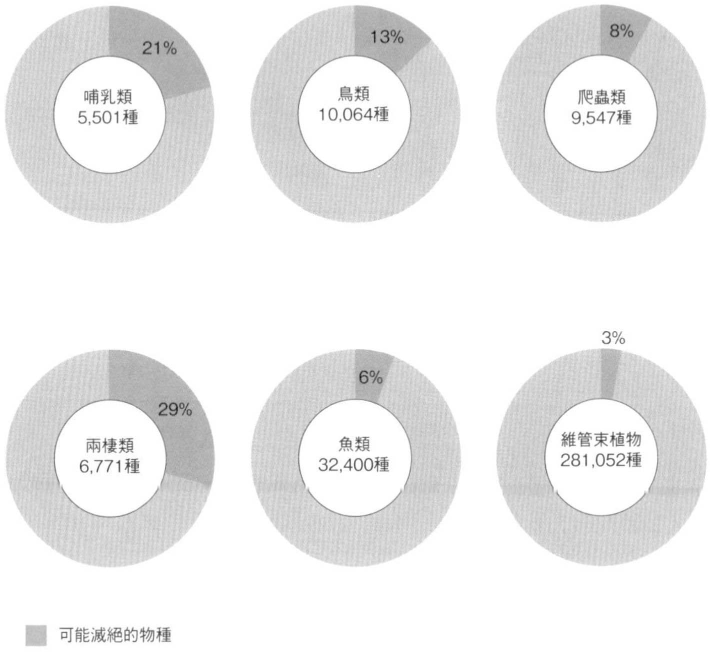

每年有四萬種生物消失

生物多樣性提供人類生活所需，為地球與各地區帶來豐富資源。然而人類開發與濫捕導致物種數量減少，里山（譯註：環繞在村落周遭的山林、河川和草原）的生態系統遭到破壞，外來物種擾亂當地生態平衡，地球環境大幅變化，在在對日本的生物多樣性造成威脅。目前地球每年有四萬種生物消失，陷入第六次生物大滅絕。

☑ 生物多樣性：意指形形色色的生命相互依賴共存。

出處：國際自然保護聯盟（International Union for Conservation of Nature and Natural Resources）（二〇一二）《國際自然保護聯盟瀕危物種紅色名錄（IUCN Red List）》

issue 49

森林與林業

6 7 8 9 11 12 13 14 15 17

從事林業人數（二〇一五年）

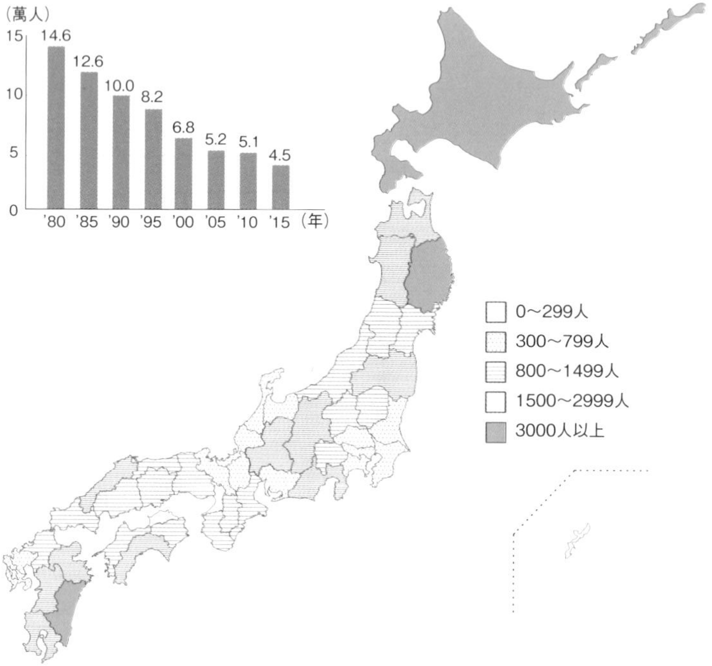

森林占日本國土七成，從事林業的人口僅百分之零點零四

全國各地從事林業人數逐年減少。勞動人口持續老化，乏人繼承接棒。日本國土約七成為森林所覆蓋，適當維護與管理森林有利於生物多樣性、涵養水源、維護景觀、減少溫室氣體，以及預防風災、水災，保護當地居民，是實現地方與地球永續發展不可或缺的要素。

出處：總務省（二〇一五）「二〇一五年人口普查」

16 和平正義與有力的制度

和平正義與有力的制度

這世上有許多人遭受暴力相對，因此受到傷害，喪失生命，失去財產，人權遭到侵害。女性、兒童與老人等弱勢族群尤其容易遭遇這些悲劇。另外，相較於其他國家，日本的投票率偏低，公民對政治冷感。企業與公家機關舞弊、收賄與違法事件接二連三。必須建立公平公正的政治與商業環境，大家才能生活得安全又安心。

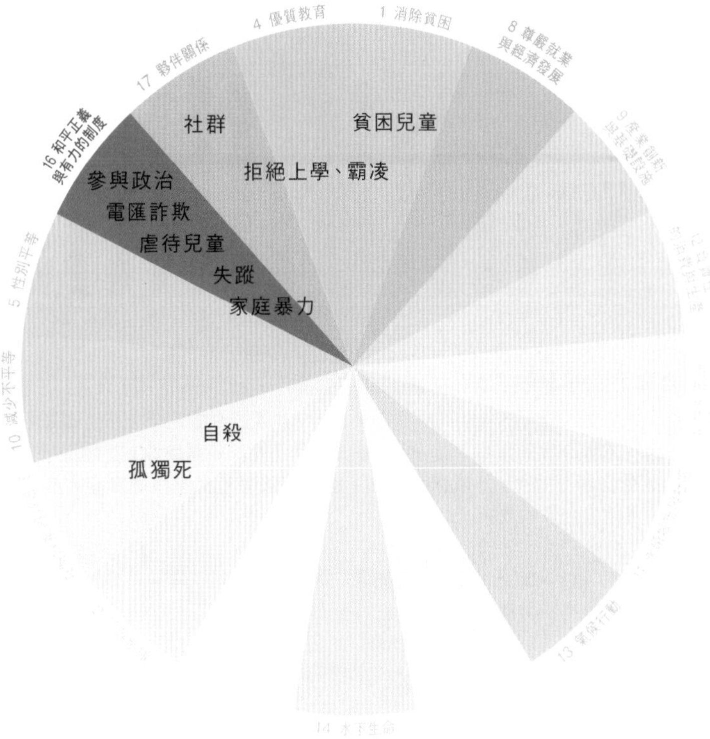

issue 50 | 家庭暴力　1 2 3 5 10 16 17

家庭暴力諮詢的受理件數變遷

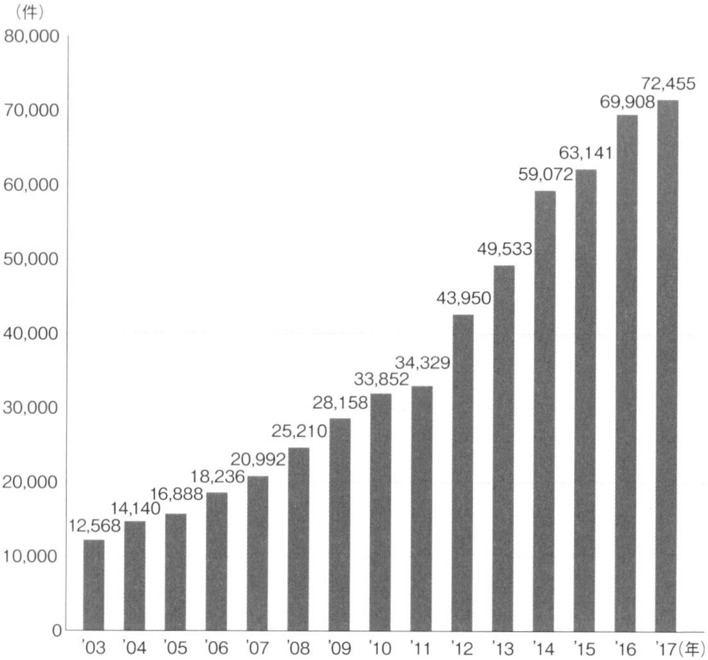

家庭暴力案件十年來約莫增加三倍

前來諮詢夫妻、伴侶家暴的案件數逐年增加，男女比例是百分之十五與百分之八十五。夫妻之間的家暴會延伸到子女身上，子女又會延伸到下一個世代（子女的伴侶與其子女），形成家暴世襲。家暴無法單憑當事人或是家人自行解決，需要地方全方位支持。

☑ 家庭暴力（Domestic Violence）遭到丈夫或情人等關係親密或發生關係者暴力相向，暴力種類包括身體、心理、經濟與性。

出處：內閣府男女共同參與局（二〇一八）「配偶施暴相關資料」

issue 51 虐待兒童

2 3 4 5 10 16 17

諮詢虐兒問題的受理件數與死亡人數（攜子自殺者除外）變遷

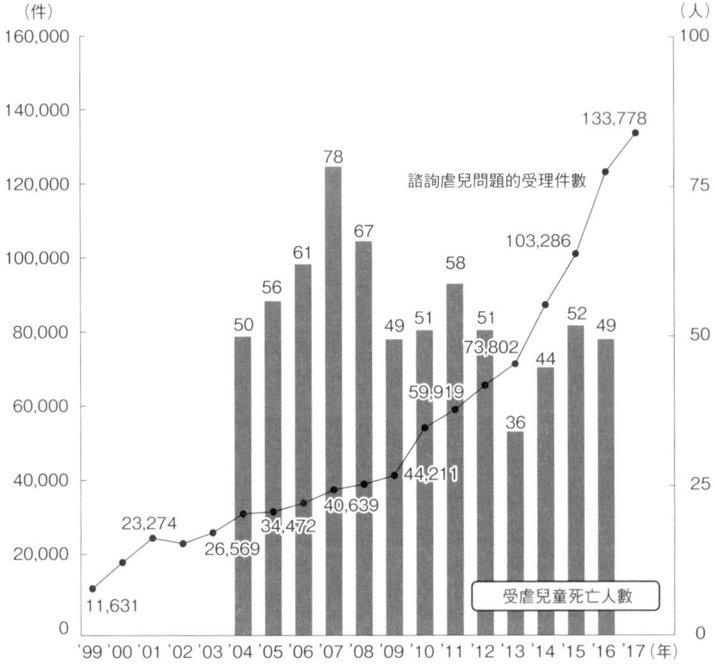

每星期就有一名兒童因為受虐致死

兒童受虐的諮詢案件數急速上升。每年案件數量略有不同，基本上全年致死案件平均約五十件。兒童受虐與致死和其他社會問題息息相關，例如：十幾歲的小媽媽生產，離婚率攀升，年輕的單親媽媽人數越來越多，以及單親媽媽貧困等等。因此想要解決虐兒問題，必須推出全方位的對策。

☑ 放棄育兒：負責養育兒童者疏於照顧或完全忽視兒童，並未善盡照顧之責。
☑ 虐待兒童：包括心理虐待、身體虐待、放棄育兒與性虐待。

出處：厚生勞動省（二〇一八）「二〇一七年度兒童諮詢所受理之虐兒問題諮詢件數」／厚生勞動省（二〇一八）「兒童因受虐致死案件等之檢驗相關結果」（第十四次報告）

issue 52 | 失蹤

3 4 16 17

失蹤人數的變遷

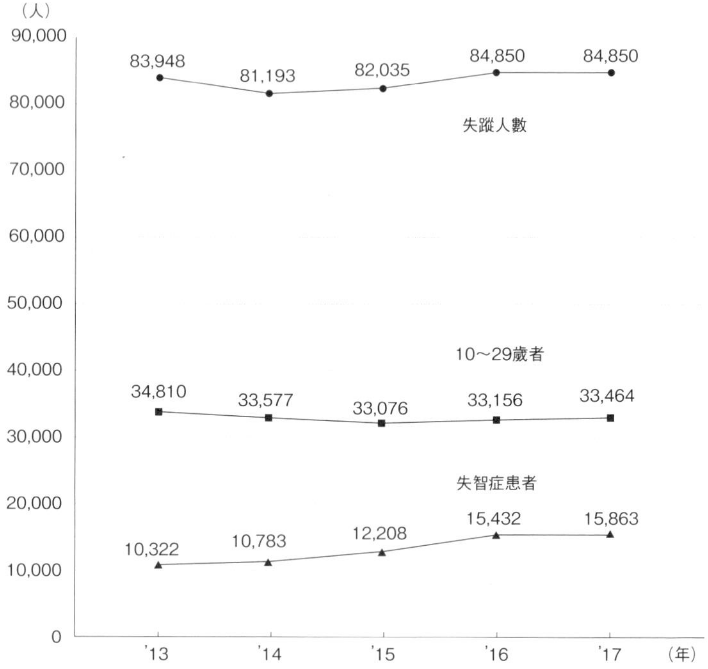

每年有三萬名年輕人失蹤

日本每年有八萬人失蹤，其中又以十至二十九歲的年輕人居多。這些年輕人某一天突然失去蹤影，理由多半是苦於家庭、學校或地方環境。此外，日本社會邁向超高齡化，今後因為失智症而失蹤的人口應當也會增加。

☑ 失蹤者：離開原本的生活據點，行蹤不明且家人報案者。

出處：警察廳生活安全局安全企劃課（二〇一七）「二〇一七年失蹤者的情況」

issue 53 電匯詐欺

3 16 17

電匯詐欺的發生件數與詐騙金額的變遷

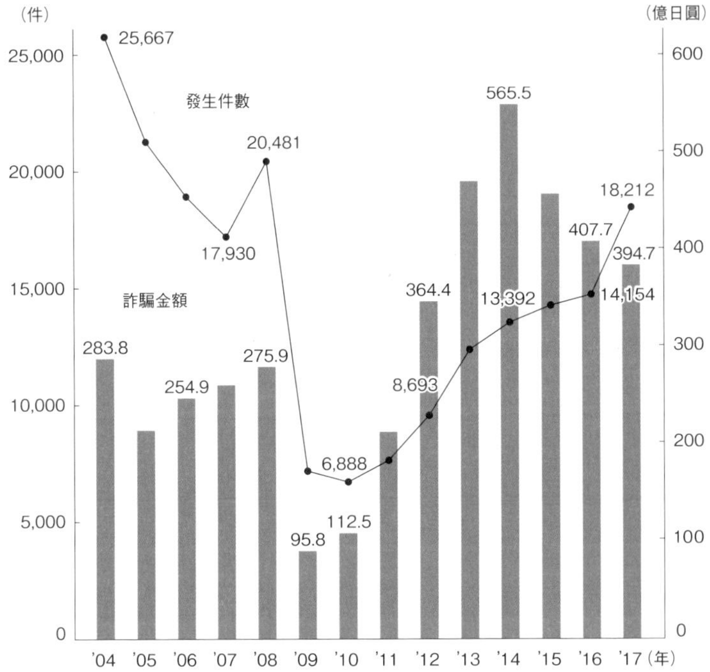

詐騙金額減少，案件數卻依舊增加

近年來詐騙金額逐漸減少，案件數卻在二〇一一年之後持續增加。詐騙集團在電話中偽裝成家人、朋友或業者欺騙受害人，詐取財物的手段除了匯款之外，有時則是要求受害人以宅配方式郵寄，或以電子郵件寄送電子禮品卡等等。事件多半發生於高齡人口多的地區，需要當地所有人一同因應。

☑ 發生件數：警察受理或發現的刑事案件。

出處：警視廳（二〇一八）「二〇一八年前半期電匯詐欺的發生件數與檢舉情況等等」

5 10 16 17

投票率（眾議院議員選舉）的變遷

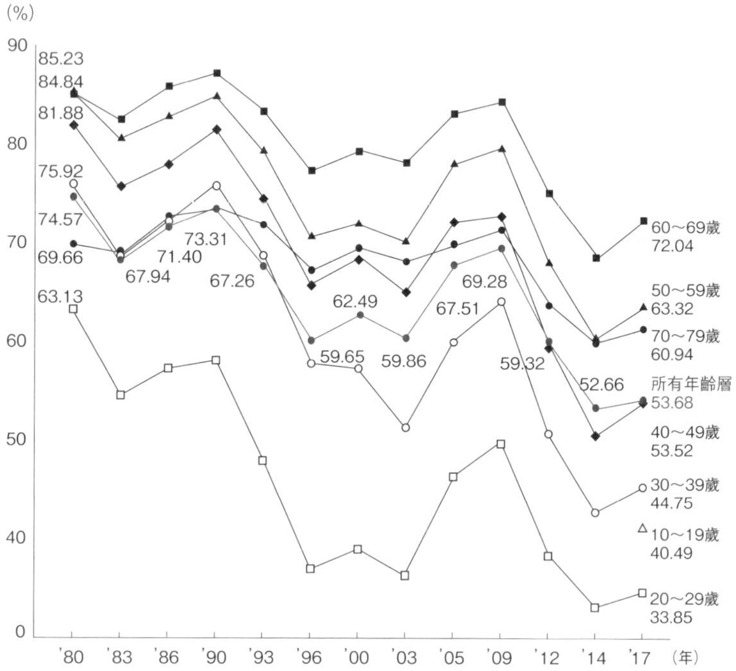

投票率持續下降，年輕人的政治冷感尤其嚴重

二〇一七年眾議院議員選舉時，所有年齡層的總投票率為百分之五十三點六八。相對於此，十至十九歲為百分之四十點四九，二十至二十九歲為百分之三十三點八五，三十至三十九歲為百分之四十四點七五。由此可知，年輕世代的投票率偏低。相較於一九八〇年代，所有年齡層的投票率都下降，其中又以二十至二十九歲與三十至三十九歲的減少幅度都多達三成。

出處：總務省網頁「眾參議院議員選舉的各年齡層投票率變遷」

夥伴關係

第十七項目標和其他十六大目標性質略微不同。其他目標指的是地球與地方面對的問題，第十七項提示的是解決辦法。聯合國、各國、各地、大學、企業、非營利組織、公民等立場各異的各界人士一同合作，建立夥伴關係，攜手解決地球、國家與地方面對的課題，一起開創永續發展的未來。

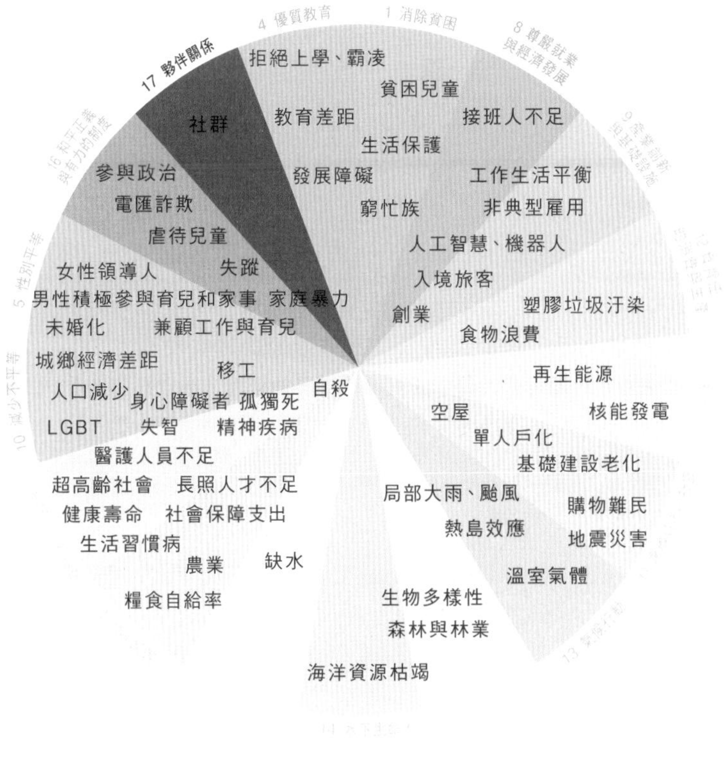

各國長者與鄰居等人交流的人際關係比較（二〇一五年）

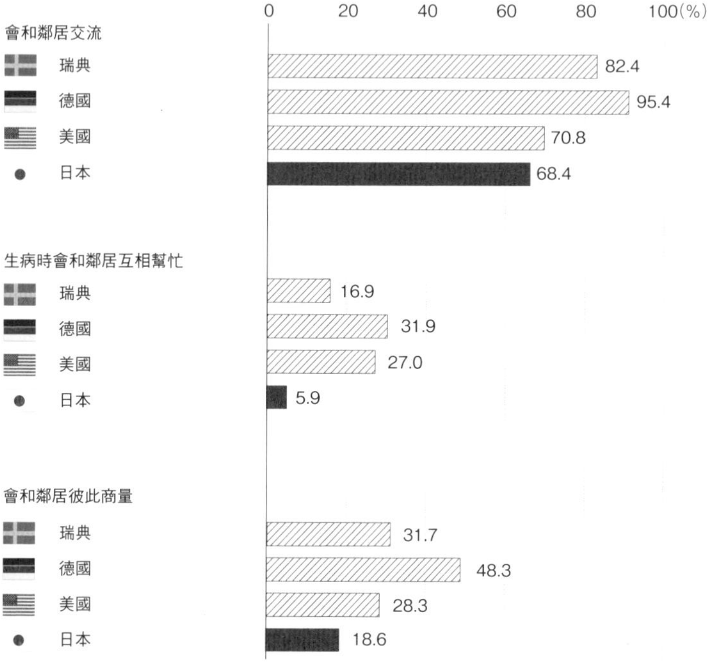

與其他國家比較可知，日本的人際關係日益淡薄，孤立益發嚴重

日本的老年人當中「會和鄰居交流」者有七成，和歐美三國相差無幾。然而「生病時會和鄰居互相幫忙」者僅占百分之五點九，「會和鄰居彼此商量」者僅占百分之十八點六，與歐美三國相差懸殊。由此可知，儘管彼此互有交流，關係緊密到能互相幫忙者卻寥寥無幾。

出處：內閣府（二〇一五）「高齡者的生活與意識相關調查暨與他國之比較」

平均每人的鄉里團體數量（二〇一三年）

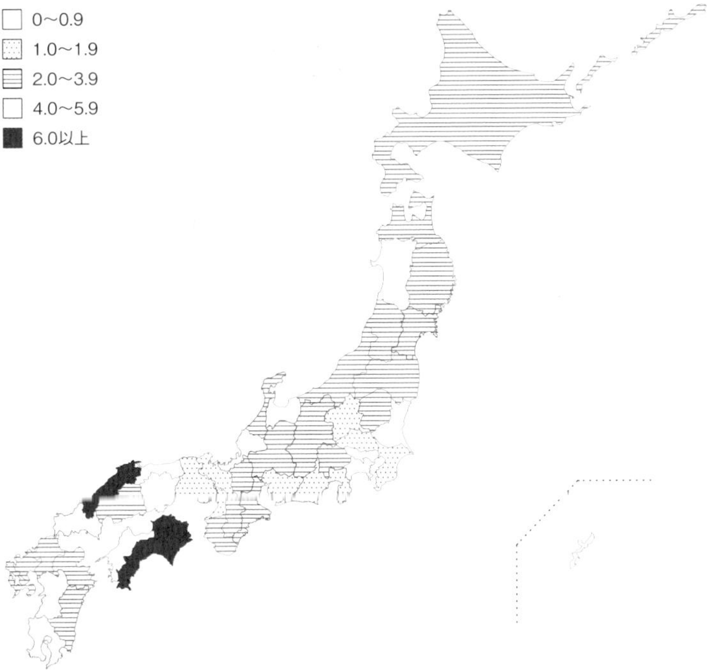

鄉里團體多半分布於西日本

居民自治會、兒童會與婦人會等，因為居住地區相同而組成的鄉里互助團體逐漸衰退。屬於三大都市圈的都道府縣，平均每人所屬的鄉里互助團體數量不滿二個；四國四縣、山陰山陽地區（廣島縣除外）、北陸地區（石川縣除外）則多達四個以上，地區差異明顯。

☑ 鄉里互助團體：居民自治會與里民會等為了維持與建立地方社群的團體組織。

出處：總務省（二〇一三）「鄉里團體許可業務的情況等調查結果」

訪談二

都市的綜合能力實現地方永續發展

森 雅志

一九五二年生於富山市，一九九五年當選富山縣議會議員，二〇〇二年一月當選富山市市長。政策的基本方針為「以大眾運輸系統為主的緊湊型造鎮」，引進輕軌電車等大眾運輸系統，活化市中心，鼓勵居民移居至交通網沿線等等。富山市因此成為「緊密城市」，受到各界矚目。

Q1 請問您是何時接觸到SDGs呢？

聯合國決議通過SDGs的一年之前，氣候變遷高峰會（United Nations Climate Change Conference）的開幕式舉辦了一場提示SDGs概念的演講。來自馬紹爾群島的女詩人兼氣候特使凱西・傑特尼爾—基吉朗，誦了一首《寫給六個月大的女兒的詩》*。她在詩中提到吐瓦魯海面上升，菲律賓遭遇嚴重風災，巴基斯坦發生大洪水等環境問題引發的天災，主張「也許孩子長大之後，我的國家就消失了。但是我們有權利去開拓富饒的未來」。聽到這席話的瞬間，我腦中馬上浮現氣候變遷對地球未來造成的威脅，全場都感動地鼓掌。這場演講成功營造團結的氣氛，鼓勵大家一起達成SDGs。

一年之後，聯合國大會決議通過SDGs時，我立刻想起當初那首詩，感受到SDGs意義深遠，我個人與富山市都必須朝這個目標努力。

Q2 富山市於二〇一八年六月獲選SDGs未來都市*，請問富山市的SDGs政策核心「緊密城市」是什麼樣的政策呢？

我當選市長之初，最重視的是人口減少問題。研究結果推估日本到了二〇五〇年會減少三千萬人，尤其是像富山市此類中核都市（譯註：日本城市行政制度之一，申請條件為人口超過二十萬人）人口更是急速減少。我因此制定了三大政策。

第一項政策是把富山市改造成以大眾交通運輸系統為中心的緊密城市，第二項是逐漸誘導居民移居到運輸系統沿線，第三項是打造銀髮族與年輕人都喜愛的市中心，增加大家外出的機會。

第一步是在二〇〇六年四月引進連結富山車站與富山港的輕軌運輸系統（Light Rail Transit），全長約八公里；二〇〇九年則是把市內的電車重建為環狀路線，增加車站數量，改建為無障礙空間，方便銀髮族等所有市民搭乘。直到現在，我們仍舊持續改善各類大眾運輸設施。

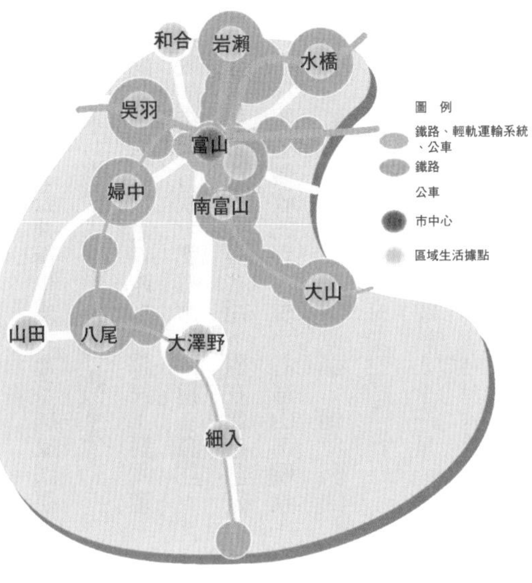

代表性的制度是「外出月票」：六十五歲以上的乘客無論從哪裡上車，只要在市中心下車，票價都是一百日圓。這項制度促使居住在郊區的中高年女性白天來到市中心出遊，輕軌電車的乘客比第一年增加了二倍。其實比起開車來的人，搭電車來的人停留的時間更久，在鬧區消費的金額也更高。調查結果顯示在餐飲方面，尤其是酒精類飲料的消費金額因而成長。

富山市中心唯一一家百貨公司旁邊重新開發為全天候多功能廣場，成為鬧區中心。現在市民來舉辦活動的使用率是假日近乎百分之百，平日也有百分之七十五。市中心到了周末真的是門庭若市。

多項政策累積起來的成果是人潮自動流向市中心，原本住在中山間地區的市民前往市區時，也習慣以大眾運輸工具取代開車。如此一來，汽油的使用量與溫室氣體的排放量減少，又有益健康。郊區和中山間地區的居民或許會覺得不公平，對於富山市整體而言卻是好處多多。例如：公共衛生護士為了居家訪視和長照服務移動時更有效率，大幅減輕行政成本。

影響最大的是稅賦。固定資產稅（譯註：對固定資產所有者徵收的市町村稅）與都市計畫稅（譯註：日本地方政府為籌措都市改建等費用，對在都市計畫區內擁有土地及房屋者徵收的目的稅）占富山市稅收約一半。活化市中心有助提升商家營業額，促使民間企業積極投資，地價進而上漲，稅賦也隨之增加。

改善市政管理的效率而產生的財源，不是只用在市中心，也會用在中山間地區的居民身上。目前富山市傾力栽培中山間地區的主要產業，也就是農業的人才。市政府買下大量廢耕地用來露天栽培荏胡麻，用荏胡麻油製作健康食品，並且推動把健康食品賣到國內外的產業計畫。荏胡麻油大受歡迎，富山產的荏胡麻油健康食品一下子就賣光了。

三、四十年前由於人口持續增加，當時的基層地方政府認為市內所有地方都應享有同等的服務。然而現在人口減少，地方政府必須具備全方位觀點，做出對當地整體社會最佳的選擇。有時當然會遭到市民反對。我常表示這種時候不但該向大家說明，還得負起說服大家的責任。推動政策前必須先獲得大家接納。

Q3 富山市認為實現地方永續發展的關鍵是？

我認為最重要的是提升整個城市的力量。推動緊密城市，仰賴的不僅是交通政策，而是必須全方位改善都市整體環境，包括活化產業，建立長者的生活意義，促進健康，增加年輕人的工作機會，打造合宜的居住環境，以及維持教育水準等等。

光是建立全日本社會福利最佳的城市，沒有工作也不會有人來。就算有工作機會，教育水準低落，環境不適合育兒，也不會有家庭想搬過來。所以需要改

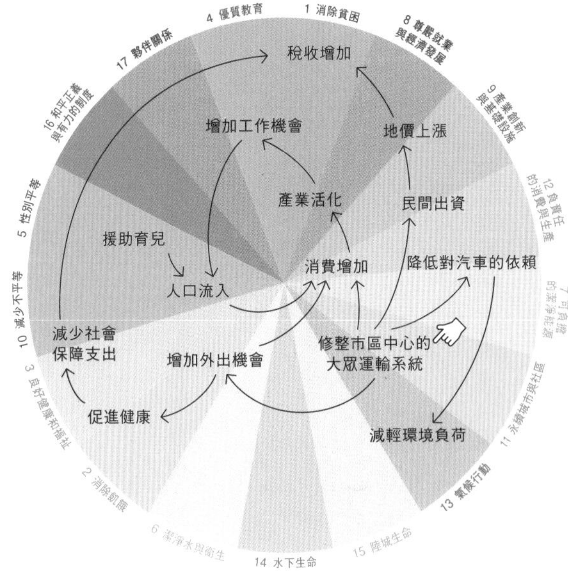

善的不是單一領域，而是都市整體環境。政策也不能是速食計畫，必須建立制度，以十年為單位，持續提升都市的綜合能力。如此一來，城市便能逐漸成為眾人想居住的地方，市民不僅感到自豪，發展過程也不會感到負擔。

富山市推出許多提升綜合能力的政策。如：老人家帶孫子去動物園與科學館等市立設施，無須購買門票（祖孫出遊補助）；工作時小孩發燒，護士和教保員代替母親，搭計程車去接小孩，並帶到指定的醫院看病。這是日本首次推出的育兒福利（代顧生病兒童托育福利）。教育政策則包括打破貧困世襲，由市公所員工與低收入戶家庭、單親家庭的學童面談，補助從國中到就業為止的學費與取得證照所需費用。

現在還推出在花店購物金額達五百日圓以上，即可免費搭乘電車的專案（花Tram模範事業）。這項事業的目的在於增加路上拿花的人，營造華麗時髦的氣氛，促使市民對富山市更感自豪。由於其他諸多原因與政策發揮效果，目前富山市的移入人口遠遠多於移出人口。就算做不到完全停止人口減少，至少可以改善為人口慢慢減少。

Q4 為了提升綜合能力，市公所特意採取了哪些行動呢？

在既有的交通、環境與產業振興等組織框架中，無法執行跨領域的全方位對策，所以我傾力建立跨部門合作體制。十六年前當選富山市市長時，我從各部門挑選年輕員工組成專案小組，執行跨部門的專案。

但是一開始還是失敗了。獲選的員工大家都很有幹勁，專案卻毫無進展。我實際造訪第一線才發現這些員工所屬部門無法理解不是自己部門的，也就是專案小組的業務。自此之後，我改為要求主管選拔進入專案小組的成員。因此當專案小組成效卓越時，不僅是本人，連提名的上司都感到驕傲，建立起為專案小組打氣的環境。專案小組提出的方案當中，最令我吃驚的是女性員工團隊提議的「感謝母親的送花專案」：每年贈送一張花束優惠券給單親家庭的孩子。我聽到這項提案時，深感佩服，感動到眼頭一熱。要是我自己，一定想不到這個點子。

然而實際執行專案時卻發生問題。我在聖誕節前夕打電話給認識的單親媽媽，推薦她使用這項優惠，她卻告訴我「花店對她說這個專案已經在十一月底結束了」。我想聖誕節前夕正是送花旺季，怎麼會不能使用優惠券呢？問了負責單位，才知道問題出在我當初把預算分配給農林水產部的花卉振興負責人。這個單位是以農業週期的思維安排時程，所以把補助金的期間設定為播種的春天到收割的秋天。要是他們和援助女性、教育或負責活動的部門合作，就會想到冬天除了聖誕節還有新年、情人節與畢業典禮等，許多花束優惠券能派上用場的日子。從此之後，我在安排業務預算時都會特別要求必須與業務相關部門合作。

成立專案小組以來，市政府的員工逐漸產生願意挑戰，克服困難的心態。構思解決方案時也不再限於自己的部門，而是採取對等的態度，和其他部門、居民與民間企業攜手合作。第一步是公所員工主動與不同立場的人對話合作，提出更多改善市民生活的計畫，今後也會持續執行全方位的地方營造，提升都市綜合能力。

＊寫給六個月大的女兒的詩

二〇一四年九月二十三日，凱西．傑特尼爾－基吉（Kathy Jetnil-Kijiner）在紐約聯合國總部舉辦氣候變遷高峰會開幕式上朗讀的詩作。

＊SDGs未來都市

日本內閣府地方創生推進事務局於二〇一八年，選出針對SDGs提出優秀提案的二十九個都市作為SDGs未來都市，富山市在第一個年度入選。

第3章

重建地方生態系

地方是活的

生物學家福岡伸一*在著作《生物與非生物之間：所謂生命，究竟是什麼？一位生物科學家對生命之美的十五個追問與思索》提到生物（有機體）與非生物（機器）的差別：

以電視機為例，拆下背板，映入眼簾的是紅色、綠色與黃色的零件。每個零件都有特定的功能。拿下輸出聲音的零件，電視就發不出聲音了；拿下輸出彩色影像的零件，電視畫面就變成黑白的了。換句話說，拿掉一項零件就失去一項功能。

生物的情況又是如何呢？譬如以基因工程去除小鼠胰臟中負責執行胰臟主要功能的GP2*，小鼠的胰臟功能卻並未因此出現異常情況。這是因為身體其他部分會彌補欠缺的功能。這也是生物與非生物的最大不同。身體會不斷製造構成生命的蛋白質，進行新陳代謝，逐漸更新，保持體內平衡。這種平衡狀態稱為「動態平衡」。新陳代謝的過程中，身體其他部分會彌補欠缺的功能，促成身體達成最佳化。生物體內具備自行最佳化的機制。

＊福岡伸一

生物學家，一九五九年生，京都大學博士。著作包括《生物與非生物之間：所謂生命，究竟是什麼？一位生物科學家對生命之美的十五個追問與思索》（中文版為有方文化出版）、《動態平衡——為何此處有生命？》、《生命的故事》等等，內容多是簡潔說明「何謂生命？」。同時也是知名的維梅爾（Johannes Vermeer）畫迷。

＊GP2蛋白

Glycoprotein 2的簡稱，是位於胰臟細胞內的一種蛋白質。在與搬運消化酶的分泌粒（存在於分泌細胞當中的小顆粒，是含有分泌物質的小粒）膜結合的蛋白質當中，GP2含量最多。

「地方」是生物還是非生物？

地方可以視為人類、組織、建築物與基礎建設等，具備特定功能的零件所組成的非生物（機器）。根據這種觀念，既然提升電視音質的方法是換上高品質的喇叭，提升地方魅力也是交換和修理零件即可。改建圖書館便能提升居民的文化水準；把辦學成績好的校長找來便能提升教育程度；找來企業興建投資大型購物中心取代老舊的商店，促使購物更便利。做了這些事情，地方所有問題應該就能迎刃而解。然而實際情況卻不是如此簡單。個人經營的零售商店被迫停業，離開當地；沒有車子的老人家去不了大型購物中心，淪為購物難民；商店街蕭條導致治安與景觀惡化，觀光客也不再造訪。

構成地方的要素錯綜複雜，互相彌補彼此不足之處。藉由逐漸替換，保持一定的平衡狀態。換句話說，地方是活的（生物、有機體）。

福岡以新宿黃金街為例，介紹何謂「活著的地區」。新宿黃金街在第二次世界大戰結束後原本是黑市，後來發展成居酒屋街。小巷子裡聚集了約莫二百家居酒屋，每家店都各有特色，上門消費的客人也都很有意思。店家在

發展過程中逐漸輪替，客群也多次改變。儘管現在的樣貌和一開始大相逕庭，「新宿黃金街」這個生物的生活型態卻沒有太大的變化。

有的店家關門，有的店家進駐。原本的客人離去，換上新的客人上門。老客人介紹新客人，古老的人際關係中又產生新的關聯。這些作用相輔相成，促使新宿黃金街適應時代變化，與時俱進，進化成現在的模樣。

要是新宿黃金街排斥外人進入，不願意接受新的店家與客人，恐怕無法新陳代謝，因應時代變化，早就消失了吧！倘若無法阻擋都更潮流，改建成新的大樓，新舊店家與客群無法互相影響，現在也不會是這個樣子吧！

地方需要豐富的生態系

地方不僅是維持動態平衡的單一生物，也是無數生物聚集、連結與循環的生態系。

自然界的所有物種並非各自獨立存在，而是形成食物鏈，相互影響，維持平衡。這些物種加上影響物種的氣候、土壤與地形等環境因素，形成生態系。各項要素分別變化，逐漸淘汰替換，在相互影響中保持平衡。

生態系的英文「ecosystem」在商業的世界視為創造革新的體系。矽谷*所在地美國舊金山聚集了創業家、工程師、投資人與大學，整個市區就是個孵化新創公司的生態系。大學培育人才與技術，志向遠大的年輕人創業成立新公司，投資人與企業挹注資金。創業家成功之後賣掉公司，再次創業，或是培育下一代的創業家。多數成功人士又吸引全球的優秀人才來到此地。產生這道良好循環的體系便是生態系。

人類的生活與經濟活動以地方為舞台，也是建立於居民、業者、公所職員與觀光客等人，加上企業、公會、工會、公部門等組織，以及氣候、地形與動植物等自然環境交互作用形成的生態系（ecosystem）上。

工作活用森林、海洋與里山等地的自然資源，居民交際連結，互助合作。充實的地方社群培育健全的下一代。有些人搬走，也有些人搬來，促進地方新陳代謝。從外界來看或許覺得變化不大，其實內部逐漸淘汰輪替，因應時代變化；藉由構成生態系的要素交互作用填補空洞，修復傷口，添加新的機能，持續進化。永續發展的地區代表具備「活著的系統」。

＊矽谷（Silicon Valley）

位於美國加州舊金山南部，眾多軟體與網路相關企業雲集，是高科技產業的大型據點之一。矽谷並非特定地點，而是多個縣市形成的廣大地帶通稱。

ecosystem

生態系瓦解和人口減少

我第一次聽到SDGs這個概念時，覺得這些目標是要重建面臨崩解危機的地球生態系。人類過度開發消耗，導致地球整體的動態平衡瓦解，許多生物因而瀕臨絕種。害得地球落到如此田地的主犯人類當中，也有不少人因此生命受到威脅。貧富差距不僅存在於人與人之間，還存在地方與地方之間。

日本眾多地方的生態系也逐漸失去動態平衡，目前日本各地「人口急速減少」正是肉眼可見的生態系異常現象。

日本人口減少的三大原因

日本人口估計到了二〇五〇年會減少到一億人以下，是二〇一〇年的八成不到；到了二一一〇年則剩不到五千萬人。*

然而如同本書第一〇八頁的說明，各地減少率大相逕庭。秋田、青森、山形、高知、福島與岩手的人口，屆時會比二〇一五年減少三成以上。另一方面，東京與沖繩幾乎維持現況（到了二〇五〇年開始減少），神奈川與愛

＊日本未來的人口
國立社會保障、人口問題研究所網站「日本未來人口推估（二〇一七年推估）」。

知的減少率僅一位數。

生態系維持在平衡狀態的地區，居民因為生死與移入移出而逐漸輪替，緩緩變化。所有生物終有死亡的一天，所以把地方視為生物的話，人口減少，邁向死亡合乎自然的道理。然而人口減少的速度如此猛烈，原因在於日本全國與各地生態系統出現嚴重的異常現象。

日本人的價值觀（結婚觀）、生活型態（小家庭化，女性外出工作，晚婚，晚生）、經濟狀況（景氣低迷，非典型雇用增加）、社會福利（托兒所不足）等諸多原因錯綜複雜，最後導致人口減少。這些原因可以分成三大類：

三大要素① 年輕（生育適齡）人口減少

三大要素② 已婚率（已婚者占總人口的比例）下降

三大要素③ 每對夫妻平均生育的子女人數減少

生育適齡的世代人口減少，其中結婚人口的比例又下降，結婚之後生下的孩子人數也減少。結果下一個世代的人口減少，代表三十年之後生育適齡的世代也會減少……這個負面連鎖效應導致人口急速減少，也就是生態系失衡。

圖表 造成人口減少的惡性循環

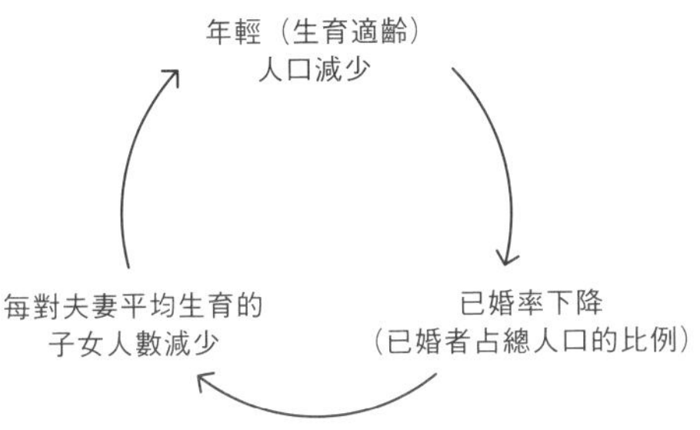

日本總人口逐漸減少，其中又以地方的人口減少率最高。相較於大都市，地方的已婚率與每對夫妻的平均生育率較高，人口急速減少主要是因為年輕人口外流（三大要素①）。年輕人是支撐地方經濟、生活文化的關鍵生態要素，年輕人口減少會導致整個地區的生態系停止循環。

破壞生態系的負面連鎖結構

地方人口急速減少，經濟規模縮小，引發各種問題。下一頁的負面連鎖效應圖彙整出地方的結構。許多問題其實彼此有連帶關係，相互影響。這份顯示要素關聯（生態系）的地圖今後還會陸續登場。地圖的畫法留待後續詳細說明*。地圖中的關鍵字是象徵地方衰退的各種現象，箭頭表示關鍵字的關係。A→B代表A影響B。

這份地圖有兩點必須特別留意，一是許多箭頭集中的現象，代表與許多現象息息相關，可能是解決問題的關鍵；另一是相同方向的箭頭在同一處繞圈圈，形成良性或惡性循環的地點。引發人口減少的惡性循環*便是一例。形成

＊描繪地圖的技術
請見第一七六頁

＊引發人口減少的惡性循環
請見第一五三頁

循環結構代表情況可能瞬息萬變，如同前文提及的地方人口減少問題。特別是出現情況急速惡化的惡性循環地點往往是解決問題的關鍵。

觀察這份地圖，可以歸納出五個惡性循環：

一、經濟衰退循環
二、生活困難循環
三、孤立疏離循環
四、教育水準低落循環
五、破壞環境循環

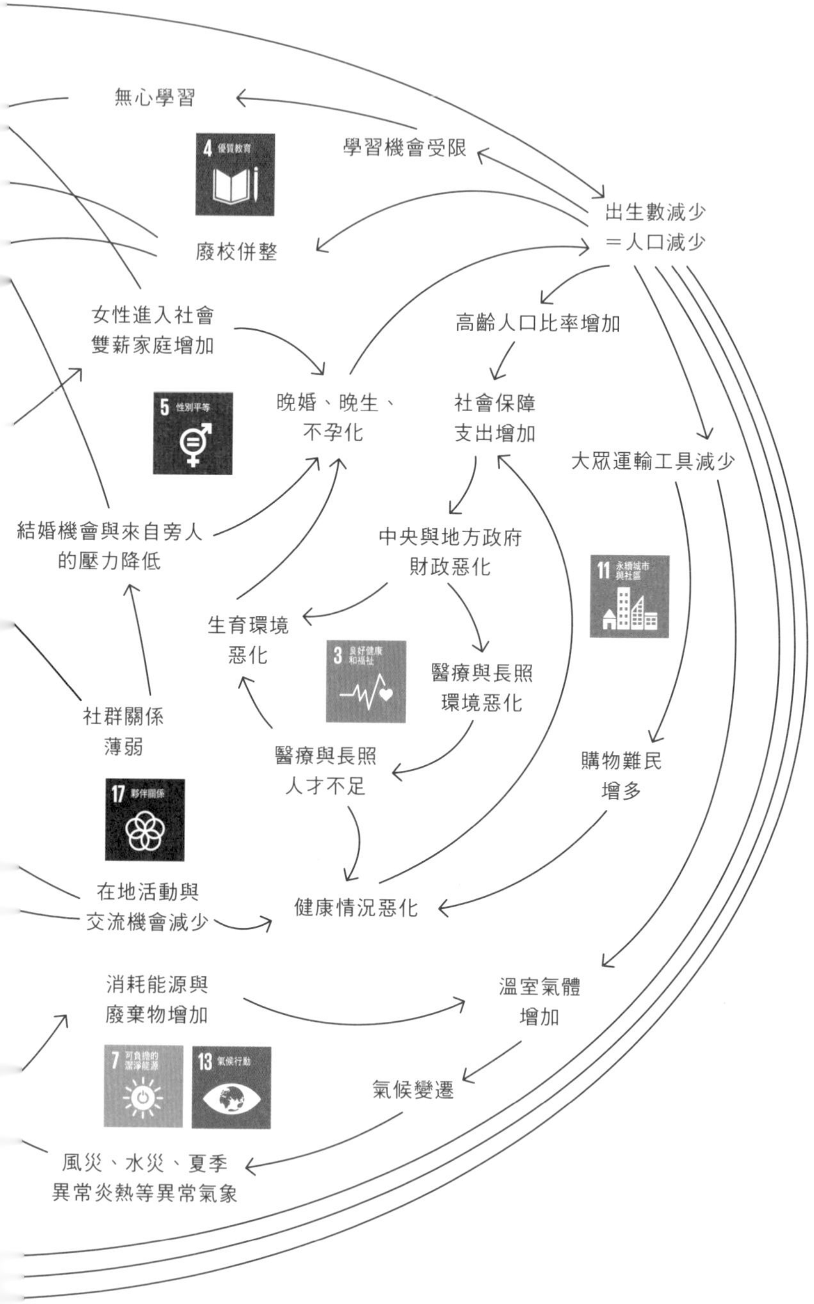
無心學習
學習機會受限
4 優質教育
出生數減少
＝人口減少
廢校併整
女性進入社會
雙薪家庭增加
高齡人口比率增加
5 性別平等
晚婚、晚生、
不孕化
社會保障
支出增加
大眾運輸工具減少
結婚機會與來自旁人
的壓力降低
中央與地方政府
財政惡化
11 永續城市與社區
生育環境
惡化
3 良好健康和福祉
醫療與長照
環境惡化
社群關係
薄弱
醫療與長照
人才不足
購物難民
增多
17 夥伴關係
在地活動與
交流機會減少
健康情況惡化
消耗能源與
廢棄物增加
溫室氣體
增加
7 可負擔的潔淨能源
13 氣候行動
氣候變遷
風災、水災、夏季
異常炎熱等異常氣象

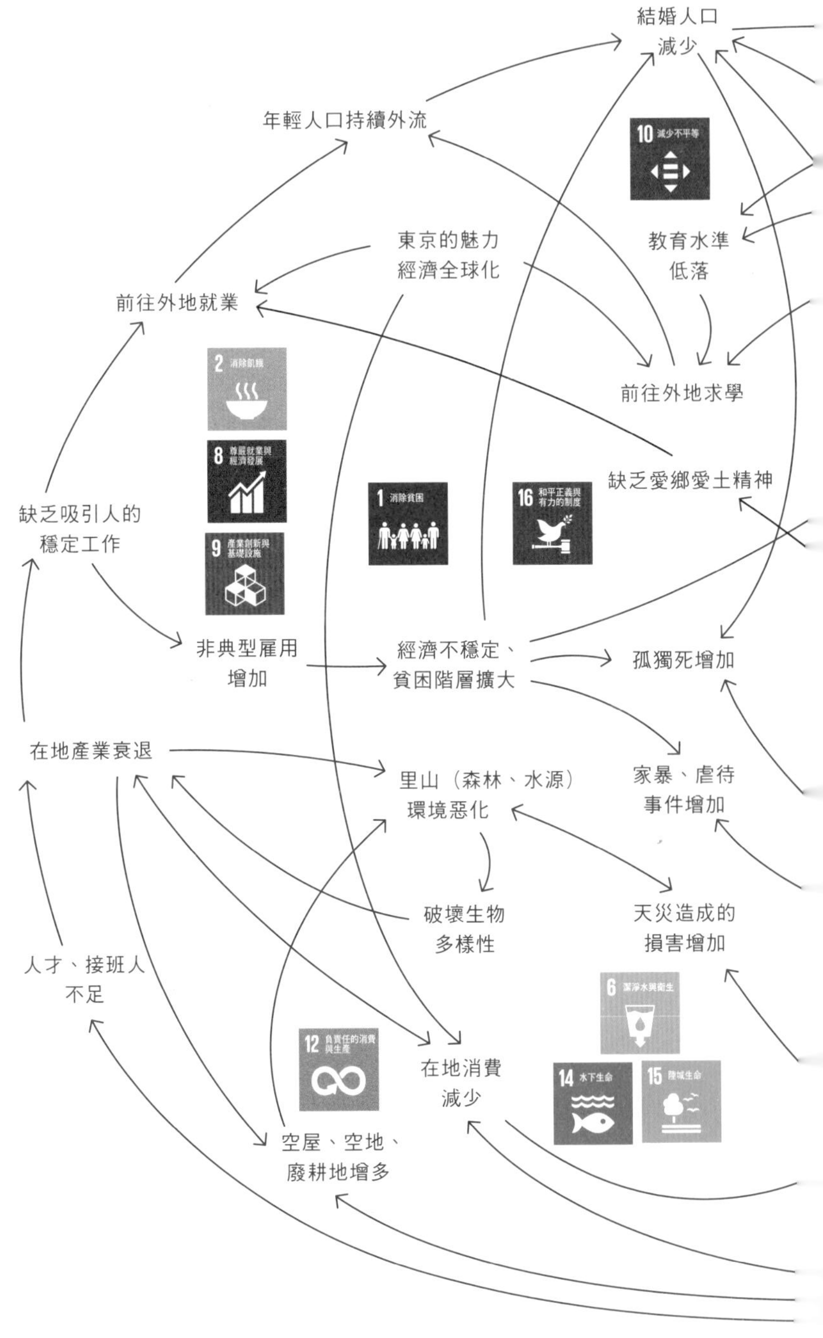
結婚人口
減少
年輕人口持續外流
10 減少不平等
東京的魅力
經濟全球化
教育水準
低落
前往外地就業
前往外地求學
2 消除飢餓
8 尊嚴就業與經濟發展
缺乏愛鄉愛土精神
1 消除貧困
16 和平正義與有力的制度
缺乏吸引人的
穩定工作
9 產業創新與基礎設施
非典型雇用
增加
經濟不穩定、
貧困階層擴大
孤獨死增加
在地產業衰退
里山（森林、水源）
環境惡化
家暴、虐待
事件增加
破壞生物
多樣性
天災造成的
損害增加
人才、接班人
不足
6 潔淨水與衛生
12 負責任的消費與生產
在地消費
減少
14 水下生命
15 陸域生命
空屋、空地、
廢耕地增多

一、經濟衰退循環

產業可分為一級、二級與三級。一級產業指的是農林漁業，也就是地方的主力產業；二級產業是製造業；三級產業則是物流與服務業等等。許多在地產業衰退（1），無法提供薪資水準與業務內容吸引年輕人的工作（2）。年輕人於是前往大都市圈就業（3），造成人口外流（4）。地方年輕人口減少（5）又導致在地人才不足，企業乏人接棒（6），在地產業衰退更加嚴重（1）。

年輕人是消費主力，會為了工作、休閒與育兒花錢。年輕人口減少代表在地消費減少（7），市場規模因而縮小，更是加快產業衰退（1）。

地方市場規模縮小還受到便利商店與大型超市等外地資本進入，以及網路電商等東京與經濟全球化影響。以前人蓋房子是委託在地的工務店，使用當地生產的木材，現代人則是委託全國都有分店的國際企業，使用國外進口建材，導致工務店、木匠、鷹架工人、泥水師父和樵夫（林業業者）都紛紛失業。大家習慣在網路電商購買書籍與衣物，在地商店與購物中心的營業額因而下滑，最後只得關門大吉。

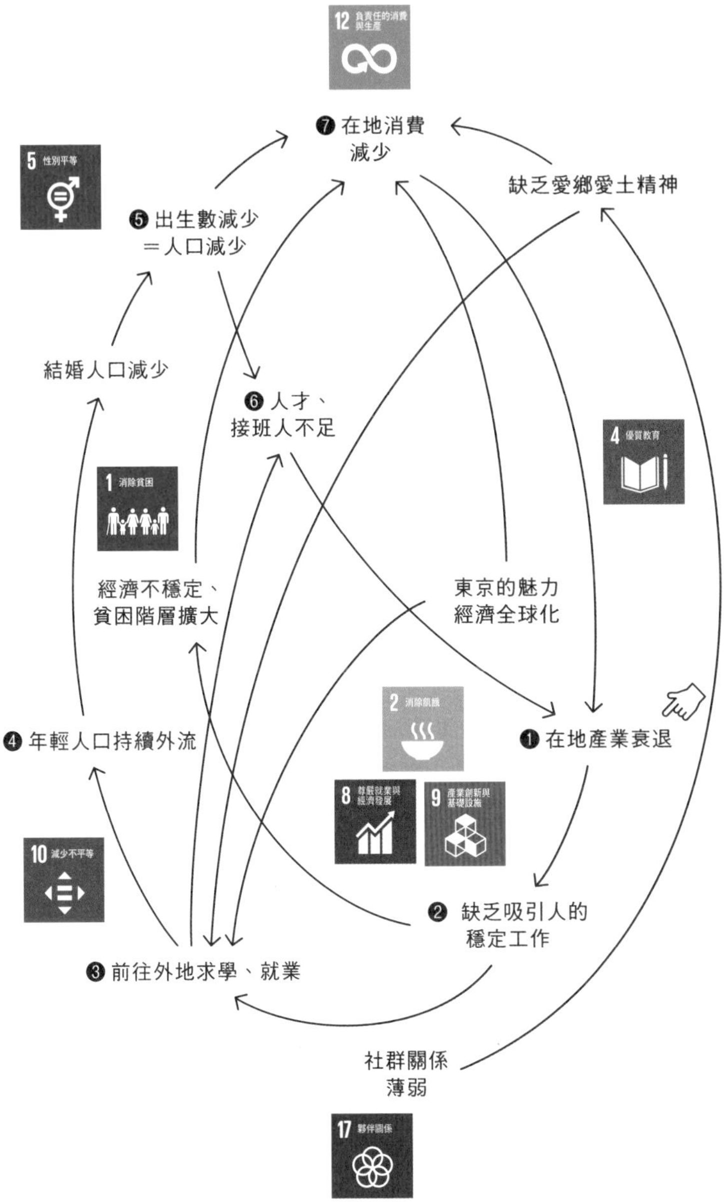
12 負責任的消費與生產
❼ 在地消費減少
5 性別平等
缺乏愛鄉愛土精神
❺ 出生數減少＝人口減少
結婚人口減少
❻ 人才、接班人不足
4 優質教育
1 消除貧困
經濟不穩定、貧困階層擴大
東京的魅力經濟全球化
2 消除飢餓
❹ 年輕人口持續外流
❶ 在地產業衰退
8 尊嚴就業與經濟發展
9 產業創新與基礎設施
10 減少不平等
❷ 缺乏吸引人的穩定工作
❸ 前往外地求學、就業
社群關係薄弱
17 夥伴關係

二、生活困難循環

人口減少與在地產業衰退造成生活困難的惡性循環。

大多數的中山間地區人口持續減少（1），大眾運輸系統因而減班或停駛（2），居民沒有車便無法行動。部分居民由於年事已高無法開車，加上附近的商店關門（3），購買食材等日用品日益困難，購物難民（4）因而增加。購物不便又導致難得購物時，總是大量購買罐頭等添加大量鹽分與添加物的儲糧，減少對健康有益的蔬菜等生鮮食品。參與在地活動與交流的機會變少（5），社群關係更加薄弱（6）。三餐營養不均衡、運動不足、缺乏對話與交流都可能促使健康情況惡化（7）。

除此之外，兒童與年輕人口減少（1），高齡人口增加導致醫療支出提高（8），壓迫地方財政（9），造成地方醫療、長照與社會福利環境惡化（10），更難雇用醫療與長照人才（11）。目前日本全國婦產科與小兒科都人手不足，地方更是缺人（12）。離島等生育環境不佳的地區，居民可能因此暫緩生育或移居大都市，人口減少因而更加嚴重。

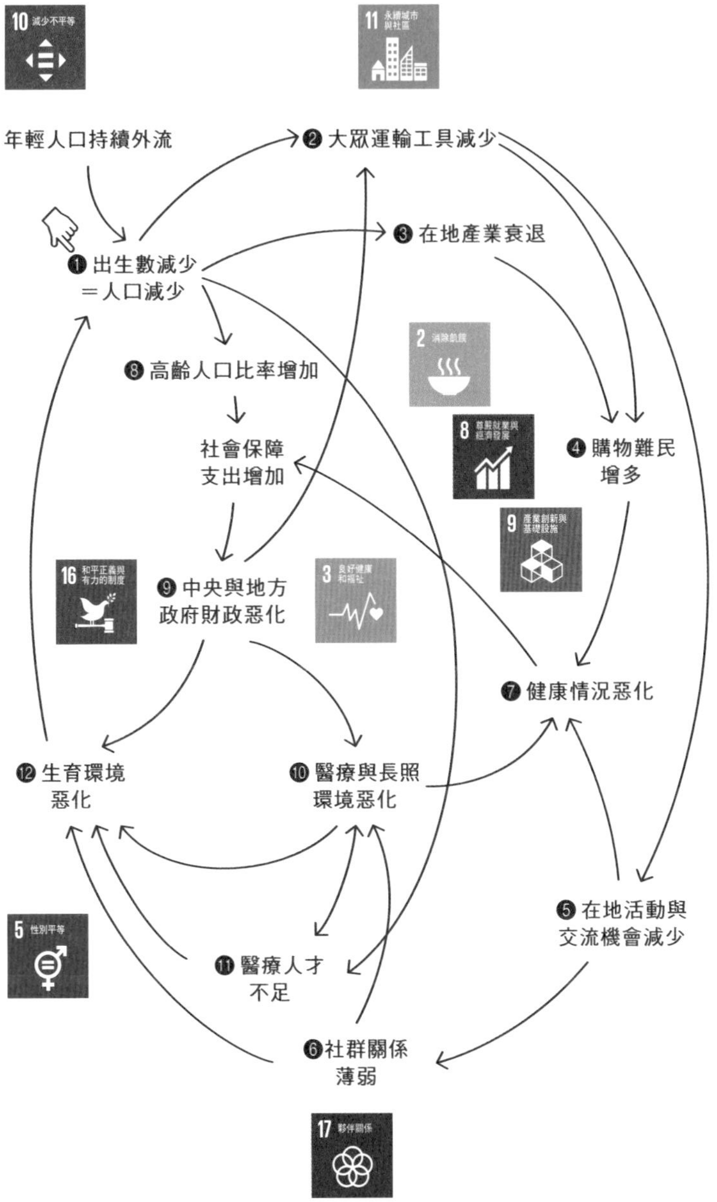
10 減少不平等
11 永續城市與社區
年輕人口持續外流
❷大眾運輸工具減少
❸在地產業衰退
❶出生數減少
＝人口減少
2 消除飢餓
❽高齡人口比率增加
8 尊嚴就業與經濟發展
❹購物難民
增多
社會保障
支出增加
9 產業創新與基礎設施
16 和平正義與有力的制度
❾中央與地方
政府財政惡化
3 良好健康和福祉
❼健康情況惡化
⓬生育環境
惡化
❿醫療與長照
環境惡化
5 性別平等
❺在地活動與
交流機會減少
⓫醫療人才
不足
❻社群關係
薄弱
17 夥伴關係

三、孤立疏離循環

日本的家庭型態從數代同堂的大家庭縮小成夫妻和子女同住的小家庭，現在獨居的單身戶更是超過所有家庭總數的三分之一。

原本促進成人與社群交流的兒童減少（1），導致社群關係薄弱（2）。「趁年輕時結婚」的觀念日漸淡薄，單身一輩子逐漸成為常態，不需要像過去一樣抵抗來自外人的壓力，熱心介紹對象的情況也不復見（3）。選項增加是件好事，卻也造成想結婚的人結不了婚（4）。

在地產業衰退（5），非典型雇用增加（6），穩定的工作減少，導致以經濟狀況不穩定（7）為由，放棄結婚與生育的人增加（1&4）。就算結了婚，雙薪家庭已然是常態（8），晚婚、晚生、不孕化（9）加上托育環境有待改善（10），許多夫妻只得放棄再生一個的計畫。

社群關係薄弱與貧困階層擴大，引發家暴、虐待幼兒（11）與孤獨死（12）等新的社會問題。

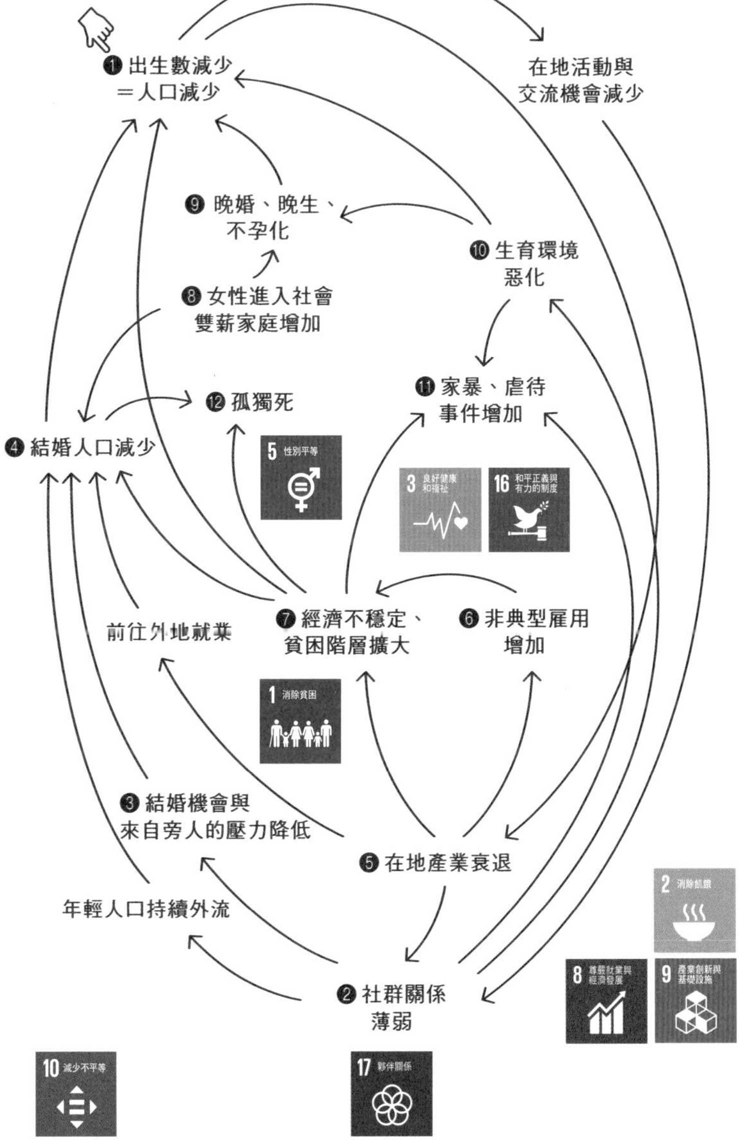
❶ 出生數減少
＝人口減少
在地活動與
交流機會減少
❾ 晚婚、晚生、
不孕化
❿ 生育環境
惡化
❽ 女性進入社會
雙薪家庭增加
⓫ 家暴、虐待
事件增加
⓬ 孤獨死
❹ 結婚人口減少
5 性別平等
3 良好健康和福祉
16 和平正義與有力的制度
前往外地就業
❼ 經濟不穩定、
貧困階層擴大
❻ 非典型雇用
增加
1 消除貧困
❸ 結婚機會與
來自旁人的壓力降低
❺ 在地產業衰退
年輕人口持續外流
2 消除飢餓
8 尊嚴就業與經濟發展
9 產業創新與基礎設施
❷ 社群關係
薄弱
10 減少不平等
17 夥伴關係

四、教育水準低落循環

新生兒與兒童人數減少（1）導致學校廢校併整。學生因此得到很遠的學校上學，促使學生到外地求學或全家移居到學校附近（4）。結果地方的兒童越來越少，更是加速廢校併整。

兒童人數減少也導致當地學生的學習機會受限（5），只能依賴有限的學校與老師，缺乏補習班或是才藝班等選項。

中山間地區多半是小型學校，數名或十多名學生從國小到國中九年都處於同一個班級，無法擺脫名為「校園種姓制度」的階級排序*。小時候不會念書的孩子一直被當作不會念書，失去學習動力（6）；功課好的孩子則一直處於井底之蛙的狀態，有礙成長（7）。

在地產業衰退（8）與社群關係薄弱（9），導致兒童在家鄉看不到未來的夢想、人生的道路，以及在當地工作的帥氣模範，難以打起幹勁學習形成結構性問題。

＊校園種姓制度

在校園中自然形成的高低序列，代表學生受歡迎程度與立場。小型學校無法重新編班，一旦形成了校園種姓制度便難以擺脫。此詞源自印度教的身分制度「種姓制度」。

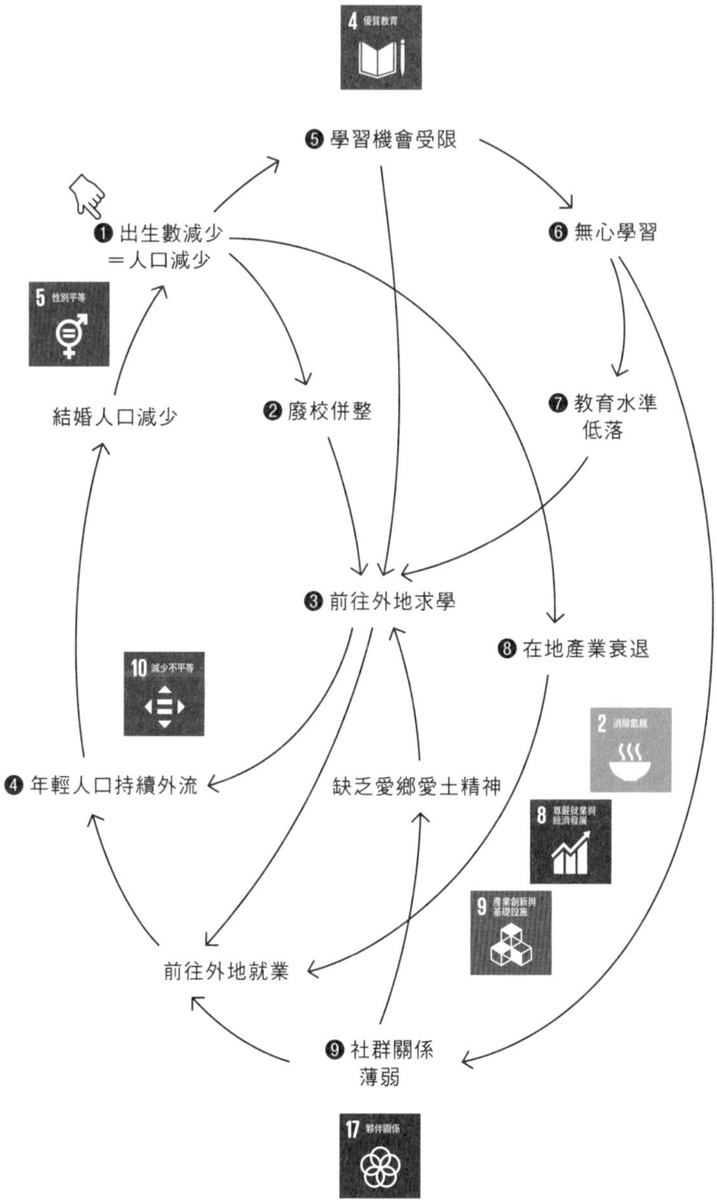
4 優質教育
❺ 學習機會受限
❶ 出生數減少
＝人口減少
❻ 無心學習
5 性別平等
結婚人口減少
❷ 廢校併整
❼ 教育水準
低落
❸ 前往外地求學
❽ 在地產業衰退
10 減少不平等
2 消除飢餓
❹ 年輕人口持續外流
缺乏愛鄉愛土精神
8 尊嚴就業與經濟發展
9 產業創新與基礎設施
前往外地就業
❾ 社群關係
薄弱
17 夥伴關係

五、破壞環境循環

日本處處是大自然，許多地方有里山地景。里山是地方的資源寶庫，帶來豐饒的生活與在地產業。

然而農林業衰退（1）導致廢耕地與荒廢的林地增加（2），里山環境因而惡化（3）。

溫室氣體增加（4）引發氣候變遷（5）。近年來颱風與局部大雨次數頻繁，以及二〇一八年夏季發生異常炎熱的現象（6），主因都極有可能是氣候變遷。平常乏人維護的山地，在下起局部大雨或颱風來臨時可能發生土石流，引發更多災害（7）。乏人維護的森林與農地（3）吸收溫室氣體的效果也較差（4）。

美麗的自然景觀是重要的在地資源，能吸引觀光客前來造訪消費，帶來移居人口。里山荒廢（3）會破壞生物多樣性（8），降低地方魅力，導致在地產業因而衰退（1）。

地方的自然環境、在地產業、天災與全球氣候變遷其實息息相關，形成大規模的惡性循環。

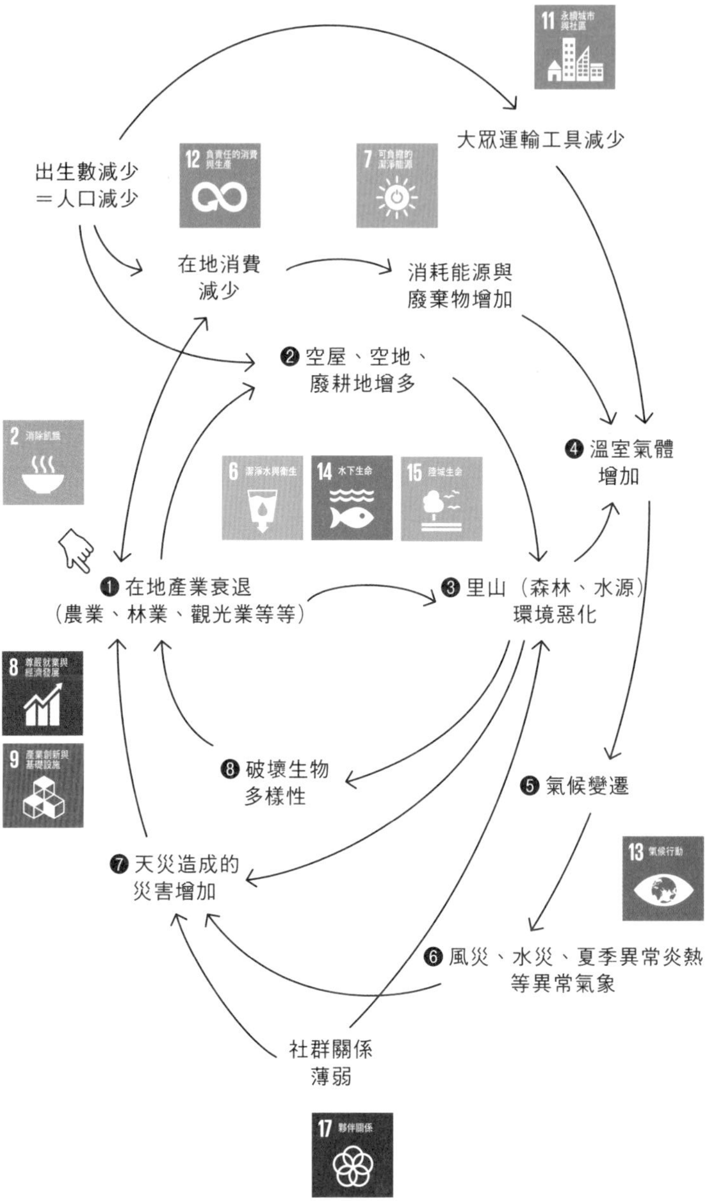
11 永續城市與社區
大眾運輸工具減少
出生數減少
＝人口減少
12 負責任的消費與生產
7 可負擔的潔淨能源
在地消費
減少
消耗能源與
廢棄物增加
❷ 空屋、空地、
廢耕地增多
❹ 溫室氣體
增加
2 消除飢餓
6 潔淨水與衛生
14 水下生命
15 陸域生命
❶ 在地產業衰退
（農業、林業、觀光業等等）
❸ 里山（森林、水源）
環境惡化
8 尊嚴就業與經濟發展
9 產業創新與基礎設施
❽ 破壞生物
多樣性
❺ 氣候變遷
13 氣候行動
❼ 天災造成的
災害增加
❻ 風災、水災、夏季異常炎熱
等異常氣象
社群關係
薄弱
17 夥伴關係

兩大槓桿點

觀察地圖整體與五大惡性循環會發現兩大槓桿點*。這兩大槓桿點和許多惡性循環有關，導致地方問題更加嚴重。

槓桿點一：社群關係薄弱

五大循環都出現「社群關係薄弱」這個現象，顯示這是負面連鎖的關鍵。

目前地方存在各類分裂*，例如：官民分裂，各自為政的分裂，現在與未來的分裂，地方之間的分裂，各年齡層的分裂與性別分裂等等。這些分裂削弱了地方的人際關係，居民愛鄉愛土精神也因而薄弱。缺乏愛鄉愛土精神導致升學、就業與換工作等面臨人生轉捩點時，容易選擇前往外地。結果年輕人口外流，兒童人數減少，學校因而廢校併整，在地消費減少，產業也隨之衰退（經濟衰退與教育水準低落循環）。社群是生活的基礎之一，同時促進人與人社交連結。這兩項機能衰退代表結婚與生育環境惡化（孤立疏離循環）。在地活動減少，長者外出的機會減少，健康狀況因而惡化。居民無法

＊槓桿點
影響課題的現象、與課題相關的巨大阻礙，以及改善狀況的關鍵。詳情請見「描繪地圖的技術（第一七六頁）」。

＊地方存在各類分裂
請見第四三頁。

再守望相助，醫療費用壓迫地方財政（生活困難循環）。缺乏人手維護里山與防災活動，天災造成的損害可能因此擴大（環境破壞循環）。

五大循環都能看到社群關係薄弱的現象，卻因為不是最大主因而容易遭到忽略。地方面臨的諸多問題背後一定存在這個現象，一點一滴腐蝕地方生態系。

槓桿點二：年輕人口外流，在地產業衰退

這兩個現象存在於經濟衰退、孤立疏離、教育水準低落和生活困難循環。

地方的年輕人經常因為求學與就業而離開家鄉（或是為了升學離開，畢業之後直接留在都市就業）。離開的動機可以分成兩大類：

一是正面積極的動機，例如：想出國發揮能力，想接觸商界與學界頂端，想要實現夢想或是嘗試挑戰等等。這當然是值得祝賀的事，也有益於地方的未來。

另一是負面消極的動機，經常聽到的說法包括「鄉下地方沒什麼意思」、「沒有吸引人的工作」、「感覺東京有好工作」。這些偏見、誤解與大

人洗腦的結果，導致年輕人口外流到都市。

在地產業的確面臨嚴峻的挑戰，薪資水準也是大都市圈比較高。然而東京不見得充斥吸引人的好工作。

反而言之，地方也有許多充滿魅力的工作。我在熊本縣上天草市負責企劃工作時，認識四十出頭的年輕老闆，經營好幾家大型的農產直銷站。他告訴我公司招募不到正職員工與計時人員，原因是「年輕人對天草沒興趣，完全不想從事觀光相關的工作」。天草是九州屈指可數的觀光勝地，全國赫赫有名的天草四郎在此出生，還有天草五橋、虎蝦、知名的品牌放山雞「天草大王」等特產。我以為一定很多人願意在帶動當地觀光產業的年輕老闆手下工作，沒想到實際情況卻並非如此。

年輕人認定「家鄉沒有吸引人的工作」有四大原因：

第一個原因是社群關係薄弱，年輕人在家鄉看不到帥氣的大人從事有魅力的工作。第二個原因是日本社會越來越不尊重需要動手花時間的工作。在這個重視效率的時代，金融與高科技等賺錢快速的工作受人矚目，農家等一級產業、工匠和技術人員的工作並未受到正確評價。第三個原因則是地方的成人從未告知年輕人在地工作的魅力與偉大之處。農民與工匠往往「希望孩子去當上班族」。

最後一個原因則是受到東京這個「萬能有機體」的影響。

萬能有機體——東京

相較於日本其他都市，東京與眾不同，鶴立雞群。這個萬能有機體嚴重影響地方生態，剝奪日本地方的多樣性。

動物學家本川達雄*表示眾多物種要在同一個地區共生，必須具備三項條件：

條件一、環境異質性高，資源多元（多樣性）

條件二、物種持續分化（特殊性）

條件三、沒有比所有物種強大萬能的天才物種（排除萬能性）

其實平常經常可見的山羊也是萬能有機體，會破壞地方生態系。山羊來自中東等乾燥地區，耐粗食，不畏險峻地形與氣候，山羊奶、毛與肉都能為人所用。日本因此於一九三〇年代開始把山羊引進離島，作為肉食來源。相信不少人都覺得山羊湯*等山羊料理是沖繩美食很奇怪吧！其實是因為當年引

＊本川達雄

一九四八年生。生物學家兼創作歌手，以「會唱歌的生物學家」聞名。著作包括《大象時間老鼠時間：有趣的生物體型時間觀》（中文版為方智出版）、《生物多樣性——由「我」出發的進化、遺傳與生態系》等等。

＊山羊湯

沖繩料理的一種，是把山羊肉和蔬菜一起燉煮而成。山羊肉有股獨特的羊羶味，所以會加入薑和艾草等辛香料去除羶味。

進了山羊，帶來新的飲食習慣。

世界遺產加拉巴哥群島（Galapagos Islands）因為人類帶來的山羊野化，吃光了島上所有植物，破壞當地植物群*。結果土壤因為缺乏植被保護，流入海洋，汙染漁場，破壞珊瑚礁，陸鬣蜥棲息地的植物群落滅絕，導致陸鬣蜥面臨絕種危機。

東京就像加拉巴哥群島的山羊，這個鶴立雞群的萬能都市從兩方面威脅多種地方共存的日本「多樣性」。

第一點是人口與經濟集中於東京。部分地方仰賴東京為主的資本主義經濟，長年以來提供大都市眾多人才。看在地方的年輕人眼裡，東京是應有盡有的萬能都市。這股魔力吸引年輕人來到東京，貢獻勞動力創造大筆財富。東京回報的方式是中央政府透過公共工程和稅款等方式，把財富重新分配給地方。經濟成長時期，日本經濟的巨大生態系靠著這套分工合作的方式保持平衡。然而現在東京已經無法提供支持地方的工作機會與經濟，地方人才卻持續外流到東京，獲得穩定工作的人越來越少，地方所能取得的回報也日益縮小，單行道式的惡性循環益發嚴重。

第二點是破壞文化。東京的公司或是外商投資的餐廳、服飾店和超市等

＊植物群
生長於特定區域（或時代）的所有植物總稱，通常是指野生物種或本土物種。

都是全球共通的萬能商店，因應小眾市場的在地商店於是遭到驅逐。充滿地方特色的商店與工作因此滅絕，導致日本各地公路兩旁都是相同的商店，形成類似的風景。

萬能動物山羊吃光了加拉巴哥群島上的植物，造成陸鬣蜥瀕臨絕種。萬能經濟都市東京要是吸收了所有地方經濟，日本的未來將是一片黑暗。

再生所需的四種生態環境

想要消弭惡性循環，找回人潮與錢潮，實現地方永續發展，必須阻止人才不斷外流，重建原地循環的獨特生態系。

重建豐富的「生態系」需要以下四種生態環境：

第一種生態環境是建立社群，結合立場、職業與年齡各異的居民、業者與公部門對話合作，切磋琢磨。社群關係與五大惡性循環「經濟衰退」、「生活困難」、「孤立疏離」、「教育水準低落」、「環境破壞」都有關，是腐蝕地方力量的原因之一。重建社群是解決第一個槓桿點的辦法。明明社群關係薄弱是隱藏在所有問題背後最根本的課題，卻因為不是直接引發嚴重問題的主因，容易遭到忽略。實現地方永續發展的第一步是重建串聯所有人的社群，大家攜手解決問題。

第二種生態環境是當地居民都能生氣蓬勃地參與的「挑戰」。這是解決第二個槓桿點「年輕人口外流，在地產業衰退」的辦法。防止年輕人口外流到萬能有機體東京，打破在地產業衰退的惡性循環，需要每一位居民勇於挑戰，以及所有居民攜手挑戰。充滿魅力的挑戰才能留住人才，甚至吸引外地人才前來。居民合作方能促進地方經濟循環。

第三種生態環境是培育地方經濟的接班人，栽培地方社群的領導人。新世代教育難以在短期間看到成果，卻是促進地方持續發展十年以上不可或缺的要素。

最後是未來願景，用來推動前三種生態環境。光明的未來能打動居民升起愛鄉愛土之心，串聯居民，帶動大家嘗試挑戰。

想要實現SDGs，實現地方永續發展，需要在地方建立這四大生態環境。

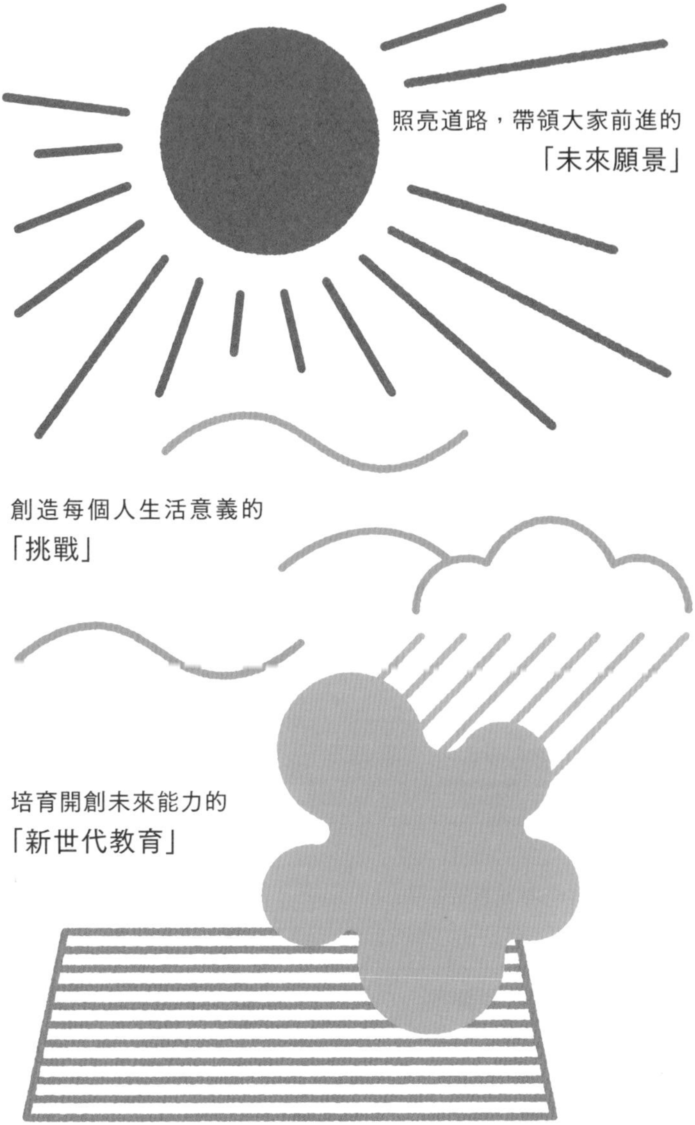

加強聯繫，彼此合作，
一同成長的「地方社群」

技術一　描繪地圖的技術

這套技術是在紙上或腦中畫出巨大的地圖，用以解析地方發生的各種現象彼此錯綜複雜的關係，認識交互作用、環境變化與引發變化的結構。這也有助於了解每一位居民都是地方生態系的一部分，地方上發生的所有現象互有關聯。

如何透過描繪地圖整理思緒？

1. 俯瞰整體而非凝視個體
2. 從關係出發，而非局部（個體）
3. 思考結構，而非現象

五大功效

1. 學會連結毫無關係的現象
2. 觀點放大到他人
3. 發現新事物
4. 想像邁向未來的道路
5. 掌握變化的結構與原因

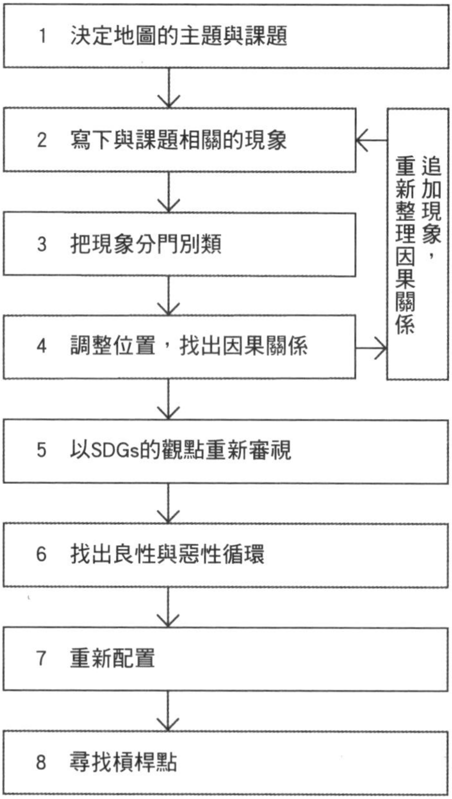
1 決定地圖的主題與課題
2 寫下與課題相關的現象
3 把現象分門別類
4 調整位置，找出因果關係
追加現象，重新整理因果關係
5 以SDGs的觀點重新審視
6 找出良性與惡性循環
7 重新配置
8 尋找槓桿點

描繪地圖

地圖是旅行時不可或缺的工具。專案和旅行一樣，抵達目的地之前都會遇上路障或是岔路，或是鬼打牆走不出來。地圖能告訴我們目前身在何處和周遭情況，指引我們走上正確的道路。本書也介紹了負面連鎖結構圖（第一五六頁）等其他地圖。

我每次要開始新的專案，整理課題或是可視化情況時，總會攤開大張白紙，把所有相關要素寫在便利貼上，再把便利貼排在白紙上，用箭頭連結彼此，畫出地圖。這一連串的步驟協助我輸出腦中混亂的資訊，加以重新整理。地圖畫得順利，腦袋也跟著清楚起來，開始看見自己該做的事：究竟哪些是相關課題？我該找誰聊聊？達成目的的第一步是什麼？

此外，「描繪地圖」不僅是用紙筆，還包括在腦中畫出地圖來整理思緒。這種行為以專業術語來說叫做「系統思考」。

具體案例：南三陸町的牡蠣養殖業課題

下一頁的地圖主題是南三陸町戶倉地區牡蠣養殖業者面臨的問題。上方是改善前，下方是改善後。

牡蠣養殖業者長期以來為了提升產量，設置太多養殖浮棚，導致養殖密度過高，超出海洋負荷。結果牡蠣品質下降，從放置蚵苗到收成出貨需費時三年，形成沉重的勞動負擔。此時又發生三一一大地震，三年來的心血轉眼化為泡影。所有養殖業者於是集合起來對話，大主題是「是否要繼續傳統的養殖手法？」傳統手法的問題是導致海洋枯竭、長時間勞動與災害風險。討論的結果是「引進新的養殖手法」。取消過去的分配區塊，減少七成的養殖浮棚。重新分配區塊時採用點數制，有接班人的業者可以取得較多區塊。

改革之後，出貨時間從三年縮短成一年，養殖業

南三陸的牡蠣養殖業圖　改善前

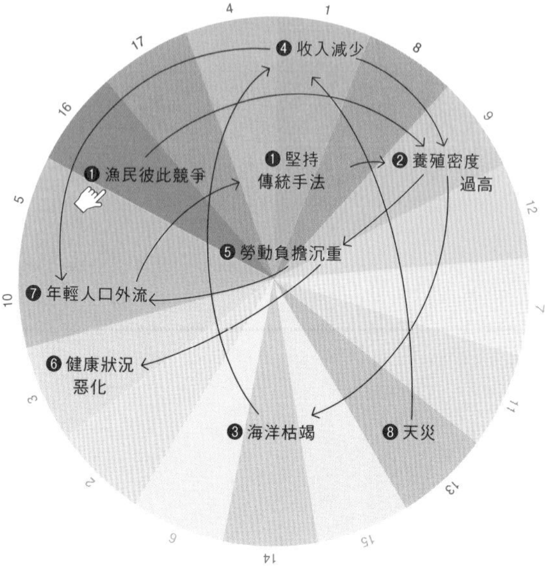

南三陸的牡蠣養殖業圖　改善後

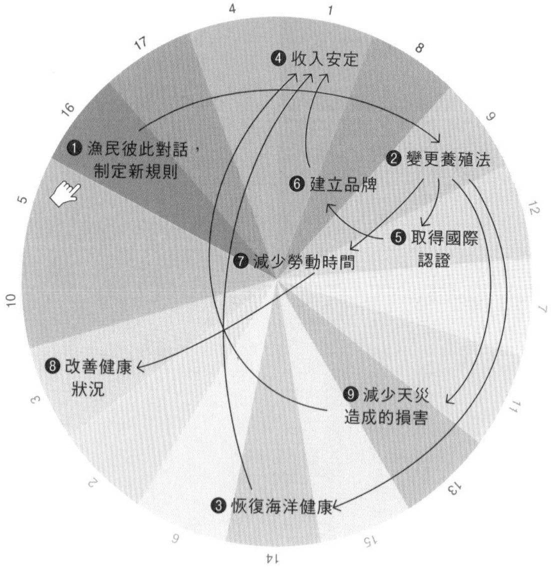

者的生活因而變得寬裕，牡蠣品質也獲得改善，成為日本第一個取得國際認證的牡蠣品牌，提升品牌價值。

描繪地圖整理想法

描繪地圖時以下三個觀點，整理課題的資訊與腦中的想法：

一、俯瞰整體而非凝視個體

所謂「見樹不見林」，人往往過於在意細節或個別現象，忽略了應該要更上一層樓來俯視全體。

把自己當作在大海上航行的船長，需要注意的不僅是眼前的航線與航線上的暗礁（自己的角色、事業與課題），而是必須掌握潮流、漲退潮、周遭的地形和其他船隻的動向等海洋整體（地方或公司整體）的情況。把觀點從「點」放大為「面」，航海的品質便能大幅改善。

二、從關係出發，而非局部（個體）

除了「面」的觀點，還需要「線」的觀點，也就是注意現象與相關人士彼此的關聯與合作關係。以地震發生之前的南三陸町為例，當時的現象形成如下的線性關係：養殖密度過高↓出貨需三年↓勞動負擔沉重，地震造成損害。

甲地點與乙地點乍看之下遙遙相對，根據潮流與地形安排航線，其實瞬間便能抵達；又或者受到其他船隻動向與潮流影響，移動到該處十分危險。考量航線時必須注意現象彼此的關聯。

三、思考結構，而非現象

我們看到的冰山不過是突出海面的一小部分，大部分都隱藏在海面下。所謂「冰山一角」的思考模式是把眼前發生的現象當作冰山一角，引發現象的行動和做出該行動的想法相當於隱藏在海面下的部分。

假設眼前出現多個冰山（現象）漂浮在海面上，彼此距離遙遠。其實在海面下可能彼此相連，是一個巨大的冰山（現象的原因）。要是只知道要避開眼前的冰山，沒有留意到海底的情況，船底可能會撞上冰山，發生事故。

地圖帶來的五大功效

藉由描繪地圖整理思緒有五大功效：

一、學會連結毫無關係的現象

學會連結乍看之下毫無關係的現象或是實際距離遙遠的情況。從事地方營造活動必須學會解讀沒有文字記錄的複雜背景，包括地方上錯綜複雜的人際關係、聚落關聯，以及歷史經緯等等。此外，所謂的革新是串聯不同的現象或事物。找得到新的連結代表具備引爆革新的能力。

二、觀點放大到他人

實際著手描繪地圖便會發現乍看之下和自己無關的事物往往和自己有關，這世上沒有和自己毫無關聯的「他人」。

生活與工作上往往難盡如己意，大家習慣無視與自己的關聯，把責任推到別人身上。然而明白一切不是別人的問題，和自己也有關係時，便能接受阻礙，以正面積極的心態應對。此外，教師與學生，醫師與病人，支援端與受支援端等立場各異的關係，可能無法站在對方的立場思考。此時也能應用這套方法。

三、發現新事物

學會注意乍看之下和自己無關的事物與自己真正的關聯，便能發現至今未曾感受到的知識、觀點與人際關係，為生活打開一扇新的窗。

四、想像邁向未來的道路

學會思考現在的行動會造成何種未來，例如：現

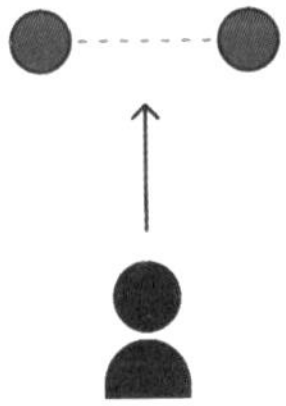

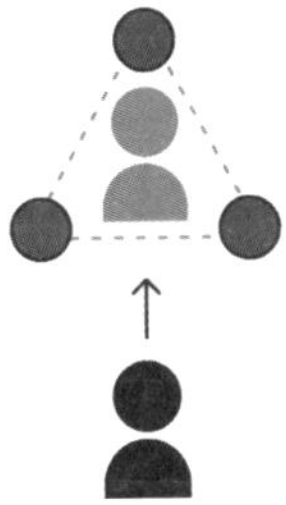

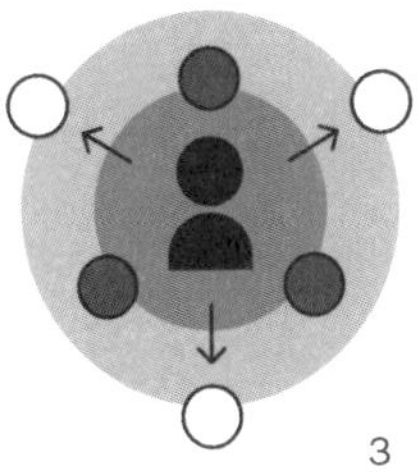

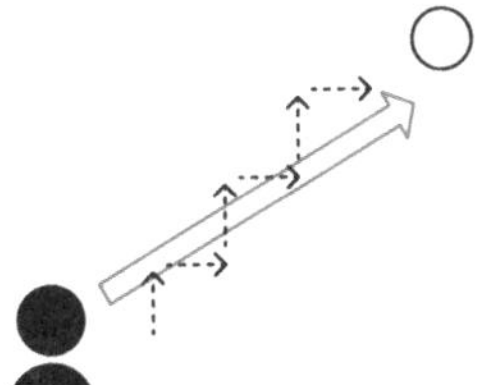

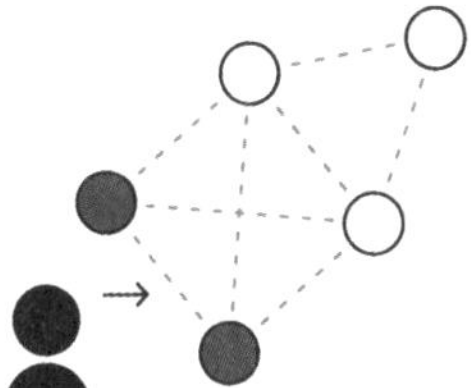

在的自己和自己著手的活動會造成哪些影響，引發哪些結果？學會意識到未來的可能性，面對變化也能正面應對，事先為遇上阻礙做好準備，未雨綢繆。

五、掌握變化的結構與原因

學會掌握現象彼此的關係，想像這一連串的現象會造成何種未來，便能了解這個複雜社會當中發生的事件背後隱含何種結構與根本原因。

用紙筆描繪地圖

本節介紹描繪地圖的技術，藉此深入了解自己居住的地區、執行的事業所處的環境、時代如何變化與社會結構。

本書引用二種地圖，一種是顯示SDGs十七大目標的關係圖（第一七八頁），另一種是第三章登場的五種「負面連鎖結構圖」。這兩種地圖顯示的都是思考方式，畫法也一樣。

工具

- **便利貼（兩種顏色）**
- **多種色筆（白板筆或是擦擦筆）**
- **大張白紙與大桌子（或是白板）**

隨著電腦普及，手寫的機會大幅減少。然而無論時代如何改變，我都堅持地圖一定要手繪。把腦中混亂的資訊通通寫出來，重新排列之際，要是空間不夠大，地圖的範圍與時間軸都會縮小。使用的桌子、白板越大，完成的地圖愈大，愈能展望未來。要是能搭配大螢幕或投影機，用電腦畫也是不錯的方法。

步驟一、決定地圖的主題與課題

首先確定要畫的是哪個地區的何種課題，例如：「牡蠣養殖事業者的課題圖」、「地方人口減少導致產業衰退圖」。

步驟二、寫下與課題相關的現象（阻礙、原因、事件）

儘量把所有與課題相關的現象都寫在便利貼上，例如：引起該課題的阻礙，可能的原因與相關事件等等。一張便利貼只寫一個現象。

步驟三、把現象分門別類

把便利貼貼在圖畫紙或白板上，類似的現象放在一起。完全重複的現象可以疊在一起，除此之外無須勉強分類，若有不同含意可個別配置。

步驟四、調整位置，找出因果關係

整理現象之間的關係，把彼此是因果關係的現象用「原因→結果」的箭頭連結（互為因果關係者使用⇕）。把連結的現象最多者放在正中央，方便之後整理。找出因果關係之後，類似的現象自然會比鄰排列；彼此毫無關聯的現象則放在旁邊。

步驟二、三

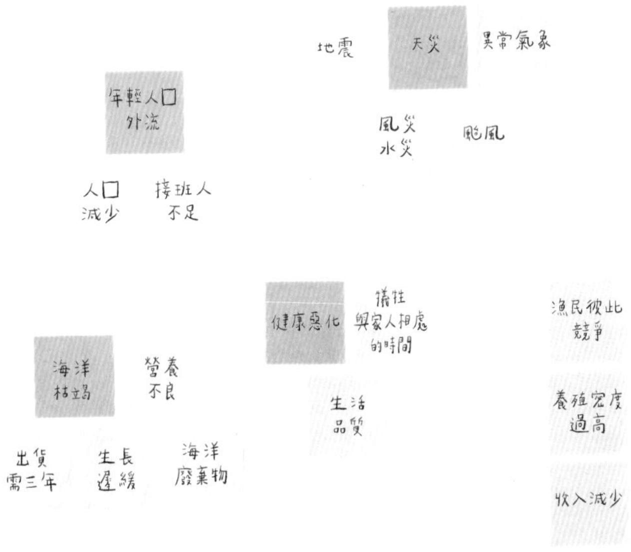

步驟二+三+四、追加現象，重新整理因果關係

反覆步驟二～四，提高準確度。俯視地圖整體，補上遺漏的現象或是有點遙遠卻可能有關係的現象。好像可以畫上箭頭卻又畫不上的現象之間，可能隱藏了還沒寫上的現象，需要用心觀察好補上。

步驟五、以SDGs的觀點重新審視

在現象旁邊寫上相關的十七大目標。審視十七大目標與五十五大議題，確認是否還有遺漏的現象。

步驟六、找出良性與惡性循環

找出地圖中A→B→C→A不斷打轉，導致現象強化擴大（良性循環）或衰退縮小（惡訊循環）處，用不同顏色的箭頭標示。破壞地球生態系的五大惡性循環正是其中一例。

發現循環便能深入了解主題背後的結構與課題本質，容易找出解決方法。有些循環的現象正巧比鄰，一下子就能發現，也有些循環是繞了地圖一大圈。所以尋找循環必須由小到大，從局部到整體。地圖中一定會出現可能形成循環卻偏偏不是的地方。此時特意加上不同現象，有時便能發現新的連結與循環。

步驟七、重新配置

調整便利貼的位置，讓現象之間的箭頭與循環更加明確。

步驟八、尋找槓桿點

尋找與課題相關的巨大障礙、造成影響的現象，以及改善現狀的關鍵，也就是槓桿點。最有可能是槓桿點的是造成循環，也就是循環主因的現象。觀察構成循環的每一個現象，找出是哪一個現象導致循環加速，問題更加嚴重。

另一個是與其他現象關聯最多的現象。解決這個現象，可能帶動整體改善。

描繪地圖時的重點

・紙張要大，便利貼之間保留足夠空間，以便隨時調整位置。

・儘量寫出所有有關的現象。寫到一半時要是想到什麼就加上去吧！

・目的不是畫出完美連結的地圖，無須在意箭頭是否美觀，最後再來調整即可。

・完成到一個程度就先俯瞰整體。或許會因此發現距離遙遠的便利貼之間其實有所關連，或是出現繞了一整張紙的巨大循環。

・要是無法從零開始，先以負面連鎖效應圖（第一五六頁）或SDGs議題圖（第六二頁）為底來修正也行。

步驟四

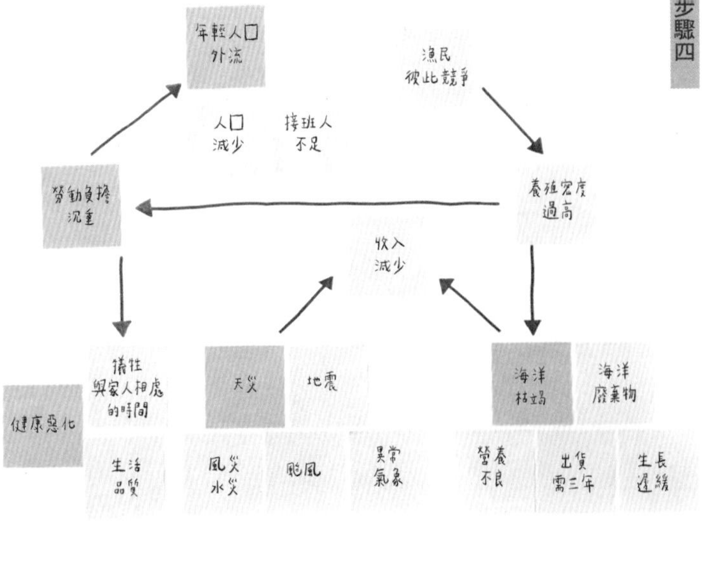

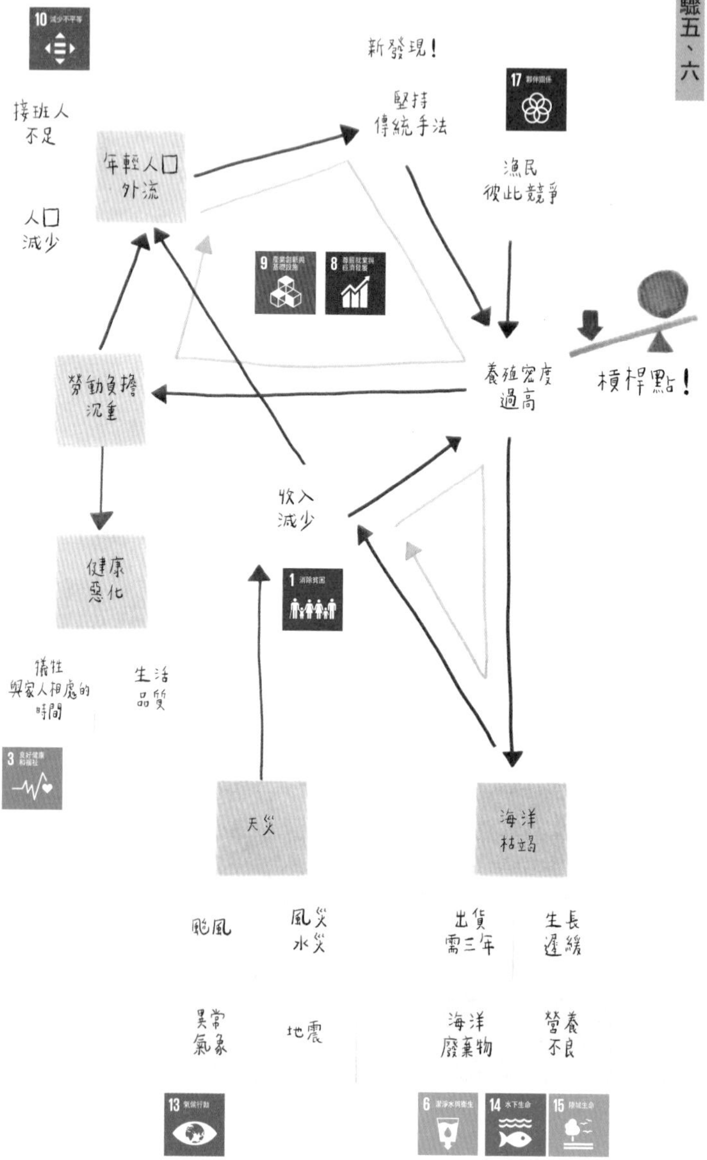
接班人
不足
年輕人口
外流
人口
減少
新發現！
堅持
傳統手法
漁民
彼此競爭
勞動負擔
沉重
養殖密度
過高
槓桿點！
收入
減少
健康
惡化
犧牲
與家人相處的
時間
生活
品質
天災
海洋
枯竭
颱風
風災
水災
出貨
需三年
生長
遲緩
異常
氣象
地震
海洋
廢棄物
營養
不良

看著地圖對話

以南三陸牡蠣養殖業者為例，「養殖密度過高」是造成惡性循環的槓桿點。漁民於是互相對話，重新思考自己未來的工作方向，最後決定改變養殖方法。

當與課題相關的各界人士齊聚一堂時，一起看著地圖來對話吧！從一起追加地圖上缺少的現象，整理因果關係開始也不錯。

根據完成的地圖，討論所有人該怎麼做才能消除眼前的惡性循環，解決課題，摸索所有人都能幸福的方法，在地方颳起革新的風潮——這正是符合SDGs本質的作法。

學會描繪地圖的思考方式

前文介紹了學會描繪地圖能帶來五大功效。但是描繪地圖的技術不是一天兩天就能學會。

然而就算無法學會所有技術，光是練習在腦中連結他人與自己的關係，乍看之下毫無關係的現象背後隱藏的關聯，以及現在的現象與未來的關係等等，便能擴大思考範圍，得到許多好處。

然而這項技術無法立即與工作、生活連結，養成習慣並非易事。

我建議大家先從本書的地圖開始看起，習慣這種呈現手法，感受描繪地圖對於思考的確有所裨益。

下一步是開始練習描繪地圖。我平常習慣在大桌子上一個人描繪地圖。把腦中的想法輸出到大張白紙上，會感覺自己的腦子也跟著變大了。

我非常推薦這個作法。反覆畫個幾次，腦海中自然能浮現地圖，看見「原來A↓B↓C有所關聯」「原來從C又回到A，形成循環了」。

足球比賽擔任司令塔的優秀選手在比賽時，像是從空中掌握敵我共二十二位選手的所有行動與關係。其實肉眼實際上只看得到數名選手，卻因為掌握了「描繪地圖的技術」，能夠在比賽時意識到整個球場，進而想像出通往球門的路徑，選擇自行射門得分或是傳球給隊員，達成關鍵性攻擊。由此可知，「描繪地圖的技術」能在各種場合派上用場。

技術一

描繪地圖的技術

第二部「實踐篇」

實踐可以永續發展的地方營造

第 4 章

建立關係，互相合作，切磋琢磨的「地方社群」

連結、培育——豐饒的土壤

大家都知道植物能利用光合作用製造能量，卻無法自行製造建構身體所需的蛋白質，合成蛋白質不可或缺的是土壤。植物合成蛋白質的方法是吸收微生物固化於土壤中的氮素，動物則只能藉由食用植物（或是食用植物的動物）來攝取蛋白質。土壤是生命不可或缺的要素，串起生態系統中的食物鏈。

重建地方生態系，實現地方永續發展需要四大生態環境，第一個生態環境便是「土」，也就是接受成員多元，建立社會網絡，促進彼此合作，切磋琢磨的地方社群。

想要促使價值觀、生活型態與人生觀各異的多元成員並肩邁向「實現地方永續發展」這個目標，想要解決地方上的經濟、環保、社會與生活各方面的問題，需要各界居民彼此建立關係，對話討論，攜手合作，切磋琢磨，形成一個強大的團隊。

社交連結為地方和居民帶來的好處

SDGs的第十七個目標「夥伴關係」呼籲大家團結合作，一同達成前十六大目標。由此可知，社交連結與互助合作是解決地方課題的巨大力量。居民彼此建立關係，打造關係緊密的社群，對於實現地方永續發展和每一位居民，都能帶來各類效果與效能（結果的品質）。參考各項研究結果，發現社會網絡與關係緊密的社群能產生以下五種效果：

提高幸福程度
增強生命力
提高效率與創意
增加利他行為
創造經濟利益

提高幸福程度

下表顯示朋友人數與主觀幸福程度的關聯（「我現在很幸福」一題回答「符合」與「稍微符合」者比率）*。沒有朋友者的幸福程度是百分之二十九點四，朋友人數在二十人以上者則高達百分之六十六點一，超過一倍。參加愈多工作、興趣等相關團體，幸福程度愈高。許多研究結果顯示志工活動、開家庭派對等與社會有所關聯的活動也會左右幸福程度。

此外，幸福學研究發現幸福是會傳染的。古樂朋*等人針對一千零二十名研究對象，分析其人際關係與幸福程度的關聯，證明幸福會透過社會網絡擴散到其他人身上。研究成果顯示直接有關連的人（相隔一度）幸福的話，自己的幸福程度也會提升百分之十五，而且幸福可以感染到隔三度的人際關係（朋友的朋友的朋友）。

這項研究提出幸福會傳染的二個理由：一是情緒容易傳染，所以朋友的心情會影響自己；另一是有朋友（人際關係）這件事本身就能提升個人的幸福程度。

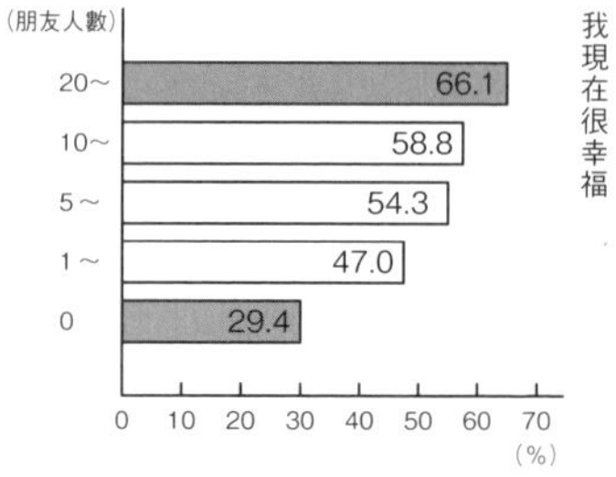

＊地方豐饒生活調查

調查時期：二〇一七年四月
樣本數量：十五～六十四歲男女共九千四百人
調查方式：網路調查
辦理單位：issue + design

＊古樂朋（Nicholas A. Christakis）

美國社會網絡學者，著作為《大連結：社會網絡的形成與對人類現實行為的影響》。

增強生命力

下圖顯示參加嗜好相關社團與需援助、長照認定率（譯註：日本評估是否可申請長照服務的分級制度）的關聯。全年參加的次數愈多，需要長照的比例愈低。這代表參加社群有助於維持健康。

反而言之，失去社交網絡，孤立疏離會影響身心健康*。

楊百翰大學（Brigham Young University）心理學教授霍特—隆斯達（Julianne Holt-Lunstad）分析三十萬名患者的資料，發現「孤獨」比「吸菸」、「飲酒過量」、「運動不足」與「肥胖」更致命。原來孤獨比吸菸更有害身體。

哈佛大學公共衛生學院（Harvard T.M. Chan School of Public Health）教授柏克曼（Lisa F. Berkman）發現急性心肌梗塞患者，接受治療後六個月之內的死亡率與探病人數有關。探病人數為零人者，約七成會在六個月之內死亡；探病人數在兩人以上者，死亡率低於三成。由此可知，是否有家人朋友擔心自己，會嚴重影響壽命長短。

人類這種生物是藉由社交連結感受幸福，增強生命力。

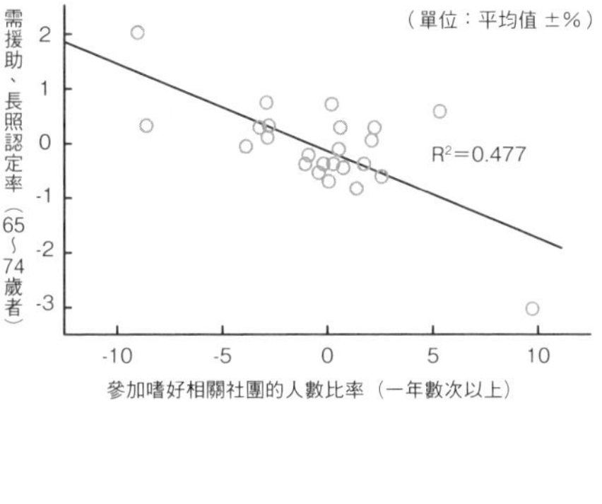

出處：伊藤大介、近藤克則（二〇一三）〈需援助、長照認定率與視為社會資本指標之地方組織參與比率的關聯：JAGES專案之長照保險人單位分析〉、《社會福祉學五四卷二號》

＊社交連結與健康

詳情請見石川善樹的著作《壽命長短取決於朋友多寡》。

提高效率與創意

任教於史丹福大學（Stanford University）的教育學家施瓦茨（Daniel Schwartz）教授以國中生為對象，從單獨解題與兩人一組解題的情況分析團隊的創造性。實驗內容是五個齒數相同的齒輪並排嚙合，實驗對象看著這五個齒輪回答「最左邊的齒輪順時針轉動時，最右邊的齒輪會往哪個方向轉？」等共八個問題（每一題齒輪的數量都不同）。

每個實驗對象都會先動手轉轉看每一個齒輪，觀察往哪個方向轉，再推測第五個齒輪轉動的方向。一個一個轉下去，必定能回答每一個問題。但是一定會有實驗對象中途發現轉動的規則。齒輪的數量為奇數時，兩端的轉動方向相同；偶數時，最右邊的齒輪會逆時針方向轉動。實驗對象發現這套奇偶性法則之後，一下子就能答出後續的問題。相較於一個人答題時只有百分之十四的人發現這套法則，兩人一組時高達百分之五十八，暴增四倍。

麻省理工學院人類動力學實驗室（Massachusetts Institute of Technology Human Dynamics Laboratory）主任潘特蘭（Alex “Sandy” Pentland）分析銀行客

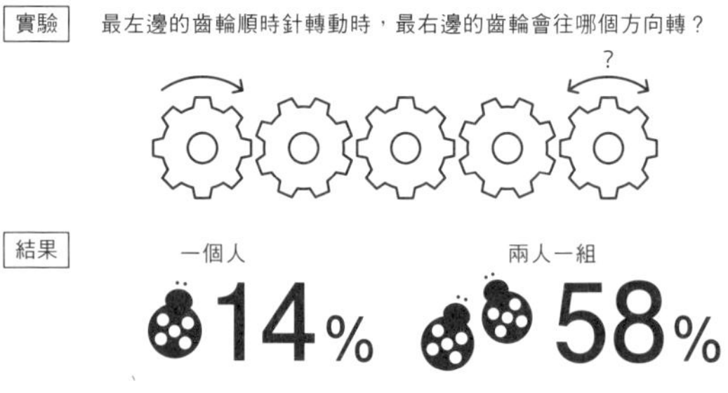

實驗
最左邊的齒輪順時針轉動時，最右邊的齒輪會往哪個方向轉？
?
結果
一個人
14%
兩人一組
58%

＊客服中心實驗

出處：“The science of building great teams”, Harvard business review, September 2012

服中心的效率[*]差異，發現效率與個人能力、領導能力無關，反而深受同事之間的交流時間與關係（參與對話的程度）影響。研究團隊因此建議管理高層不要排開每個人的休息時間，應當安排所有人在同一時段休息。引進這套辦法後，客服中心整體的效率提升百分之八，原本表現不良的團隊更是改善了二成[*]。

社交連結之所以能提高效率與創意，原因有二：

第一個原因是生物具備學習本能。動物藉由模仿其他個體的成功經驗，提升繁衍行為與棲地選擇的準確度，進而提升物種整體的生存率。人類也會透過模仿成功體驗和記取失敗教訓，做出更好的選擇。

第二個原因是思考、行動與觀點不同造成的摩擦與刺激，容易產生新點子。齒輪問題之所以兩人一組發現法則的機率比一人答題時高出四倍，應該是兩人反覆嘗試推論，交換意見，例如：「我好像看過這種齒輪的動法」、「應該有什麼共通點吧」、「跟齒輪的數量有關嗎？」等一點一滴的發現促使彼此發現更多現象，累積到最後察覺到法則。

＊效率指標

使用的指標是「平均處理時間」：針對客訴與提問，平均需花多少時間應對。

＊提升效率的成果

推估所有客服中心引進這套辦法後，能產生一千五百萬美金（以一美金兌換一百日圓計算，相當於十五億日圓）的效果。

團隊力量彌補接班人不足

在人口減少又老化的地區，各行各業都欠缺接班人，而且情況越來越嚴重。以長照人才為例，推估在二〇二五年短缺的人手會高達三十萬以上。日本全國各地慶典與傳統藝能表演也乏人傳承，瀕臨消失的危機。由於日本幾乎是全國各地都人口急速減少，就算有人願意從都市搬到地方，各地方所能爭奪的移居者畢竟人數有限，不可能持續增加。

客服中心與齒輪的實驗證明團隊合作能提升二成或一倍以上的效率與創意。就算面對社區營造、防災、育兒、援助高齡人口、保護慶典與傳統藝能表演等複雜的地方問題，倘若居民願意集思廣益，活用團隊力量，應該可以解決很多問題。

提升生活防禦力

進入人生百歲時代，代表個人獨立生活必須面對的風險較高。我們隨時可能遭遇嚴重的天災，出意外而殘障，罹患癌症、失智症或是面臨父母需要長照等諸多因素而無法獨居自立。不僅如此，過去公司、家庭、中央與地方政府會在這種時候提供援助，現在這些既有的援助基礎卻都逐漸崩解。風險提高加上基礎鬆動，這種時候格外需要居民互助合作，彼此援助方能克服困境（精神上與肉體上的辛勞、缺陷）。地方需要建立社會網絡才能帶動居民這麼做。

增加利他行為

人人都具備利己（索取、想要贏過眾人、獲得矚目）和利他（給予、想要幫助別人、貢獻社會）兩種人格，不過團體行動時，利他人格的傾向會比較明顯。組織心理學家格蘭特*利用四人一組的交易實驗，說明利他的「給予行為」能迅速傳遍整個社會網絡。這個實驗證明參與者當中有百分之十五的人儘管自己可能吃虧，還是會選擇最大化團隊利益的作法；周遭的人因為受到影響，於是越來越多人選擇給予。換句話說，利他精神是會感染普及的。

地方社會有一定人口具備利他人格。這些人與其他人建立社交連結，把利他精神傳播到整個地方社會。互相援助的生態系進而普及到整個地方，提

實驗

TAKE 自己收下三美元
索取

或是 GIVE 分給自己和夥伴各兩美元
給予

結果

第一回合	索取	索取	索取	給予
第二回合	索取	索取	給予	給予
第三回合	索取	給予	給予	給予
第四回合	給予	給予	給予	給予

*亞當．格蘭特（Adam Grant）著作《給予：華頓商學院最啟發人心的一堂課》（中文版為平安文化出版）依思考模式與行動，把人類分為三種類型，分別是給予者、索取者與互利者。

升每一個居民的生活防禦力。

創造經濟利益

促進在地經濟循環

「破水桶理論」源自英國智庫*，意指地方仰賴觀光等方式賺取來自外界的金錢，卻在外地消費的話，地方的經濟依舊無法成長，就像拼命倒水到破洞的水桶裡。假設甲町居民購買生活用品時，有八成來自當地商店販賣的在地產品（剩餘二成是外地投資的商店與網路購物），代表消費一萬元當中，有八千元是花在當地商店（剩餘二千元外流）。當地商店把這八千元用在進貨與支付薪資等花費。假設八千元當中也有八成用於當地，代表又留下了六千四百元。反覆循環到零元時，一共在當地消費了五萬元。假設乙町居民的消費比例是當地二成與外地八成，如此一來最終留在當地的消費額只有二萬，比起甲町外流了三萬。

＊英國智庫

新經濟基金會

（New Economics Foundation）

（https://neweconomics.org/）

＊池田町的地方經濟分析

出處：島根縣中山間地區研究中心《實施低碳、循環、自然共生的環保政策對於地方經濟與社會的效果評鑑之研究報告書》二〇一六年以人口約二千六百人的福井縣池田町為例，在地消費僅占三成，其餘的七成都外流到其他地方，一年外流的總金額約五億日圓*。下圖顯示地產地銷的意願與朋友人數的關係。相較於在居住地區沒有朋友的人，朋友人數在二十人以上者「儘量購買居住地區生產的食材」和「儘量在居住地區的商店或當地人投資的店家購物或用餐」的比率是一倍以上。朋友多的人代表認識當地商家與農民，因此促進在地消費。建立社交連結，多多向認識的生產者、製造者購物，能停止「經濟縮小的循環」，或多或少防止消費外流。

減少貨幣支出

社群的緊密程度與貨幣支出（消費額）成反比。

倘若社群關係緊密，小孩才藝班的接送，守護老人家，自家的防盜措施，一年只會用到一次的除雪鏟與自用菜園需要的農業機械等等，都能透過守望相助與相互借助等過去既有的「共享經濟」來解決，不需要花錢購買服務。

儘量購買居住地區生產的食材

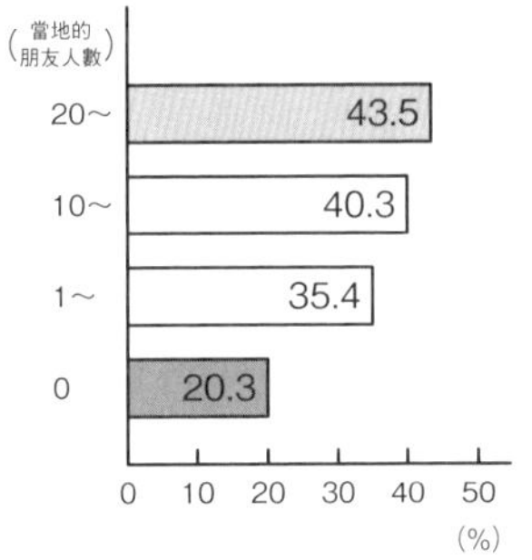

儘量在居住地區的商店或當地人投資的店家購物或用餐

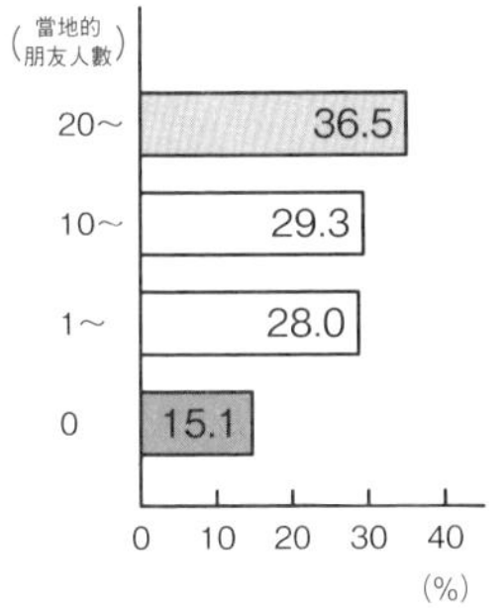

出處：地方豐饒生活調查（第一八四頁）

關係品質提升成果品質

麻省理工學院教授丹尼爾・金*提倡「成功的循環模式」，證明團隊人際關係品質會影響成果品質。成果品質相當於企業的營業額、收益，之於地方則是經濟規模、人口與幸福程度等等。一般提高結果品質的方法是提高「行動品質」。例如：強化營業與研發商品，促進外地人移居和充實社會福利等等。然而人與組織的行動不會馬上改變。想要改善行動品質，必須先從想法與熱忱等「思考品質」開始改善，而改善思考品質則必須改善組織內眾人的「關係品質」。

居民的「關係品質」提升了，開始感受到生活意義與幸福，進而增強生命力；眾人共享知識，得到更多發現，進而改變對於工作、家事與地方活動的看法，帶動「思考品質」產生變化。行動品質隨著思考品質改變，提升效率與創意，出現更多利他行為，進而增進居民的經濟利益、工作意義與富饒生活等「成果品質」。好關係帶來好結果，自然「關係品質」又隨之提升。

建立社交連結的最大功效便是建立起這種成功的循環。

＊丹尼爾・H・金（Daniel H. Kim）
麻省理工學院組織學習中心創辦人兼教授，是研究個人與組織學習的第一人。

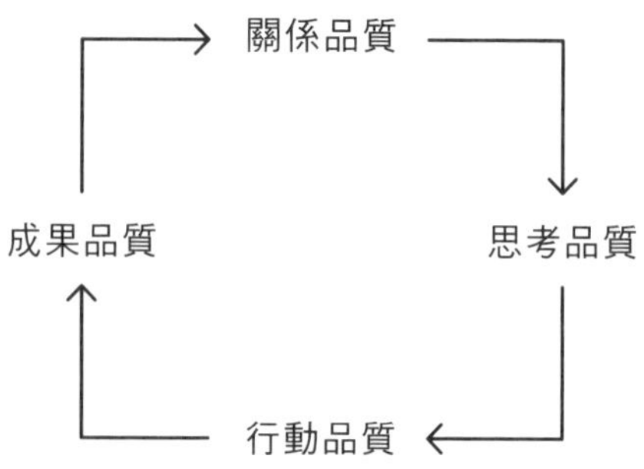

培育社群

二種既有的社群

基本上地方居民隸屬的「社群（community）」大致分為「地緣型社群／社區」與「主題型社群」*。

「地緣型」是由居住於同一個地區的居民所組成的社群，典型的例子是里民會與兒童會（由家長帶領當地不同年紀的孩子一起舉辦活動的組織）。愈是都市化的地區，居民的人際關係愈是淡薄，導致居民自治會等地緣型組織的參加率日益降低，形成新的社會問題。許多地方的地緣型社群／社區已經逐漸無法發揮作用。加上現在依賴公部門與補助金的情況與日俱增，許多地方的社群已經放棄自行解決地方問題。公司與學校的社群，就業務與學習內容而言是「主題型」，實際卻是以「地緣」為基礎，算是地緣型社群／社區的延伸。

主題型社群與居住地區無關，而是因為興趣與關心對象相同而齊聚一

＊審定註

一般而言，台灣將「地緣型community」，稱為「社區」；而將「主題型community」，簡稱為「社群」。但因後者易與此章節主題——同時涵蓋這兩類community的「社群」一詞混淆，故譯文中統一以「地緣型社群／社區」和「主題型社群」書寫。

堂。社群媒體出現克服了物理的距離，增加大量接觸同好或嗜好社群的機會，個人隸屬的社群也因而增加。

由於參加主題型社群的門檻較低，大家可以在數個社群間自由來去，享受在多種社群之間遊走的樂趣，不需要勉強自己依賴一個社群。

然而主題型社群的加入門檻較低並不代表地緣型社群／社區的重要性日漸降低，或是越來越多人不關心地緣關係。我在日本各地舉辦解決地方問題的工作坊時，一定會遇上居民表示當地問題是「地方社交連結薄弱」。尤其是大學生等年輕人，特別想要「扎根於當地」、「和大家建立緊密關係」。

然而許多人往往因為地緣型社群／社區過往的印象而感到不安：「不知道怎麼參加？」「要是參加了就不能中途退出」、「是不是一去就得待很久？」、「長輩是不是會提出無理的要求？」

地方需要專案小組型社群

現在地方需要的是融合地緣型與主題型的「專案小組型社群」，聚集眾人來解決特定的地方問題。專案小組一詞源自軍事術語「task force」，意指為

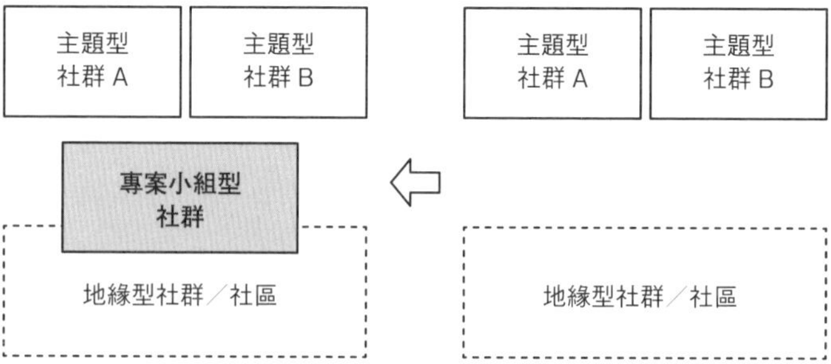

了解決特定問題所成立的特殊團隊。雖然像地緣型社群／社區一樣與地方緊密結合，加入退出則較為自由，類似主題型社群，參加活動也並非義務。

參與自己擅長或是相關領域的社群，對於許多人來說門檻較低。例如：喜歡衝浪的人參加淨灘活動，喜歡蒔花弄草的人參加中央公園的園藝隊，父母加入家長社群分享育兒的煩惱，以及失智症患者的病友會等等。

此外，養育殘障子女的家長、失智症患者與LGBT等，有過痛苦經歷或是為了疾病煩惱的人，往往會因為遇上相同境遇的鄰居，建立起人際關係而心情得以舒緩。不僅是在社區營造的領域，此類社群在社會福利的領域也逐漸增加，日益重要。剛開始參加的或許是自己有興趣的專案小組型社群，然而透過參加社群活動，認識形形色色的居民，進而加深與地緣型社群／社區的關聯，並因此增加參加慶典、聚會、防災、防盜等當地活動的機會。對於尚未建立起在地人際關係的移居者和年輕人而言，專案小組型社群同時也是加入地緣型社群／社區的入口。

培育社群的三種技術

主題型社群基本上是建立於個人的「欲求」上，因此是自然而然出現。本節介紹建立專案小組型社群的三種技術，藉此強化與重建地緣型社群／社區。

建立對話場域的技術

「深度匯談（dialogue）」是一種深層對話，透過與他人交談，加深彼此關係，分享想法，進而產生一起活動的原動力。過去的地緣型社群／社區認為眾人是透過默契來推動活動，其實彼此的想法不見得一致。為了重建與活化地緣型社群／社區，重新交流彼此對於地方問題與未來方向的心聲十分重要。從零開始的專案小組型社群則必須建立對話場域，以分享對於專案（地方特定問題）的各類深刻見解。本章後半段會繼續深入介紹「深度匯談」。

聆聽的技術*

無論是制定未來願景，活化商店街還是失智症患者交換意見，就算建立了這些基於特定目的所聚集的社群，也不見得希望來參加的人就會馬上來參加。這種時候重要的是提供機會，好讓希望參與的對象（面臨問題的當事人與解決問題的關鍵人物）深入分享想法。用心聆聽每個人的發言能了解對方的想法，建立彼此的關係，提高參加專案小組的可能性。細節請見第五章。

描繪地圖的技術*

第三章介紹了描繪大地圖的技術，可以用來分析發生在個人、家人、夥伴、自然環境、地方社會、日本與世界各地的現象彼此有何關係，以及如何相互影響。光是注視自己和身邊的小世界，往往會忽略專案背景、複雜的結構與根本原因。希望價值觀各異的多元成員朝同一個目標前進，必須了解肉眼看不見的成員關係結構，妥善對應。因此社群的領導人與推動人必須具備描繪地圖的技術。

*聆聽的技術
請見第二六八頁

*描繪地圖的技術
請見第一七六頁

提升關係品質的對話

以下是三種討論咖啡廳菜單的對話：

對話一

A：我想做貝果，感覺年輕人跟女性都會有興趣，又符合咖啡廳的概念，這附近也吃不到。

B：貝果會受歡迎嗎？這附近的人沒有吃麵包的習慣，我想飯糰比較好吧！這裡的米好吃，又能做很多口味。

A：飯糰太普通了吧？有人願意去店裡花錢買這種自己做得出來的東西嗎？

B：你計算過成本了嗎？貝果你得外包吧？這樣真的賺得到錢嗎？

對話二

A：我想做貝果，感覺年輕人跟女性都會有興趣，又符合咖啡廳的概念，這附近也吃不到。

B：我想賣飯糰，這一帶要進米跟飯糰餡料都很便宜。

A：貝果跟飯糰各有利弊，不過開幕時需要提供餐點吧！

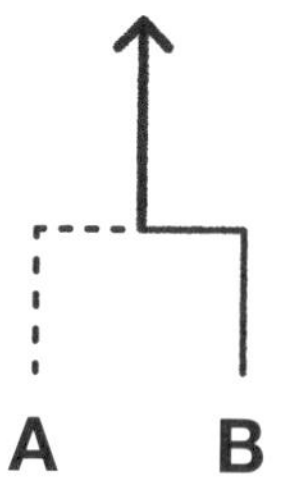

B：我們畢竟是以飲料為主，提供肚子有點餓時吃的方便輕食就好。

A：是啊！這樣的話，不需要太費神進貨，做起來又簡單的餐點比較好。比較成本、料理時間和人手來決定吧！

對話三

A：我想做貝果，感覺年輕人跟女性都會有興趣，又符合咖啡廳的概念，這附近也吃不到。

B：大家應該會很有興趣。我則是想賣飯糰。這一帶的米很好吃，我想增加提供觀光客品嘗的機會。不過飯糰跟貝果比起來，缺乏新意。

A：是啊！這邊的米真的很好吃，要是直接跟農民買應該會很划算。貝果跟飯糰各有利弊。

B：對了！貝果可以用米粉做嗎？米粉做的麵包變好吃的對吧？

A：這個點子不錯！感覺跟日式餡料也很搭，下次來試做看看吧！

對話一是指出對方提議的問題點，想要強行執行自己的主張。最後一決勝負，確定誰是贏家。對話二是有建設性的討論，聆聽對方的想法之後整理論點，決定優先事項，做出合理的判斷。這是需要作出決定時需要的對話型

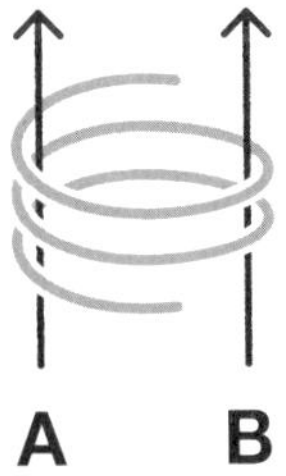

態。

對話三是本書想要推薦的對話型態。首先接受對方的想法，彼此提出新觀點，再各自深入思辨。這種對話或許會導出一個結論，決定咖啡廳的菜單；又或許兩人提出的企畫都會各自進化，同時推出飯糰與貝果，或是依星期與時間改變菜單。無論是哪一種結果，這種正面積極的對話都有助於提升咖啡廳的品質。

二種對話

美國深度匯談理論大師威廉・伊薩克*把對話分為二種：

一種是反思的對話，目的在於映照自己的內心，獲得新發現。和內心的自己，也就是潛意識的自己對話並非易事。這種時候需要借助他人的力量。所謂他人的力量不是請對話的另一方給予意見，而是回答對方的提問，透過思辨與說出口，深化自己的想法。此外，對他人提問，聆聽回答，也能發現和自己的相異之處，回顧自己的立場與想法。

*** 威廉・伊薩克**（William Isaacs）
美國深度匯談理論第一人，著作是對話理論名著《深度匯談：企業組織再造基石》（中文版為高寶出版）。

另一種是激發的對話。所有成員放下個人立場、見解與想法，參與團隊融為一體的對話，因此產生團隊共識，進而創造出前所未見的優秀點子、發現與行動。伊薩克以爵士樂的即興演湊來譬喻這種對話。一名樂手開始演奏，引發其他樂手反應、共鳴，演奏出不同的曲調，組合而成美妙的音樂。每位樂手都技術高超並不代表合奏就一定會悅耳。大家在對話過程中思想同步，團隊才會表現優異。眾人腦力激盪*之下產生卓越想法，好幾趟不停球的傳球*順利串聯得分都是典型的例子。反思的對話深化個人想法，激發的對話提升團隊思考、行動與結果品質。透過這兩種對話，個人因而成長，地方則進化成一個團隊。

對話促進社群進化

居民與地方的關係、社群等級可分為三個階段，雙方都能透過對話逐漸進化。

階段一是「視為瓦上霜（別人的事）」。居民認為和自己的生活沒有直接

＊**腦力激盪**
團隊討論構思點子的手法，請見第三〇二頁。

＊**不停球的傳球**（One Touch Pass）
接到別人傳來的球直接傳出去，而非停球後再傳球。

關係的地方問題不干己事，採取旁觀的受害者立場。以失智症患者在外徘徊為例，這種等級的情況之下，居民會說出「家裡的人在幹嘛？」、「少給別人添麻煩，還不趕快把門窗鎖緊關起來」這種話。問題愈是困難，當事人愈少，採取這種態度的居民愈多。

階段二是「嘗試接觸」，也就是開始嘗試主動解決問題。典型發言是「失智症患者很可憐，大家一起來保護他們吧！」、「失智症是很重要的社會問題，我們來開讀書會深入了解吧！」透過多次對話，採取此類態度的居民逐漸增加，形成專案小組型社群。然而這個階段多數人還是採取視為瓦上霜的態度，以旁觀者的立場面對在地問題。多數情況都是停留在這個階段，尤其是公部門員工、教師，以及醫療、長照與社福相關人士特別容易站在客觀立場，或是以上對下的態度來「處理問題」、「幫忙」、「協助」。

階段三是「視為門前雪（自己的事）」，把問題視為切身相關，站在當事人的立場，表示「我總有一天也會面臨相同問題」、「需要建立守護網絡，這樣自己也能生活得安心」。失智症患者的家屬比較容易採取這種態度，不是非常切身的問題則談何容易。這種時候需要放下偏見與誤解，透過與當事

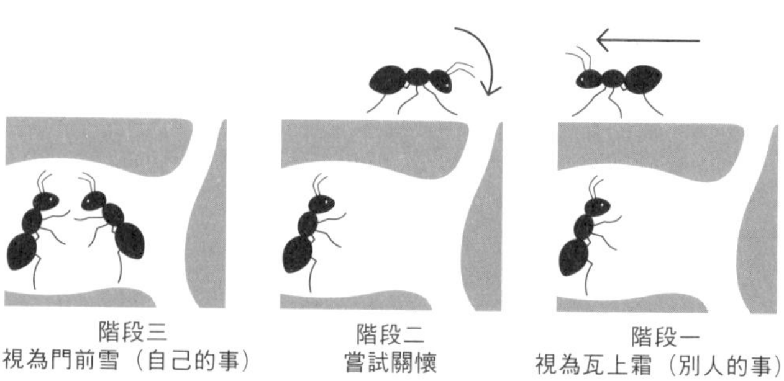

出處：筆者根據Project Design公司的資料製作而成

人、家屬用心對話，了解居住在社區的失智症患者如何生活、行動，以及抱持何種想法，想像自己未來可能出現相同情況。面對困難的課題，除了「建立對話場域的技術」，「描繪地圖的技術*」與「聆聽的技術*」也能派上用場。

真正強大的團隊是隊友失誤而失分時，和失誤無關的隊員也會當作是切身問題，重新審視自己和團隊的戰術。認為地方發生的現象與課題和自己息息相關，站在當事人的角度，重新審視自己的行為與地方整體的活動，主動參與下一步行動的人愈多，地方社群愈是強大。

對話的心得

想要藉由對話提升關係品質，必須遵守以下四大原則：

心得一　從聆聽開始

「對話」一詞裡有「話」這個字，所以大家都以為對話的重點是「怎麼

***描繪地圖的技術**
請見第一七六頁

***聆聽的技術**
請見第二六八頁

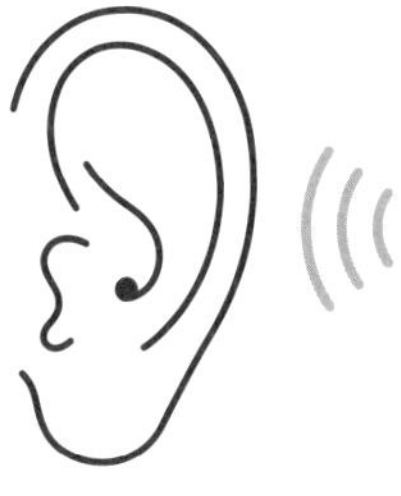

說」。其實真正的重點是「怎麼聽」，應該改成「對聽」才是。對話是從聆聽開始。然而如同曾子所言：「心不在焉，視而不見，聽而不聞，食而不知其味。」我們經常以為自己聽了，實際上卻沒有「聽進去」。又如同聆聽一詞，不僅是聽，還要「注意聽聞」，側耳細聽話語背後的心思。當對方尚未整理完思緒時，「等待」也十分重要。沉默的時間，以及嘗試打從心底聆聽對方想法的時間都是重要的聆聽時間。

心得二　不立刻評斷

聽別人說話時，總是忍不住根據自己的既有觀念、偏見或是過去的習慣來評斷對方。這種情況尤其容易出現在彼此之間是上下關係或是知識有所落差的情況，例如：年輕人與長輩，醫師與病患，照顧服務員與受照護者。年輕的移居者提出建議時，年長的居民擺出否定的態度表示「所以我說年輕人就是……」正是典型的例子。「年輕人什麼都不懂，只顧自己方便」的偏見導致就算對方的提案很優秀也聽不下去，或是只聽得到事情表面。愈是經驗豐富、頭腦聰明的人，愈是擅長參考過去的經驗，立刻評斷。因此聆聽之際要特別留意「保留判斷」、「不立刻評斷」。然而這件事情比想像得難，需要特意練習。

觀察「思考的自言自語」

保留評斷的訣竅之一是觀察「思考的自言自語*」。聽到別人的發言，心中自然會湧現一些意見，例如：「那個年輕人什麼都不懂」。這種時候站在第三者的角度來客觀觀察自己，也就是察覺到「我在想『那個年輕人什麼也不懂』」。學會察覺「思考的自言自語」，便能養成不立刻評斷的習慣。

心得三　儘量說出口

許多人不擅長我口說我思。因此對話時必須重視如何促進眾人輕鬆開口，分享發現、感想，什麼都好。想要建立輕鬆開口的氣氛，重要的是「不立刻評斷」。如何打造所有人都能踴躍發表意見的氣氛端看主辦單位的本事。

「YES AND」的原則

有些人表示很難兼顧「儘量說出口」和「不立刻評斷」。聽到對方開口，忍不住判斷優劣或是尋找缺點是人之常情。這種時候「YES AND」*的

＊觀察「思考的自言自語」
詳情請見中土井僚的著作《看漫畫學U型理論》。

YES AND …

＊相反是NO BUT
「可是……」、「那種作法不可行，我認為……」等否定他人意見，強行要求對方接受自己意見的思考模式。

觀念就能派上用場。聽到他人發言先表達肯定的意見：「真不錯」、「也是有這種想法」。肯定的意見能帶來正面積極的態度。肯定之後再提出自己的意見，對方比較容易當作正面的建議，進而接受。營造說什麼都會獲得接受的氣氛，自然容易開口。

心得四　氣氛愉快最重要

對話場域的氣氛一定得其樂融融。畢竟來自各界的出席者以多元觀點，透過對話有所發現，一同創造點子，這種時候應該充滿笑容才是。「YES AND」是建立愉快氣氛不可或缺的思考模式。

故事重於理論

教育學家布魯納主張人類的思考模式分為二種：「理論實證」與「創作故事」*。前者基於客觀的事實與累積的資訊，思考正確答案；後者是根據現象與體驗推測。以氣氛愉快為優先的話，最好採用創作故事模式。對話時提供自己的體驗與故事，同時也詢問對方，請對方分享。聆聽自己不曾體驗過的故事也是有趣的經驗。

＊二種思考模式

詳情請見傑羅姆．布魯納（Jerome Bruner）的著作《故事的形成：法律、文學、生活》（暫譯，《Making Stories: Law, Literature, Life》，Harvard University Press出版）。

公部門角色

培育關係緊密的地方社群之際，公部門該扮演什麼樣的角色呢？

角色一　增加優質對話的機會

第一步很簡單，就是增加對話的機會。居民參與社區營造逐漸成為常態，彼此對話的機會也與日俱增。然而實際情況卻是向公部門提出不滿或是陳情，僅有部分長者與部門負責人表達意見，稱不上是真正的對話。公部門的重要工作是增加用心設計的對話場域，讓更多人體驗對話的有趣之處與意義。

角色二　培養引導人

引導人（facilitator）負責設計、營運與推動對話場域，促使出席者在對話中有所發現，進行有意義的對話。這是今後公務員必備的技巧。擔任大規模的對話場域引導人需要累積一定經驗，建議先從小規模的討論（三至六人的規模）開始累積經驗，磨練技巧。增加優質的對話場域，促進民眾參與。當大家感受到對話的效果時，自然會出現願意主動嘗試的人。當地方出現愈來愈多居民擔任引導人時，對話的文化便能瞬間擴散普及。

角色三　公部門內部組成跨部門團隊

地方要形成一個團隊，必須先從公部門開始。公家機關的部門往往各自為政，缺乏橫向聯繫。跨越部門鴻溝一共有三個辦法：第一個辦法是增加內部對話的機會與引導人。第二個辦法是制定跨部門的計劃。以SDGs未來都市之一的富山市為例，在市長率領之下成立不同部門的職員組成的專案小組*，以跨部門的觀點審視政策與提案。第三個辦法是建立專門的部署來經營跨部門專案與提供對話場域，高知縣佐川町為此成立「推動佐川團隊課」，負責推動全公所一同制定「未來願景（第五次綜合計畫）*」。

角色四　為弱勢族群建立專案小組型社群，給予援助

社區營造在推動時容易淪為立場強硬、說話大聲的人主導。因此，提供

＊富山市的專案小組
詳情請見森市長專訪（第一四〇頁）與第六章（第三三二頁）

＊佐川町的未來願景
請見第二四六頁

疾病患者或殘障人士彼此認識，交換意見的場合（病友會等等），不僅能充實當事人的生活，還能帶給地方多元觀點，是實現地方永續發展時不可或缺的要素。企劃、社區營造部門與社福部門，加上與相關事務所、非營利組織合作，一起制定專案計畫來援助這群人吧！

技術二　建立對話場域的技術

無論是建立強大的社群，促使居民一同規劃地方未來，創造新挑戰或是透過討論和朋友切磋琢磨，都需要「對話」的場域。下文介紹如何企劃、設計與營運對話場域，好讓所有參加者都能樂於對話。

1. 確定基本要件

①目的　②參加者　③主題

④期間、規模、次數

↓

2. 決定流程與問題

①資訊提供部分　②交換部分

③擴散部分　④收斂部分

↓

3. 設計時間與空間

對話空間與對話規模

導入、收尾、準備、撤場

↓

4. 主動招呼

↓

5. 準備道具與體制

↓

6. 執行

重點①　說明會

重點②　共享規則

重點③　管制時間和修正方向

重點④　處理對立

重點⑤　顧慮少數族群

重點⑥　可視化成果

↓

7. 帶動下一次參與

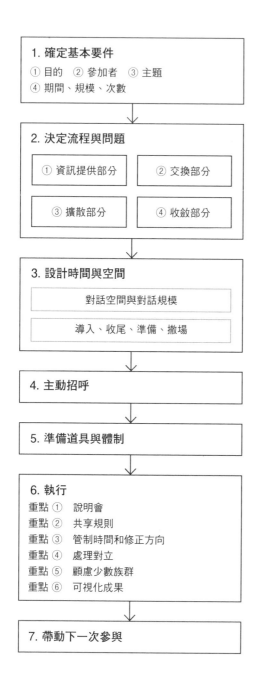

一、確定基本要件

首先確定對話場域所需的四項基本要件。本節的「工作坊」意指「對話場域」。

①目的（why）

為什麼要舉辦工作坊？目的模糊的工作坊無法滿足參加者，也無法提升眾人的關係品質，等於得不到成果。參加者與工作坊程序深受目的影響。所謂建立對話場域是從主辦方確認對話目的開始。工作坊不一定要鎖定一個目標，有時可能兼具多個目標。舉辦一系列工作坊時，每次的目的也可能不同。一般而言，目的可分為四大類：

【共享】參加者分享想法與知識，建立共識
【構思】構思點子，擴大未來的可能性
【具體化】企劃專案並化為具體辦法
【交流】提升居民或利害關係人的關係品質

②參加者（who）

參加者會因工作坊目的而異，請確認以下觀點：

【所屬單位、職業】公務員、居民、業者、學生等人
【年齡、性別】以長者為中心，男性為中心，兒童為中心等等
【地區】地方、聚落、移居者、返鄉者、大都市圈居民
【技巧】是否參與過工作坊？是否擔任過引導人？有經驗者的比例等等

③主題（what）

配合目的設定工作坊的主題。舉辦一系列的工作坊時，可以設定系列的大主題（「十年後的未來」、「活用當地資源創造新事業」等等）以及每一回的小主題（「今後的育兒環境」、「構思關於新事業的點子」等等）。

④期間、規模、次數（how & when）

為了達成目的，確定工作坊的期間（開始與結束）、次數與規模（預設參加人數）。目的、參加者、主題、期間、規模與次數都寫進基本要件表（第二二五頁）吧！

二、決定流程與問題

下一步是設計對話場域的大致流程與問題。工作坊分為四個程序，分別是「提供資訊」、「交換」、「擴散」與「收斂」。配合對話目的，組合四個程序，設計整體流程。

目的是共享課題的話，通常是組合「提供資訊」與「交換」；構思點子則是進行到「擴散」。要引進具體的行動則會執行所有步驟，把擴散的想法「收斂」。

確定大致流程後，決定要向參加者提出哪些問

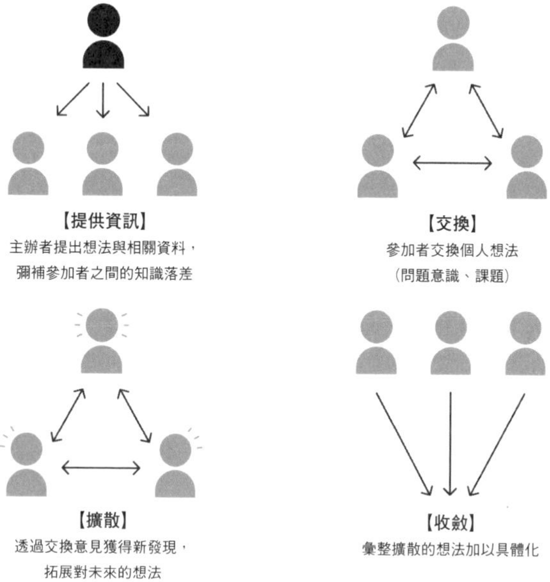
【提供資訊】
主辦者提出想法與相關資料，
彌補參加者之間的知識落差
【交換】
參加者交換個人想法
（問題意識、課題）
【擴散】
透過交換意見獲得新發現，
拓展對未來的想法
【收斂】
彙整擴散的想法加以具體化

基本要件表

目的

增加願意著手解決地方問題、社會問題的居民

參加者 對地方活動、社區營造等有興趣的所有居民
（從國高中生到銀髮族皆可）

主題

利用社會設計（Social Design）來解決地方問題

預定目標

- 了解社會設計的概念，體驗設計手法
- 掌握解決周遭社會問題、地方問題的線索
- 每個主題提出十個以上的點子
- 達成共識，建立社群以解決問題

所需步驟

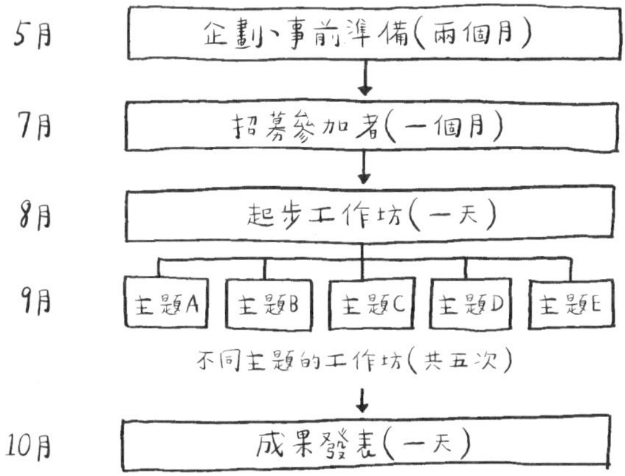

場地格局

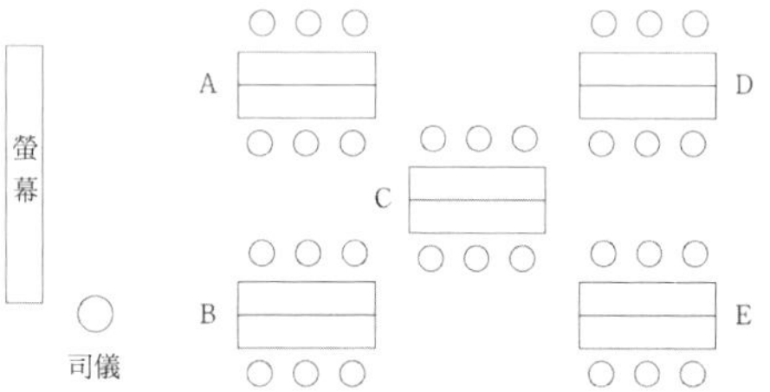

*設定一組六人

所需物品	工作人員與來賓行動							時間
	白木	川合	岡本	稻垣	栗崎	土屋	來賓	
機、螢幕、 風、投影用電腦	進場	進場	進場	進場	進場	進場		10:00
表	會議	會議	會議	會議	會議	會議		11:00
者名單、筆	準備	接待	接待	櫃台	準備	準備	進場	12:30
用投影片	司儀	A桌 桌長	B桌 桌長	C桌 桌長	D桌 桌長	E桌 桌長	致詞	13:00
	↓	↓	↓	↓	↓	↓		13:05
	↓	↓	↓	↓	↓	↓		13:10
紙、便利貼、簽字筆	↓	↓	↓	↓	↓	↓		13:15
立置單	↓	↓	↓	↓	↓	↓		14:05
	↓	↓	↓	↓	↓	↓		14:20
貼卡	↓	↓	↓	↓	↓	↓		15:00
圓點貼紙	↓	↓	↓	↓	↓	↓	講評	15:40
表、八格漫畫表	↓	↓	↓	↓	↓	拍照		15:50
	↓	↓	↓	↓	↓	↓		16:40
	↓	↓	↓	↓	↓	↓		16:50
	撤場	撤場	撤場	撤場	撤場	撤場	離開	17:00
	會議	會議	會議	會議	會議	會議		18:00

流程表

標題

育兒＋DESIGN工作坊

日期
2018年10月12日（日）

時間
13：00－17：00

地點
○△市民中心二樓大會議廳

參加人數
約30人

工作人員
秘書處　白木、川合、岡本、稻垣、栗崎、土屋
來賓　小山田

流 程	時 間	對話規模	內 容
布置會場	10:00	－	確認器材、布置場地等等
事前會議	11:00	－	確認司儀與各自工作分配
開始報到	12:30	－	參加者開始報到
導入	13:00	所有人	說明工作坊內容
自我介紹	13:05	各組	一人1分鐘，介紹名字、所屬單位與參加理由
說明活動	13:10	所有人	說明工作坊規則
整理議題	13:15	各組	說明課題20分鐘＋個人10分鐘+小組20分鐘
挑選位置	14:05	各組	個人5分鐘+小組10分鐘
構思活動1	14:20	各組	從現場構思　個人10分鐘+小組30分鐘
構思活動2	15:00	各組	從共通點構思　個人20分鐘+小組30分鐘
投票、整理	15:40	各組	評鑑與挑選想要執行的點子
精益求精	15:50	個人	每個人具體化一個點子
尾聲	16:40	各組	每個人發表1分鐘感想
宣傳下次活動	16:50	所有人	確認發表會之前的活動
解散、撤場	17:00	－	撤場，拍攝成果，寄送物品等等
事後會議	18:00	－	回顧工作坊與確認下次工作坊之前的活動

題。人接收到問題，總會忍不住思考和嘗試提出答案。然而問題太簡單，答案太一目了然，任誰也無心思考。反而言之，過於困難的提問又會導致參加者停止思考。最好的是能勾起好奇心的提問，促使參加者開始動腦，並且想和夥伴分享答案（自定的假說）。由此可知，工作坊成敗就看如何設計提問。設計提問時可一併參考第三二四頁的「提問的技術」。

下方案例舉辦「兼顧育兒與工作」的工作坊時提出的問題。儘管主題相同，提問方式卻會隨程序不同而有所改變。

設定提問內容時，必須注意以下四個重點：

重點1　主詞是參加者本人

以「我所居住的地區」等「地區」為主詞討論時，容易出現站在第三者立場的意見。提問一定要加入參加者成為主詞的用詞。

重點2　問題與參加者的日常生活息息相關

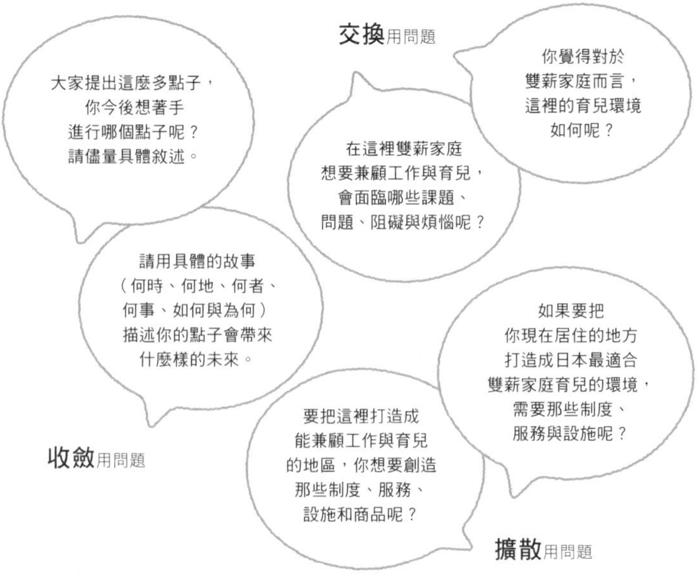
交換用問題
你覺得對於
雙薪家庭而言，
這裡的育兒環境
如何呢？
在這裡雙薪家庭
想要兼顧工作與育兒，
會面臨哪些課題、
問題、阻礙與煩惱呢？
大家提出這麼多點子，
你今後想著手
進行哪個點子呢？
請儘量具體敘述。
請用具體的故事
（何時、何地、何者、
何事、如何與為何）
描述你的點子會帶來
什麼樣的未來。
收斂用問題
如果要把
你現在居住的地方
打造成日本最適合
雙薪家庭育兒的環境，
需要那些制度、
服務與設施呢？
要把這裡打造成
能兼顧工作與育兒
的地區，你想要創造
那些制度、服務、
設施和商品呢？
擴散用問題

留意參加者的預備知識與主題的關聯性。在腦中想像參加者的典型，嘗試向對方提問，推測對方是否會回答或不知所措。

重點3　不要設計成是非題

基本上不會採用「你贊成還是反對托兒所免費呢？」這類是非題。對話的目的是要建立共識，擴大聯想好來創造點子，不是為了選擇或排除。

重點4　不要使用模糊不清的言詞

套用專業術語或直接說英文聽起來似乎很專業，卻不是人人都能聽懂。每個人理解程度不同，溝通起來可能會牛頭不對馬嘴。就算使用的是相同的語言，也要避開定義模糊不清的字詞。

三、設計時間與空間

確定大致流程與問題後，開始規劃各段時間。

首先大致分割流程表（第二二六頁）的縱軸，根據二和三所設計的流程與問題估算各部分所需時間。規劃時間時需要注意對話空間與規模。

對話空間與規模

比起單調無趣的會議室，在大自然環繞、視野遼闊的場地或是充滿創意氛圍的場所更適合。在有限的選擇中挑出最佳的地點吧！地段交通也會影響開始時間等時間設計。

桌子的配置基本上採用適合團隊作業的分組型（多人坐一張桌，擺放多張桌子）每張桌子上放一張圖畫紙，桌子的尺寸最好是放了圖畫紙之後還有一定的空間。桌子太小顯得侷促，想法也會受到侷限。桌子太大又會與他人距離太遠，難以凝聚。

對話規模指的是每個人的發言多寡。發言時間會受到小組人數影響。許多人不擅長在人前開口，希望大家踴躍發言最好安排減少每一組的人數。然而人數太少又不易獲得他人觀點，必須根據目的、參加者、主題與程序分別安排合適的人數。

一組約莫三至五人，其中以四人最為通用。三個人因為能深入溝通，適合深化個人思考等反思型對話。但是根據我過去的經驗，三個人不夠多元化，難以產生新點子。

我建議對話規模視情況分為一人、三至五人和所有人，也就是配合個人思考時間，個人想法與小組分享的深化時間，以及向所有人分享個人與小組想法的時間來決定對話規模。

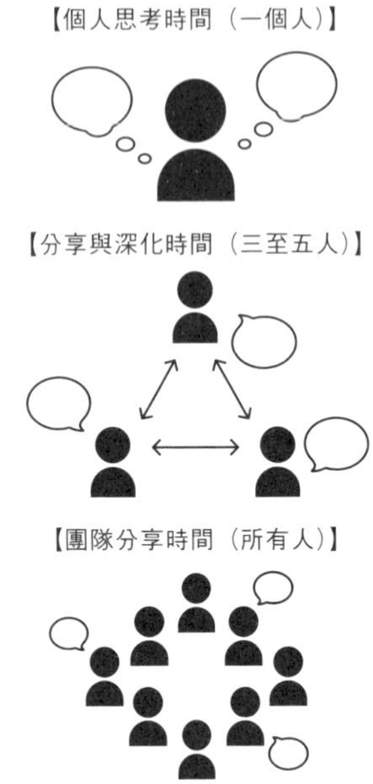

對話規模受參加人數、空間大小、桌數、時間與引導人人數等條件限制，必須考量諸多條件再行抉擇。

導入、收尾、準備、撤場

配合正式活動時間，設計導入與收尾的時間，也別忘了保留事前準備和撤場的時間。

導入是眾人一同確認自己的身分，以及分享今天為何而來的重要時間。人數少時建議所有人一起做。倘若時間安排上不方便，可以分為各桌同時進行。早點安排開口的機會，加速不善說話的人放鬆，之後的活動才會進行順利。

想要營造快樂創意的氣氛或是參加者多半不習慣對話時，不妨採用破冰活動。上網搜尋便能找到許多相關資料。

「收尾」的目的在於彙整結果，提高參加者滿意度，促進大家參與下一次活動。對於舉辦一系列的工作坊或是要進入下一階段時格外重要。

可以的話，最好安排大家在收尾時繞成一個圈，分別發表三十秒至一分鐘的感想或發現，營造團結的氣氛。拍攝全體大合照也是出於相同理由。

請大家填寫問卷，回答感想與滿意度，也是回顧營運是否妥當的有效手段。

四、主動招呼

希望符合工作坊目的的人員來參加，邀請時必須格外用心。煞費苦心準備了工作坊卻無人參加，可能導致相關人士失望，專案成員因而退縮。

我經常聽到第一線人員抱怨「沒有人參加」。單憑發布告，很難吸引居民參加。最好是聯絡每個社群領袖，說明工作坊的目的，請對方代為宣傳。一點一滴下工夫，才能吸引更多人參加。

五、準備道具與體制

準備道具

會場裡有什麼，又需要準備什麼？用心準備道具是舉辦工作坊的基本。一般工作坊所需道具請參考流程表（第二二六頁）。

【刺激大家發表意見】直接在白紙或便利貼自由寫下意見其實需要克服許多心理障礙。建議依照主題與參加者，準備類似「我是小小車掌」活動的發表單，註明需要填寫的內容，方便大家提出意見。

【糖果效應】有個簡單的方法可以營造快樂氣

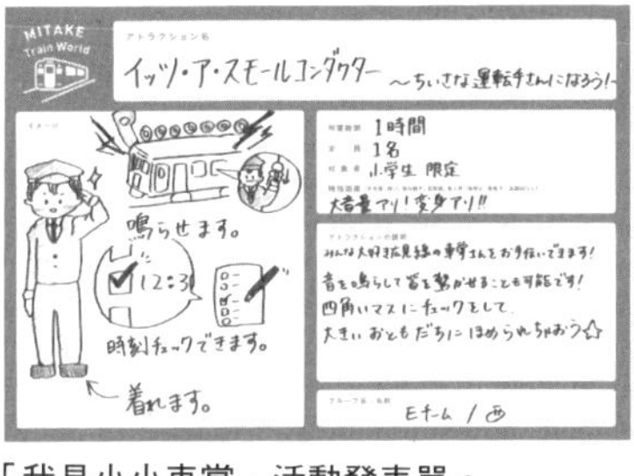

「我是小小車掌」活動發表單。

氛，那就是準備美味的點心。

美國有個實驗把醫生分為兩組，發現診斷前拿到糖果的醫師比沒有糖果的醫師診斷速度快兩倍，出錯的次數則不到一半。由此可知，一點小事也能帶來幸福的感受，提升表現水準。

【以聲音場控】利用音樂營造會場氣氛，用鈴聲提醒大家時間，這些聲音是為工作坊帶來生氣的道具。每個人喜好不同，建議避免使用過於特殊的音樂或鈴聲，並且控制音量，有效運用。

【營造氣氛的小東西】在桌上整齊排列圖畫紙、便利貼與色彩繽紛的色筆，營造刺激大家發揮創意的空間。在單調無趣的會議室裡，一點小東西就能改變氣氛。桌號立牌和名牌等道具，選擇充滿玩心又美麗的設計能打動人心。

建立營運體制

討論當天如何安排工作人員與每個人負責的工作內容。倘若各桌需要安排負責引導的桌長，必須早點邀請能勝任的人選。

另外也要決定負責記錄的人，以免忘記拍攝照片或影片。在流程表上明確寫出各時間帶是誰擔任工作人員又必須完成哪些工作，當天就不會手忙腳亂。

六、執行

對話成功與否，九成取決於事前準備。剩餘的一成則是受到以下當天應該注意的六大重點左右。

重點1　開頭的說明會

說明會上清楚傳達工作坊的目的與規則。記住「OARR（參考：中野民夫著《如何建立彼此學習的場域》」原則，準備起來就輕鬆多了。

【OUTCOME】目的與目標：告訴參加者為何舉辦工作坊。

【AGENDA】說明當天流程。
【ROLE】釐清參加者的角色與主辦方對參加者的期待。
【RULE】事先說明所有人應當遵守的規則。

重點2　共享規則

說明會最後一部的「R」指的是對話場域最重要的「規則」。分享對話的心得時，經常使用以下五種規則：

①用心聆聽
②先肯定對方
③儘量提出意見
④享受對話的樂趣
⑤踴躍參與

⑤是②與③的綜合。先接受夥伴的意見，再加上自己的見解。「你的提議很有趣，要是加上這點或許會更有趣？」產生正面發言的連鎖反應，大家更能發揮創意。

重點3　管制時間和修正方向

準備好時間表，程序與時間分配視當天對話情況與氣氛靈機應變。

重點4　處理對立

參加者彼此對立並不稀奇。這是因為沒有清楚告知工作坊的目的是「對話」，才會導致談話形成議論。再次確認對話的心得（第二一五頁）與規則，消弭對立結構。如果這麼做還是無法解決問題，不妨在切換程序時重新分組。

重點5　顧慮少數族群

舉辦工作坊時必須多加關心初次參加的成員、陌生的臉孔、年齡性別等屬性較稀少的成員與弱勢族群等容易遭到孤立的參加者。

充滿創意的團隊需要想法與背景各異的多元成員。這些少數族群是非常珍貴的夥伴。積極向這些人搭話，接納他們，儘量打造他們容易開口的環境。

重點6　可視化成果

彙整成果，以清楚易懂的方式呈現能提升參加者的滿意度。利用電子報的形式公開，能連同當天沒參加活動的人一併告知，成為下次參與的契機。

七、帶動下一次參與

活動結束後，把活動資料與成果寄給參加者並且表達謝意。倘若參加者以年輕人居多，事後寄送線上問卷調查連結請對方回答也能收到不錯的成效。要是有機會直接見面，不妨當面詢問當天感想。如果對方表示不滿或不足，可以邀請對方一同思考如何改善，誘導對方加入營運端。這些積極的參加者下次就會成為強而有力的夥伴了。

WORKSHOP REPORT vol.4

みん転100人会議

3月13日（火）、ついに今期最後のワークショップとなる「みん転 100 人会議」が開催されました。今回は各分野で活躍されている志の高い 100 人のみなさまと 4 人のスペシャルゲストを迎えての大イベント！平日の夜にも関わらず、多くの方々にご参加いただけました。この場をお借りしまして、みん転会議運営メンバーより改めて感謝申し上げます。11 月から駆け抜けるようにワークを積み重ねてきた『みん転会議』。万感の想いを胸に抱きつつ、その集大成である「みん転 100 人会議」が始まりました。

東京を、世界で一番、
自転車に優しいまちにする 4 つの力

「みん転 100 人会議」第一部は、4 人のゲストによるトークセッション。一人目はソーシャルコンテンツプロデューサーである山名清隆さんのお話。DEAI から IDEA を！ときにダジャレを使いながらみんなを素敵に巻き込む "自転車交通 × みんなの力" について語っていただきました。モデルでありサイクリストの日向涼子さんからは、ヒルクライムなど自らの体験を活かしながらの "自転車交通 × 伝える力" について、Google のクリエイティブ・テクノロジスト内閣ローザさんからは、考案・開発したプロダクトのお話から "自転車交通 × 形にする力" をプレゼンテーションしていただきました。そしてトリを飾ったのは、株式会社ユナイテッドアローズ上級顧問、クリエイティブディレクション担当の栗野宏文さん。ツィードラン・トウキョウやデニムラン尾道などのイベントから "自転車交通 × 共感を生む力" についてお話いただきました。"自転車交通安全" という一見堅苦しいテーマが、「面白さ」「楽しさ」「ファッション」など、

>>>>>>

照片——報告成果的電子報
工作坊的電子報，主題是打造友善自行車的城鎮。把工作坊討論出來的點子彙整成一幅圖，成果清楚明瞭。

訪談三

SDGs是開拓未來的最佳溝通工具

川廷昌弘

博報堂控股集團公關IR室與CSR集團推動部長。一九八六年進入博報堂，負責防止地球暖化的全民運動「削減百分之六團隊」的媒體報導整合，目前主要工作是SDGs。二〇一七年製作日本政府在聯合國永續發展高階政治論壇（High Level Political Forum on Sustainable Development, HLPF）的簡報，並且受邀擔任神奈川縣顧問（推動SDGs）等職位。

Q1 請問您對SDGs的第一印象。

我第一次接觸SDGs是二〇一二年，聯合國正在討論要用SDGs（原Post-2015）來接替千禧年發展目標（Millennium Development Goals: MDGs）。

當時我在博報堂負責環境省（相當於台灣環保署）所推動的全民運動「削減百分之六團隊」、生物多樣性的普及啟蒙、森林保護、振興三一一大地震災區，以及企業的社會責任。這些社會問題原本互有關聯，卻拆成各部門分別負責，無法攜手合作。我為此感到焦躁不耐，心想要是有個能夠用於跨部門溝通的共通語言就好了。此時出現在我面前的就是SDGs。我還記得當時聽到「大家在相同條件之下一起討論貧困、飢餓、氣候變遷與生物多樣性等問題」、「企業、地方政府、中央政府和非營利組織，攜手來解決問題」等內容非常期待。

正式通過的議案會記錄在聯合國正式文件中，不過顯示SDGs的彩色圖標在議案通過之前就已經完成，並且在開會決議的前一晚投影在聯合國總部的牆面上。我看到時心想SDGs成為拓展地球未來的溝通工具了。

聯合國共有六種正式語文，日文不包含在內。要是SDGs傳進日本時出現多種版本的譯文，難得的溝通工具可能會因此失效。我於是主動聯絡聯合國公關中心的根本薰所長，表示博報堂願意擔任翻譯SDGs的志工。

Q2 對於推行永續發展地方營造的地區而言，SDGs扮演什麼樣的角色呢？

南三陸町在三一一大地震之際遭到海嘯嚴重破壞，我負責協助振興地方計畫中的建立地方品牌。在協助過程中，感受到SDGs的可能性。地震發生之前，當地的牡蠣養殖業者為了維持、增加漁獲量與預防諾羅病毒感染等風險，提高養殖密度，導致收成得耗費三年。

可是海嘯把所有養殖浮棚都沖走了。因此安排對話場域，讓所有相關人士從不同觀點來討論南三陸町養殖業的未來，包括海洋環境、漁民收入、工作方式與接班人問題等等。

結果所有養殖業者決定放棄過往密度過高的養殖法，改用永續養殖法以取得ASC驗證*，推動南三陸牡蠣品牌化。過去的養殖浮棚多達一千個，現在則減少到三分之一以下，根據有無接班人與家庭成員重新分配浮棚數量。

許多人對新的養殖法感到迷惘不安，也出現許多課題。但是大家齊心克服這些問題，轉換成永續養殖漁業後，開始出現驚人的成果。合宜的養殖法改善海洋環境，提升牡蠣品質，加快成長速度。以前要等三年才能收成，現在一年就能採收。常常見面的漁民告訴我現在的收入跟地震之前差不多，工作時間卻縮短許多，終於有時間陪伴家人了。

自此之後，許多參訪團都前往南三陸參觀，當地漁民也表示感受到工作有意義。儘管沒辦法賺大錢，每天都過得很幸福。這不就是SDGs嗎？接觸當地漁民的生活，我發現在家鄉這樣過日子就是做到SDGs了。

以SDGs的目標為例，南三陸的案例是整個地區藉由「夥伴關係（17）」做到「永續城市與社區（11）」「尊嚴就業與經濟發展（8）」「產業創新與基礎設施（9）」「水下生命（14）」「負責任的消費與生產（12）」「良好健康和福祉（3）」等眾多目標，實在很了不起。

南三陸町的經驗告訴我對於基層地方政府而言，SDGs所扮演的角色是溝通的工具，促使大家跨課題或部門來合作，一起創造地方的經濟循環。

另一方面，神奈川縣在二〇一八年獲選內閣府（相當於台灣行政院）認定的SDGs未來都市，我因而獲邀擔任神奈川縣的SDGs推動顧問，協助當地運用SDGs來解決地方問題。然而同樣是地方政府，都道府縣層級與基層運用SDGs的方式完全不同。

SDGs有許多目標，到底該從哪裡著手才好呢？我認為必須要有一個代表性的活動才方便縣民理解，於是提出了「神奈川零塑膠垃圾宣言」。

這個活動源自在鎌倉的由比濱海岸，發現一隻才一個月大的藍鯨寶寶屍體。這個年紀的藍鯨應該只能喝母奶，解剖後卻發現牠胃裡有塑膠垃圾。針對大量廢棄的塑膠垃圾，神奈川縣政府、縣內的市町村等基層地方政府、大學、非營利組織與在地企業等各界人士跨界合作，一起來解決這個問題。

「神奈川縣零塑膠垃圾宣言」旨在連結立場各異的各界人士，一同面對地方問題，進而提出具體對

策，並且加深縣民了解該如何著手進行ＳＤＧｓ這個共同目標。

我透過這些經驗發現同樣都是地方政府，都道府縣與市町村等基層單位的角色卻有些不同。都道府縣負責串聯，相當於協調人的角色。例如：企業有技術與預算，學界（大學與學者）有知識與社會網絡，基層地方政府則具備實踐場域與具體的主題。因此應當由都道府縣政府來統籌眾人，進行大規模行動。

我期盼ＳＤＧｓ成為促進所有人相互了解的溝通工具。

＊ASC驗證

水產養殖管理委員會（Aquaculture Stewardship Council）的國際驗證制度，取得該認證的養殖業代表生產過程減少對環境的影響，並且重視勞動人力與地方社會和諧。生產的漁產品會貼上生態標章以便市場與消費者一目了然，證明是「負責任的永續性養殖漁產品」。

第 5 章

照亮方向，
帶領眾人的「未來願景」

帶領眾人邁向未來的太陽

大樺斑蝶*的特徵是黑條橘底的翅膀，每年冬天會從北美大陸遷徙到墨西哥中部的山區過冬，遷徙距離長達數千公里。

為什麼牠們總能順利抵達目的地，不會迷路呢？這是因為陽光指引牠們飛向正確的方向。

據說大樺斑蝶使用太陽羅盤指針（time-compensated sun compass），確保飛行時與陽光保持一定角度，朝目的地前進。

實現地方永續發展所需的第二個生態環境是「太陽」。照亮地方的未來，溫暖居民的心靈，帶來希望，也就是未來願景。

達成SDGs的重要手段「回溯*」是從勾畫理想的未來，也就是未來願景開始。制定未來願景不是地方領袖，也不是公部門的工作，而是所有居民一同討論想像，才能實現地方永續發展。

＊大樺斑蝶

學名Danaus plexippus，鱗翅目蛺蝶科，成蟲展翅寬約八十九至一〇二公分。原產於北美洲，在南美洲及西南太平洋也有分布，部分地區的成蟲常會飛越高山及海洋做長途大規模的遷移。（出處：自然與人文數位博物館）

＊回溯

請見第二二九頁

未來願景的功能

未來願景具備以下五種功能，藉此實現地方永續發展。

功能一、指引邁向永續發展的道路

未來願景相當於大樺斑蝶的太陽羅盤指針。SDGs預定在二〇三〇年達成，還得花上十年以上的時間。在前往目的地的路上，難免會迷路；地方首長換人或是主導成員離開也是理所當然。當發生這些事情時，未來願景相當於羅盤和地圖，協助大家暫時停下腳步，確認目前所在地與目的地。

功能二、焦點由現在轉向未來

SDGs的執行方法之一是回溯，也就是先勾勒未來的理想模樣，設定目標，反推實現夢想該如何行動的大膽手法；而未來願景正是回溯的起點。人類無法完全擺脫現狀與立場的束縛，容易把未來視為現在的延長，受到眼前高牆阻擋，邁不出步伐。然而暫時忽略自己的現況，嘗試想像地方十年後的理想光景，就能把觀點切換到未來，帶動地方整體朝未來邁出一大步。

功能三、居民的活力來源、行動的動機與培養愛鄉愛土精神

太陽散發的熱能，能暖和身子提升活力。充滿魅力的未來願景和太陽一樣，能促使居民積極向前，勇於付諸行動。

參與制定未來願景的人遇見其他對於地方懷抱相同熱情的夥伴，增進雙方積極正面的情緒，或許能因此攜手挑戰，又或者湧起嘗試新計畫的動力。對於展開新活動的人而言，參與制定未來願景是宣傳活動的大好機會。要是發現自己的活動有助於地方未來發展，推動起來更有力吧！

除了一同制定未來願景，把活動成果整理得簡單易懂也能加深居民的愛鄉愛土精神，強化歸屬感。

功能四、提高團隊能力的絕佳機會

制定未來願景需要公部門員工、居民與業者等人參與對話，正是培育社群的大好機會。大家一同討論未來，制定願景是促進社群團結的最佳活動。

積極參與活動的居民和公部門員工能藉此學習建立對話場域的技術*、描繪地圖的技術*、聆聽的技術*與呈現未來的技術*等多種技術。如何建立對話場域和當個稱職的引導人*，都是今後公務員不可或缺的技能，建議趁這個機會好好學起來。

功能五、產生來自外界的向心力

簡單易懂又充滿魅力的未來願景能讓人心生嚮往，吸引外地人士前來。包括想要挑戰新事物的年輕人，摸索退休後第二人生的中高齡人士，以及考慮回到家鄉的都市居民。倘若在地方可以過著接近夢想的生活型態，或者可以擁有很多願意一同挑戰未來的夥伴，不僅能吸引外來人口移居或定居，還能提升觀光與地方特產的魅力。

＊建立對話場域的技術
請見第二二二頁

＊描繪地圖的技術
請見第一七六頁

＊聆聽的技術
請見第二六六頁

＊呈現未來的技術
請見第二八〇頁

＊引導人（facilitator）
設計對話場域，引導對話順利進行。促進活動進行的角色，有時簡稱為「faci」。

認真、有趣

佐川隊

高知縣佐川町

這是「佐川隊」的基本心態。
文教之都「佐川町」長年以來培養出
面對任何問題都正面迎擊，誠實以對的態度；
無論遇上任何困難都能保持笑容，享受挑戰。
相信無論遇上什麼樣的問題，只要秉持這種心態，
必定能克服一切，走出一條新的路。

我笑了，大家也笑了，整座城鎮都笑了。
大家一起來創造！認真、有趣、佐川町。

圖表　高知縣佐川町的未來願景

＊高知縣佐川町

位於高知縣中西部的城鎮，人口一萬三千人。原本是土佐藩地位最高的家臣「筆頭家老」深尾氏一族的領地。因為是以城堡為核心的城鎮，因此相當熱鬧且繁榮。市區保留著以釀酒廠與商店為中心的歷史懷舊風格老街。這裡同時也是重視教育的文教之都，明治維新的重臣田中光顯與植物學之父牧野富太郎博士等人才輩出。另一方面，當地植物種類繁多且能近距離觀察，是內行人皆知的植物之都。

NO.
01
いつでも、どこでも
さかわのまちは……
まちまるごと
植物園
ACTION
まるごと植物園の育て方
Lesson
まちに溢れる色とりどりの草花を
やさしく愛でて、見守って。
日本の植物学の父である牧野富太郎博士が生まれた、佐川町。博士が生まれたのは150年以上も前ですが、まちを歩けば「なるほど～」と思える景色と出会えます。愛らしくも、たくましい山野草の美しさ、ふんわりと届く雨上がりの緑の心地よい香り。博士が悩を寄贈した牧野公園を中心に、山や森林はもちろん、あちらこちらのおうちやお店の軒先で出会える草花たち。植物に魅せられ導かれた博士の気持ちに思いを馳せ、"育てる"を楽しむ植物園です。

NO.
06
森を、山を豊かにする
自伐型林業の担い手
さかわ戦隊キコリンジャー
さかわ流・自伐型林業は
未来をつくるあこがれの職業。
山や森を育てることが、水源や土壌・緑を豊かにし、仕事をつくり、まちを育てる。自分たちの手で森林を整備する自伐型の林業は、未来のさかわをつくる大黒柱です。自伐型の林業を推進、実践する彼らの名は、キコリンジャー！　実際は、森林を拠点に経営・管理・施業を行う森のなんでも屋さん。自然の豊かな恵みをまちへ還元するため、愛をもって木を育て、自らの手で整備する。そんなかっこいい働き方・暮らし方が広まり、世界中から注目が集まっています。
ACTION
知っちゅう!?
キコリンジャーの
6つの秘密！
1. What?
A. 自伐型林業は日本の森林を救う、新たな林業の形です。

08
最新の技術とデザインで、
新しいものづくりに挑む
さかわ発明ラボ
大人も子どもも、観光客も、
"発明"が、まちの合言葉。
ものづくりの技術と地域の豊かな資源を合わせた学び舎、さかわ発明ラボ。ここから生まれた製品第一弾は、「勉強したくなる机」。「使ってみたいな～！」と、わくわくドキドキするプロダクトが、生まれ続けています。3Dプリンター、レーザーカッターをはじめとした、デジタル機器を用い、質の高いさかわの資源を生かした商品開発を展開中。大人や子ども、観光客も含めて、"つくる"を通してつながり、学び合う、ものづくりの拠点として人気のスポットです。

09
世のため、人のため、
このまちのために考える
セカンドライフ
夢追い塾
ひとつのことをやりきって、
次の生き方を夢見てみよう！
仕事や子育てが一段落し時間ができたら、セカンドライフのはじまり！　自分らしく生き、豊かな経験と能力をもつシニア世代。脇目もふらずに生きて、あの頃にできなかったことや、やりたかったことに挑戦しよう。これまで社会で培ってきた力を生かして、自分にもまちにも嬉しいセカンドライフを実現しよう。フットワーク軽く外へ出かけ、友だちをつくり、時には地域のお助け役にも。よく食べよく笑い、日々パワフルに人生を楽しむ夢追い塾生。第二の人生でも夢を追い、楽しむことを忘れない、かっこいい先輩が増えています！
ACTION
セカンドライフの
はじめ方カルタ

制定未來願景的重點

介紹具體勾畫地方未來的步驟之前，先說明地方未來願景特有的六大特性與重點。

一、大家一起來

未來願景對於企業與地方政府而言，通常都是參與擬定的少數人十分關心，其他的大多數人則覺得與切身無關。擬定未來願景並不是高層或是部分負責人員的工作。在強大領袖的引導之下，地方的確可能活化，然而僅仰賴特定人士將無法永續發展。

每一位居民把地方的未來當作自己的未來，透過生活與工作，接下實現未來願景的棒子。如果希望地方整體成為一個團隊，一同邁向未來，需要所有居民參與對話，串聯個人與地方的想法，一起制定未來願景。

二、寬鬆的團結

大家對未來願景的印象是鎖定一個方向，透過選擇與收斂來決定。其實地方的未來願景不見得是這麼一回事。地方的未來願景是為了居民所制定，最重要的是反映居民的想法。因此不需要做「選擇」來排除誰的想法或是犧牲誰的意願。能夠引起大家「共鳴」的目標優先於「同意」特定的一件事。

未來願景不是制定「大家一起爬上喜馬拉雅山」這種難以實現的困難目標，而是眾人決定大致要朝哪個方向前進。同樣是去喜馬拉雅山，有人想登頂，有人想在山腳下的湖畔吃便當，也有人想在山裡釣魚，做到大家共享去山裡的快樂即可。

三、重視步驟

制定未來願景是建立社群與團隊文化的機會，制定過程與完成的願景同等重要。透過制定的過程可以體驗二種意義：

第一個是對話的意義。透過與夥伴的對話，深入思考，感受到察覺新發現的快樂。

第二個是共同創造的步驟。透過對話，感受與夥伴一同創造的快樂喜

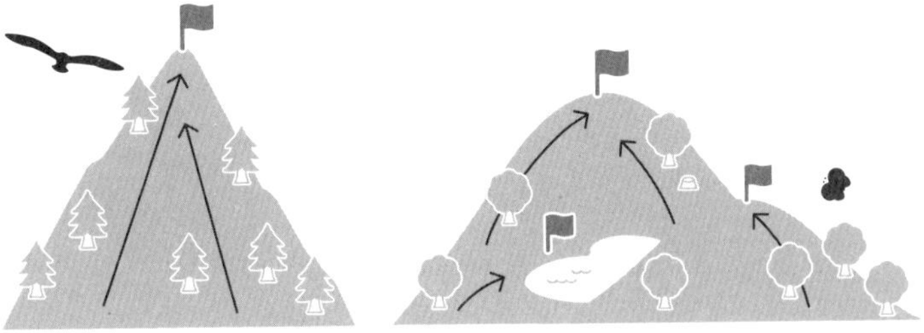

悅。體驗這二種意義不僅能耕耘團隊文化的基礎，更是颳起下一章介紹的挑戰之風的重要要素。

四、邁向未來的工夫

SDGs的重點之一是「從二〇三〇年開始回溯」。這個未來願景不是今年或明年的理想，而是十年之後的目標。重要的是規劃未來，描繪理想，大膽構思該如何行動才能實現。儘管如此，想像未來並非易事。必須建立合適的對話場域與刺激創意的機制，促使參加者擺脫現狀的束縛，把眼光放遠。

五、不會棄任何人於不顧

制定未來願景時總是會由強而有力的領袖或年輕有活力的年輕業者來主導。然而不能忽略的是SDGs的理念——不會棄任何人於不顧。制定未來願景時必須在諸多階段加入各類機制以便取得更多居民的心聲與想法。

六、傳達未來願景的設計

未來願景必須可以永久流傳，必須讓參與制定的人對自己的成品感到自豪，必須讓沒有直接參與的人感受到這就是家鄉未來的模樣而雀躍不已。用來呈現的文字與視覺設計左右未來願景是否能發揮作用。如何設計請見第二八〇頁介紹的「呈現未來的技術」。

制定未來願景的三道程序

接下來介紹制定未來願景的三道程序：

一、匯集想法與夥伴

第一步是透過訪談收集眾人想法與募集夥伴。訪談共有以下三種目的：

目的1　全方位了解地方問題與脈絡

第一個目的是探尋當地居民的深層想法，收集思考未來方向性的材料。

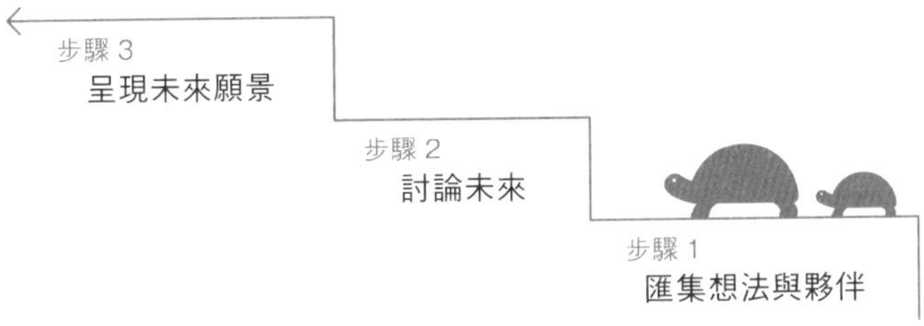

居住時間久了，總覺得自己已經大致掌握了所有情況。然而實際映入眼簾的不過是地方一隅，想要從性別、年齡、居住地區、職業、所屬單位與立場等多種角度全方位掌握地方問題，除了實際聆聽眾人的聲音以外別無他法。大家對家鄉抱持何種看法，自己與家人的生活、工作面臨何種問題，又是如何規劃未來呢？唯有深入聆聽眾人的心聲，方能全方位掌握地方問題。

目的2　收集設定對話場域所需的材料

第二個目的是收集材料來決定制定未來願景所需要的「深度匯談」主題與對話對象等等。要設定那些主題的對話場域呢？每個聚落要分開辦理嗎？需要提供兒童（國小、國中、高中）對話的場域嗎？時間與預算有限，這些疑問都是決定如何設定場域的條件。

目的3　聚集夥伴

另一個重要的目的是募集一起實現地方永續發展的夥伴。單單呼籲大家「一起著手實現地方永續發展吧！」、「大家一起思考家鄉的未來吧！」不會有什麼人願意參加。每個地方的公部門員工都曾向我抱怨「居民都不願意參加地方營造活動」。要正值勞動黃金期的年輕人和忙於育兒的家長前來參加並非易事。無論是哪個地方，沒有多少居民平常就會思考家鄉未來，主動參與公部門舉辦的活動。

重要的是透過聽取個人意見，尋找彼此共鳴的夥伴。與每個人用心對話，建立個別關係，分享對於地方的想法，才能提升參與地方營造活動的可能性。

訪問的重點

下文介紹制定未來願景所需的訪談重點。訪談的具體方式請參考第二六八頁的「聆聽的技術」。

訪問對象

訪談三至五人左右，就會發現原本的所見所聞或是印象和實際情況有所差異，超過十人時開始窺見地方整體結構（人際關係與生態系）。訪問三十人便能深入了解地方結構與問題，建立起今後活動基礎所需的貴重人際關係。

挑選訪問對象時的注意事項如下：

- 徹底掌握地方首長（鎖定教育或產業等主題時則包含該領域的最高層）的想法。
- 活用SDGs議題圖，條列活躍於各領域第一線的人員與面對問題的當事人。
- 留意年齡（太重視地方耆老，容易導致受訪者年齡層偏高；太重視未來，又會導致受訪者年齡層偏低）、性別（容易缺乏女性意見）、居住時間、聚落與地區的比例。
- 一定要訪問身心障礙者、疾病患者等容易淪為少數派的人士。這些人不見得會把煩惱說出口，實際上可能生活得很辛苦。聆聽少數派的意見不僅是因為未來願景應當反映他們的心聲，而是他們的觀點十分珍貴，往往觸及包含多數派看法的未來願景。

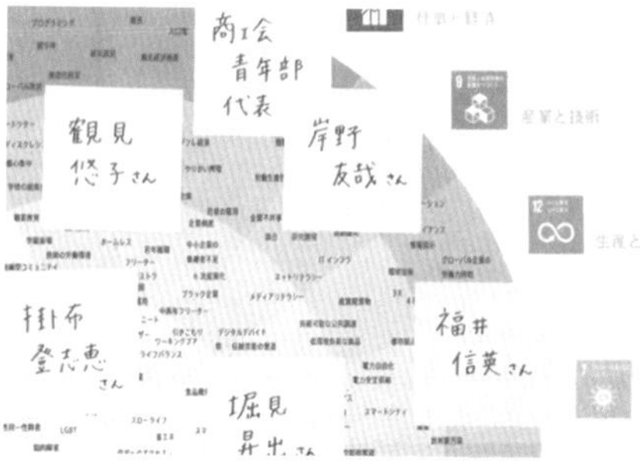

訪問內容

主要的訪問內容如下所示。儘量請受訪者多多介紹身邊從事有趣活動的人，好串聯公部門與陌生的新人才。

- 個人資料（名字、年齡、出身地、居住地、居住時間）
- 目前活動的內容、來龍去脈、課題、煩惱
- 今後想挑戰的事
- 對於地方與公部門的期待
- 身邊從事有趣活動的人

二、討論未來

「你以後想做什麼？」大家小時候明明經常討論夢想與未來，長大成人之後卻變成一個乏人問津的話題。然而無論是兒童還是成人，人人心中都有未來。在地方成立對話場域，一起討論十年後想住在哪裡，想過什麼樣的生活，想實現幸福的未來又能做什麼呢？

制定未來願景的工作坊

制定未來願景的工作坊是眾人一同勾畫地方未來，以及討論該如何實現的對話場域。企劃、設計與執行細節請見第四章的「建立對話場域的技術」。本節介紹制定未來願景的工作坊的特殊重點。

重點1　工作坊的對象

①年齡：是否要舉辦針對兒童（國小、國中與高中生）的對話場域？

建議一定要舉辦以國小、國中與高中生為主的工作坊，這些孩子十年後會成為地方的主角。此外，孩童比成人擅長擺脫現況，想像未來。成人聽了他們的發言反而會有許多新發現。

②地區：是否要在聚落與改制前的行政區分別舉辦的對話場域？

同一個地方內部可能有好幾個特色各異的地區，例如：中心區公所與商店林立；居住在衛星城市前往周遭市町村通勤的則多是小家庭；農村區人口稀少等等。只在一個地方舉辦容易以中心區為主，導致參加者多為同一類型，必須在多個地區分別舉辦，才能促使收集到的意見不致偏頗。

然而基層行政區曾經合併改編過的地區，不見得所有居民都能融入新的行政區，可能還是維持過去各據山頭的習慣。因此對話時或許無法克服分裂問題，難以達成制定整體未來願景的目標。募集參加者與設計工作坊時必須格外留意。

③主題：是否應針對產業、社會福利與教育等主題舉辦個別的對話場域？

倘若要舉辦多次工作坊，建議各主題分開舉辦。忙於育兒的母親或許不會參加討論「地方未來」的工作坊，卻願意撥冗討論「今後的育兒環境」。

至於身心殘障人士與疾病患者等病友會是有相同煩惱的人交流的好機會，建議就算小規模也要舉辦。

重點2　規模與次數

一般會在不同的聚落與學校舉辦多次主題各異的小規模工作坊。透過多次舉辦慢慢增加參與者，吸引更多人成為夥伴。

舉辦一百人規模的工作坊是地方的一大盛事，更是宣傳制定未來願景的

年度	月	公所	居民
2014	6	起始工作坊 政策評鑑與佐川町未來展望	
	8	工作坊① 分析過去、現在與未來的變化 工作坊② 根據變化分析， 提出今後十年的課題	
	9	未來合宿2014 提出各領域課題和 制定未來行動	
	10	工作坊③ 設計針對居民的工作坊	
2015	2		未來幸福會議
	6		領域① 振興觀光與宣傳 領域② 促進居民健康長壽 領域③ 創造帶來富饒生活的工作 領域④ 建立友善結婚生育的環境 地區① 佐川地區 領域⑤ 建立安心安全的生活 領域⑥ 培養學習能力與 愛鄉愛土精神
			新世代① 加茂小學 新世代② 黑岩小學 新世代③ 佐川國中 新世代④ 尾川小學 地區② 尾川地區 地區③ 斗賀野地區 地區④ 黑岩地區 地區⑤ 加茂地區
	7		新世代⑤ 佐川高中
	8	未來合宿2015 25大未來理想與政策立案	

圖表　高知縣佐川町制定未來願景的交流對話活動

好機會，建議大家一定要舉辦。但是不可忽略的是募集參加者是件勞心勞力的工作。

倘若辦得到，建議大家舉辦規模各異的工作坊。佐川町二年之內舉辦的工作坊合計共二十三次。針對居民的共十七次，分別是兩年一次二百人的大型工作坊，以及地點、主題與學校不同的小型工作坊十六次；針對公所員工的工作坊則是七次。

重點3　問題與流程

制定未來願景的對話場域由以下三個程序所組成*：

【提供資訊】

參加者在這個階段分享地方情況、未來願景的定位與角色、首長的想法等制定未來願景所需的基本資料。建議此時不要過度深入討論地方現況與問題，以免陷入眼前的嚴峻情況，只能想像現況的延長（預測手法），最後無法擺脫現況，正面積極討論未來。

＊組成對話場域的四個程序
請見第二二四頁

【交換】

利用以下二個問題，每個人交換對於未來的展望。

「你希望現在居住的地方十年後變成什麼樣子呢（根據主題修正問題，討論育兒時可改成希望適合何種育兒）？」

「為了實現十年後的理想，你能做什麼，又想做什麼呢？」

一般的流程是個人→小組→所有人，也就是先安排個人思考時間，之後小組內交換意見，最後彙整於「未來宣言單」和所有人分享。

【擴散】

倘若能長期舉辦工作坊，建議考量社會環境與技術日新月異等變化，設立【擴散】程序以拓展未來的可能性。執行方式請見「創意的技術*」。觀察日本與其他各地發生的新現象與未來變化的發端，思考全新的未來願景。

邁向相同向量的瞬間

曾經有人問過我：大家意見分散，沒辦法統一方向，彙整出未來願景吧？

＊創意的技術

請見第二三六頁

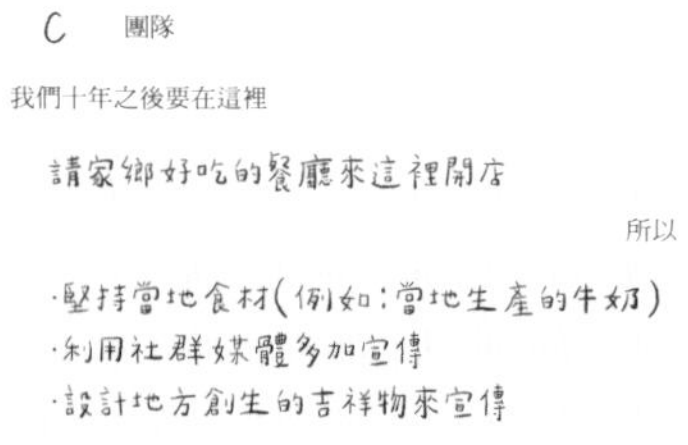

C 團隊
我們十年之後要在這裡
請家鄉好吃的餐廳來這裡開店
所以
·堅持當地食材（例如：當地生產的牛奶）
·利用社群媒體多加宣傳
·設計地方創生的吉祥物來宣傳

我敢斬釘截鐵地說：「不會發生這種事。」一個地方的居民打從心底期盼的方向性不可能因人出現一百八十度轉變。就算發言乍聽之下大相逕庭，往往真心話都一樣。

倘若工作坊設計準備得夠用心，所有人的意見最後會緩緩收斂到同一個方向。對話場域經常發生「我想說的話已經被其他人說走了」的現象，要產生這種狀態需要「建立對話場域的技術*」。場域成功與否視參加者是否樂在其中。倘若大家都不甚愉快，代表必須重新設計場域。

三、呈現未來願景

未來不加以描繪便無法實現。反而言之，透過具體的文字與視覺傳達設計把充滿魅力的未來願景呈現得簡單易懂，就能打動人心。如何呈現未來願景由行政事務人員與核心成員主導，依照以下六個步驟進行。

＊建立對話場域的技術
請見第二二二頁

步驟1　彙整「未來宣言」，制定未來群像

整理眾人參加工作坊時提出的個人與小組「未來宣言單」，把內容類似的單子彙整在一起，把未來理想分門別類（未來群像）。

企業願景通常習慣鎖定目標，彙整成三大方針等小範圍願景。地方營造要呈現的是多元成員的多樣想法，目標多也無所謂。以SDGs共有十七大目標為例，未來群像的數量最好控制在十五至三十個之間。

步驟2　以SDGs的觀點確認

把未來群像寫進SDGs議題圖（第六二頁），整理與SDGs十七大目標、五十五大在地議題的關係。內容無須包含所有目標與議題，但是要確認是否遺漏了重要的地方問題。重要的未來理想經常在分門別類時分進其他群組而消失，發現遺漏時必須重新審視檢查。

照片　未來群像

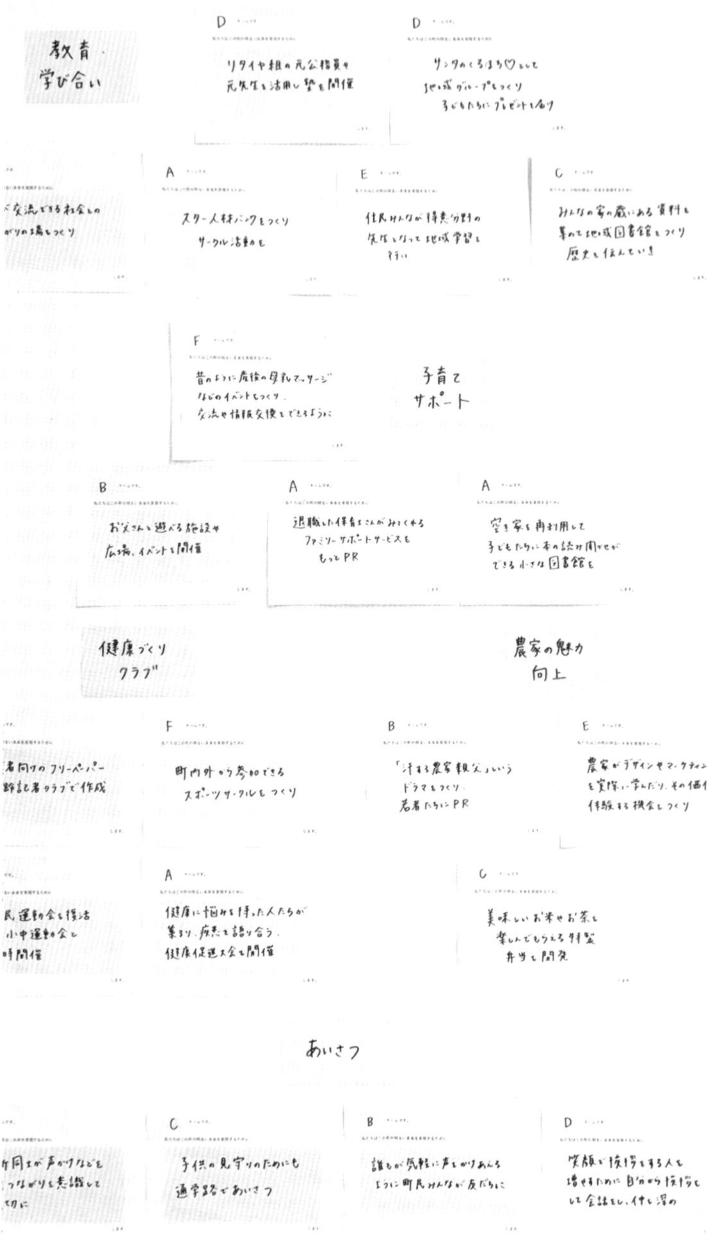
教育・学び合い
子育てサポート
健康づくりクラブ
農家の魅力向上
あいさつ

步驟3　以公部門、首長與外界專家的觀點確認

以居民對於未來的期待為基礎，彙整而成的未來群像，以SDGs的觀點驗證之後，再以下列三個觀點驗證，必要時再次修正與追加。

①是否應對公部門課題：必須由公部門應對的課題包含少數居民的相關問題，以及居民容易忽略的基礎設施老舊與救災等等。確認未來群像中是否遺漏了這些課題。

②首長的想法與未來展望：地方的未來深受地方首長影響，是否能實現理想也端視首長的行動力。確認居民的意見是否反映了地方首長的展望。

③外界專家的觀點：儘量安排外界專家提供意見的機會，彌補居民與公部門員工缺乏的中長期技術、產業與社會變化的相關知識，更新未來群像。

步驟4　以具體方式呈現未來群像

把彙整驗證完畢的未來群像以具體的文字和視覺呈現*。

＊呈現未來的技術

步驟四與步驟五的具體方式請見第二八〇頁。

步驟5　把所有未來群像彙整成一句話

接下來是把十五至三十個理想組成的未來群像彙整成一句話，說明地方追求的未來願景。未來群像是透過居民的心聲與反覆對話所產生，要精簡成一句話十分困難。直接把想法拼接在一起，只會落得冗長難解。採用簡單易懂的說法，才能引領大家十年都朝同一個方向邁進。讓無論是否參與願景擬定，無論是祖先代代都居住於此的居民或是新來乍到的移居者，以及不同觀點的人，都能對地方未來發展的方向一目了然。

步驟6　以媒體呈現未來願景

傳達未來願景與制定過程同等重要。良好的傳達方式能刺激居民行動，吸引外地人前來。傳達的對象分為三種：第一種是協助制定未來願景的居民。完成之後應當告知結果，促進對方採取行動。第二種是沒有機會參與的居民。希望藉由傳達一事促使對地方創生毫不關心的居民多多少少湧起興趣，成為夥伴。第三種是外地人士，希望這些人能透過工作、觀光與移居等方式和地方建立關係，成為關係人士。

傳達的方式包括「製作印刷品*」、「製作影片*」、「製作網站*」與「舉辦發表會*」共四種。考量各自的優缺點與預算，挑選最適合的方法。

公部門角色

角色1　建立團隊

制定未來願景需要建立五大團隊，成員的立場、工作各異。

①營運團隊（行政事務）：由公部門員工組成的團隊，負責設計專案與推行、管理。

②核心團隊：深入參與所有步驟的中心成員，分為僅由公部門員工組成與公部門員工和居民混合。

③工作坊團隊：居民（與所有公部門員工）參與對話場域，一同討論地方未來。

④審議會團隊：成員包括議員、居民自治會、工商協會理事與大學教

＊製作印刷品

這是最基本的方法。佐川町編輯了共一百六十八頁的書籍《大家制定的綜合計劃》（佐川隊著），發給全町每一戶居民；一般書店也買得到。發給編輯成數頁的精簡版也有一定效果。

＊製作影片

影片能透過網路擴散，希望觸及更多人，尤其是年輕人特別有效。

＊製作網站

透過網站隨時發表進度，向外界宣傳時也能派上效果。

授，針對計畫提供專業意見與審議。多半根據法規條例成立。

⑤外地專家團隊：成員包括引導人、學者、編輯與設計師等來自外地的專家。因應需求，妥善運用，能提升未來願景的品質。

角色2　確認過去、現在與未來

負責行政事務工作的公部門必須正確掌握地方現況與之後會發生的危機，例如：人口減少、產業衰退、長照人才不足與基礎建設老舊等等。

參考第二章介紹的五十五大在地議題個別資料，收集呈現地方過去、現在與未來的資料，建議在行政事務辦公室舉辦精讀會。

角色3　把未來願景落實於政策

制定未來願景之後，公部門必須配合行政組織與體制，把願景重新建構為具體的政策。佐川町把二十五大未來理想編輯成書籍《大家制定的綜合計劃》，發給每一戶居民，並且另行制定「第五次　佐川町綜合計畫」，以行政觀點把二十五個未來理想彙整為四十五個政策。

＊舉辦發表會

舉辦發表會，邀請居民參加。另外也建議定期報告進度，以及提供對話場域以更新未來願景。佐川町把每年四月第一個星期天訂為「認真、有趣的地方日」，發表未來願景的實現進度與表揚表現優異的團隊。

技術三　聆聽的技術

無論是勾畫未來願景還是構思解決地方問題的點子，都需要聆聽當事人發言，掌握深層想法。因此需要培養聆聽的技術。訪談時拋下腦中的常識、既有的看法、自行制定的假說、與對方的關係和立場，把心靈化為一張白紙，便能察覺新發現。

訪問的重點

- I 聆聽時不要抱持先入為主的觀念與假說
- II 與受訪者站在對等地位
- III 不要忘記客觀立場

一、確定基本要件

a. 目的　b. 對象　c. 期間、規模

↓

二、挑選訪談對象

① 設定關鍵人物

② 透過他人介紹

③ 預約

↓

三、制定流程與問題

↓

四、事前準備

訪談團隊組成與分工　｜　所需工具

↓

五、用心對話

↓

六、記錄、編輯、分享

「如實」記錄

提出「發現（假說）」

「如實」共享

零、訪問的重點

I　聆聽時不要抱持先入為主的觀念與假說

訪問之前或許對地方問題與未來方向已經有了一套想法。然而訪問之前必須忘記這些假說，否則會以假說的觀點去聆聽提問，錯過獲得新觀點的機會。

人總是受到深入內心的印象與既定概念左右，遇上新體驗時還是習慣用舊觀念去理解。經驗豐富的公部門員工、商業人士、醫師、護士、長照人員、教師與地方營造專家習慣以自己的經驗看待一切，必須特別留意。預防方法之一是第二一七頁介紹的「觀察『思考的自言自語』」。

II　與受訪者站在對等地位

訪談的第一目的是接納對方的情感、喜悅、苦惱與生活型態。此時的關鍵是站在和對方對等的地位。一旦出現「同情」或是「協助」的情緒，便會覺得自己高對方一等。就算是經驗豐富的老手與專家也容易掉進這個陷阱。

放下頭銜與立場，以對等的態度坦率接納對方的故事。

III　不要忘記客觀立場

抱持同理心接納對方的體驗時，也要保持客觀審視的心態。過度沉浸，可能會遭到對方故事吞噬。因此聆聽之前必須做好心理準備，不能任由感情氾濫。

訪問時除了要同理對方，還必須意識到有另一個自己客觀觀察正在同理的自己，深入提問，並且留意不要遺漏任何問題。

一、確定基本要件

a. 目的

受訪對象與訪談問題的設定會隨著「訪談目的」

而改變。一般而言，訪談分為二大目的：

【發現課題與機會型】發現地方問題或察覺解決方式，是最常見的訪談目的。

【確認驗證型】執行專案到一個階段，確認大家對企劃的接受程度，藉此增加新發現。

b. 受訪對象

地方營造的訪談基本上會訪問以下五種人：

【公部門：首長、主管】地方政府首長與隸屬教育委員會的教育長、部門課長等主管階層。

【公部門：負責人】現場負責人、教師與衛生所護理師等現場的專業人員。

【居民：領導人】居民自治會、工商協會、農會與地方相關團體等組織的代表。

【居民：業者】農民、工廠老闆、商店老闆與非營利組織員工等人。

【居民：問題當事人】接受長照服務者、災民與單親媽媽等人。

c. 期間與規模

考量專案的時間表，決定訪問期間與人數。人數因目的而異。主題或問題明確時只需要訪問五至十人便能收穫豐富。制定未來願景與社區營造活動等，橫跨教育、醫療福利與產業等多種領域時必須了解各界情況，以及和居民建立關係，有時需要訪問到數十個人。

二、挑選受訪者

設定關鍵人物

採訪時必須取得能帶來深層提示與解決線索的意見，所以受訪者不僅是代表多數意見的一般人，還需要對問題有強烈情感或特殊意見的人、條件或行動特別的人＝「關鍵人物」。假設專案主題是育兒。訪問條件特殊的母親，例如：在城裡撫養五個子女的大家庭媽媽、住在離島的單親媽媽和有一對雙胞胎的中國籍媽媽……訪問內容或許充滿解決問題的線索。

或許會有人覺得面對嚴苛問題或條件特殊的人，只說得出特定情況的意見。然而特殊的意見背後必定有其理由，理由背後往往又隱藏了造成問題的根本原因與解決問題的大線索。此外，特殊意見隱含的深層思考通常只是不為人知，卻是符合多數人情形的普世價值。

以必須帶五個孩子出門的媽媽為例，他出門時必定比平常人更為小心，搭乘大眾運輸工具和在路上也會比一般母親注意到更多地方，有個人專屬的對策。

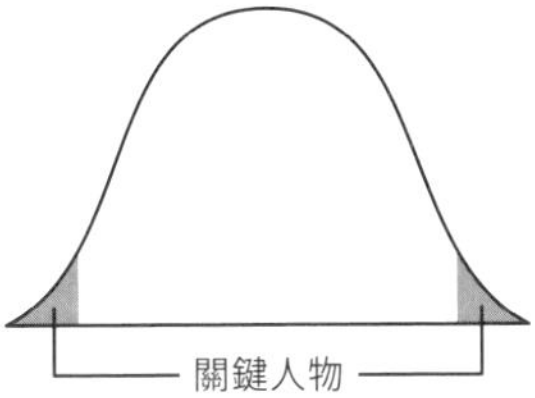

另外，一般人的共通點通常透過書籍或資料便能掌握。

透過他人介紹

一般受訪者都是透過他人介紹。倘若公部門員工或相關團體肯定專案，請這些人介紹是最快的方法。近年來還多了臉書等社群媒體這個管道。

寄送企劃書與採訪委託書，和對方約好時間

製作企劃書與委託書，事前提供給受訪者。這些文件沒有固定的格式，最重要的是清楚說明何人、何時、為何和想做何事。提出企劃書等清楚說明專案的文件，比較容易獲得協助。建議把以下項目彙整成一張A4大小的內容：

自我介紹：說明個人或組織來歷

專案概要

採訪主旨：採訪目的、用途，以及是否會公開姓名等個人資料

・採訪內容：彙整三至五個項目，簡潔說明
・日期：儘量多提幾個時間讓對方挑選
・條件：有無謝禮、謝禮金額、是否錄音拍攝（照片、影片）

三、制定流程與問題

採訪小組事前根據主題提出問題項目，製作訪談流程（確認問題順序與流程的筆記）。訪談時雖然必須配合受訪者靈機應變，多人進行訪問、不習慣訪問的人，以及事後必須和小組成員分享訪談內容時，最好事先設定問題內容、順序與必要項目，以免遺漏。

以下是採訪時希望取得的要素，提供設定問題時參考：

・環境（Environment）：當下的狀態、面對何種困難、煩惱與問題點。要留意有時受訪人因為太理所當然，沒有認知到正在面對「困難」。
・態度（Attitude）：面對狀態的意識、心態與心情。
・行動（Activities）：從過去到現在的具體行動流程。
・相互作用（Interactions）：家人、友人、地方、專家等人的關聯。倘若從未提到身邊的深度關係，必須特別留意。
・物體（Objects）：相關的生活用品與空間等使用情況和滿意程度。

製作訪談表（時間尺度法）

訪談方式形形色色，端看主題與受訪者而定。大多數案例都能派上用場的是依照時間軸提問的「時間尺度法」。人類往往是與時間成套記憶情感與回憶，依照時間順序提問方便受訪者回想。

首先以問題發生的時間為起點。假設主題是生活習慣病，起點便是受訪者何時開始感覺身體不適到目前的過程。下一步是根據問題本身的時間軸提問。例

具有時間軸的訪談表表單　範例一

表單主題：「從交往到婚後的夫妻幸福程度表」

X軸為時間軸（以年度為單位），Y軸為幸福程度指數（結婚時的幸福程度以50計）

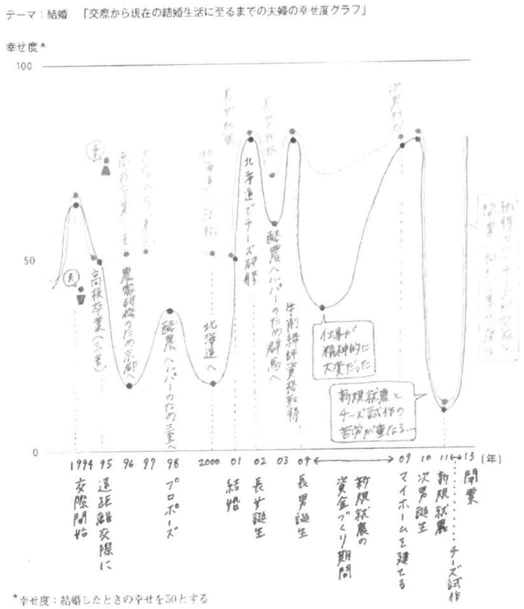

具有時間軸的訪談表表單　範例二

表單主題：「生活習慣病」

以一天二十四小時為時間軸，每小時一格，紀錄受訪者每小時的起居作息、飲食、相關活動量

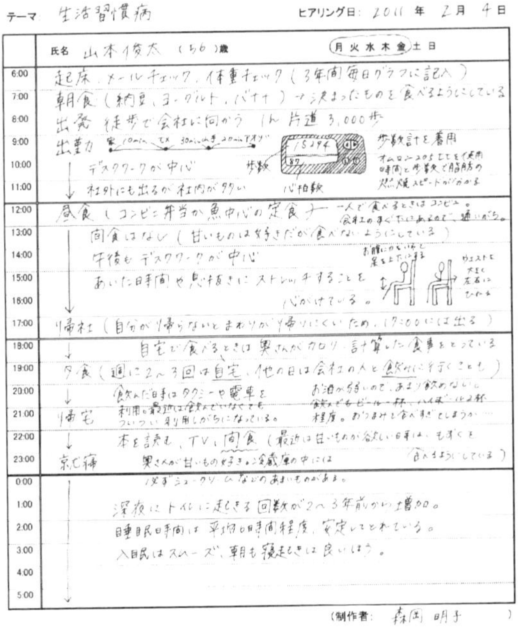

テーマ：生活習慣病　　ヒアリング日：2011 年 2月 4日

氏名　山本俊太（56）歳　　（月 火 水 木 金）土 日

6:00	起床、メールチェック、体重チェック（3年間毎日グラフに記入）
7:00	朝食（納豆、ヨーグルト、バナナ）→決まったものを食べるようにしている
8:00	出発　徒歩で会社に向かう　1h 片道 3,000歩
9:00	出勤　歩数計を着用
10:00	デスクワークが中心　歩数　オムロン205 ... を使用 時間と歩数で脂肪の燃焼スピードがわかる
11:00	社外にも出るが社内が多い　心拍数
12:00	昼食（コンビニ弁当か魚中心の定食）一人で食べるときはコンビニ。会社のすぐ下にあるので、通いがち。
13:00	間食はなし（甘いものは好きだが食べないようにしている）
14:00	午後もデスクワークが中心
15:00	あいた時間や息抜きにストレッチすることを
16:00	心がけている。
17:00	帰社（自分が帰らないとまわりが帰りにくいため、17:00には出る）
18:00	自宅で食べるときは奥さんがカロリー計算した食事をとっている
19:00	夕食（週に2～3回は自宅、他の日は会社の人と飲みに行くことも）
20:00	飲んだ時はタクシーや電車を利用。最近は飲んでいなくてもついつい利用しがちになっている。　お酒が弱いので、あまり飲めない。飲んでもビール一杯、ハイボール2杯程度。おつまみを食べすぎてしまうか……
21:00	帰宅
22:00	本を読む、TV、間食（最近は甘いものが欲しい時は、もずくを食べるようにしている）
23:00	就寝　奥さんが甘いもの好き。冷蔵庫の中には必ずシュークリームなどのあまいものがある。
0:00	
1:00	深夜にトイレに起きる回数が2～3年前から増加。
2:00	睡眠時間は平均6時間程度、安定してとれている。
3:00	入眠はスムーズ、朝も寝起きは良いほう。
4:00	
5:00	

（制作者：森岡 明子　）

如：觀光等季節性主題的時間軸是一年；長照則是依星期或小時行動，時間軸是一週或二十四小時。

中途離題也沒關係。聽到回答靈機一動時不妨針對回答繼續深入，獲得充分解答後再回到原本的時間軸。這個方法的優點是方便掌握整體情況與所在地，受訪者也容易了解後面會出現的問題。準備好註明時間軸的表單，一邊填寫一邊訪談更方便。加上插圖也有利於記錄。

四、事前準備

訪談團隊組成與分工

一個人負責訪談，能提出的問題與發現必定有限。最好是三人體制：一人是主要提問者；另一人負責追加提問，與離題時把訪談拉回正軌；另一個人負責文字與攝影等紀錄。這是公部門員工培養採訪技術的好機會，建議儘量參加。

所需工具

- 筆記文具（包括記錄用的電腦）
- 訪談紀錄表
- 錄音設備
- 相機（拍攝影片與照片）：使用智慧型手機，減輕正在拍攝的氣氛。
- 備用電池與記錄工具：一次訪問多人時一定要備齊備用品
- 必要文件：同意書、專案的說明資料與聯絡方式等等
- 土產或謝禮等表達謝意的禮物

五、用心對話

初步介紹、說明概要與資料保管

感謝對方撥冗接受訪問，並且從自我介紹開始。倘若受訪者過於緊張，以閒聊開頭會比直接進入正題好。此時不妨重新說明專案的主旨，以及為此前來訪談。

以書面或相機記錄之前，向對方說明會妥善保管個人資料。倘若需要公開發言、照片與影片，必須事前取得許可，請對方當下在同意書上署名蓋章。

拍照最好留待受訪者放鬆心情後再慢慢開始。

訪談的重點

訪談時注意以下重點，靈機應對，必要時不妨繞遠路以取得更深入的回答。

◇重視情緒波動

訪談時必須重視二種感覺：一是感到靈機一動的瞬間，這代表想像力受到刺激，心靈被打動，留下深刻印象。另一種是「這是什麼？」感到疑惑，或「哇，第一次聽到」的瞬間，代表情緒出現波動。這二種瞬間象徵有了「新發現」，察覺到線索。在感覺到的瞬間接受自己的情緒波動，並進一步深入提問。

◇組合WWWH（why, when, what, how）

發現前述兩種情緒（線索）時繼續提問，持續追求這些情緒。小線索探求到最後，也有機會成為創造地方未來的大發現。因此重點是反覆提問「why（為何）」，並且加上「何時（when）、何事（what）、如何（how）」，獲得更為具體的答案。

例如：受訪男性表示不參加地方活動，理由是「很忙」。繼續追問對方為什麼很忙，多半無法得到真正的答案。不如以具體的「怎麼過（how）？」來轉換問題：「通常怎麼安排假日時間呢？」進一步鎖定「為什麼（why）？」來深入提問：「為什麼沒事時也不參加呢？」或許能得更具體的回答：「感覺好像要是去了就得每次都去。」嘗試提出改變觀點的「WWWH型問題」，讓對方具體回答生活、活動的情況與想法。

◇注意別人的事、常聽到的說法與抽象的用字

訪談的目的是問出「只有受訪者才會說的話」。發現對方只會說別人的事或是一些聽來的事，要提醒對方以自己的情況作答。日常生活經常聽到的說法或是用字抽象也要多加留意，確認究竟意指何事。倘若無法正確掌握受訪者的用字遣詞，恐怕會誤解真正的意思。

◇其他注意事項

・尋找共通話題，拉近彼此的距離。
・儘量肯定對方的發言，直接稱讚。
・記得要和對方眼神交會。
・不要使用專業術語，不要炫耀自己的知識。
・不要打斷對方的發言，聆聽到最後。
・如果對方只說自己想說的話，務必仔細聆聽，提出該問的問題，小心把話題拉回正軌。
・對方不想回答的問題不要勉強對方。
・切記基本禮貌與訪問倫理。

報告、答謝

除了用電子郵件道謝之外，也要適當報告進度。之後可能會再請對方幫忙，務必誠實以對。

六、記錄、編輯、共享

採訪結果是專案重要的材料，今後需要反覆活用。編輯時務必用心，和成員一起分享。

步驟1 「如實」記錄

採訪時的真實聲音（對方發言的字字句句）都是重要的資料，因此聲音與影像都要如實記錄。所有發言都應該做成逐字稿，可以活用把語音化為文字的線上軟體。無論當時印象多麼深刻，記憶還是會隨時間流逝而變化消失。好好保留原始資料，以便之後回

想起來時能回到原點，而回到原點往往能刺激更多創意。

步驟2　提出「發現（假說）」

「這麼一來就對了！」的發現，和「應該是這麼一回事吧？」的假說都趁記憶猶新時，趕快寫在便利貼上吧！建議此時使用二種顏色的便利貼，一種顏色記錄受訪者的「真實聲音（與受訪者名字）」，另一個顏色記錄「發現（假說）」。真實聲音儘量詳實記錄受訪者的發言，發現則是自己制定的假說、感想與疑問等等。重點是兩者不得混淆。寫好的便利貼貼在圖畫紙上，內容類似者彙整在一起。

實際意見

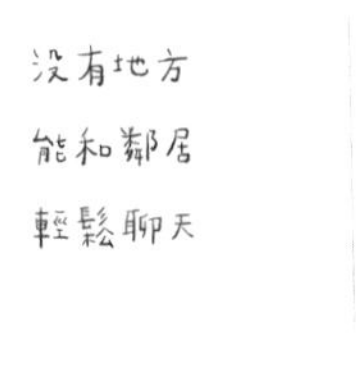
沒有地方
能和鄰居
輕鬆聊天

發現（假說）

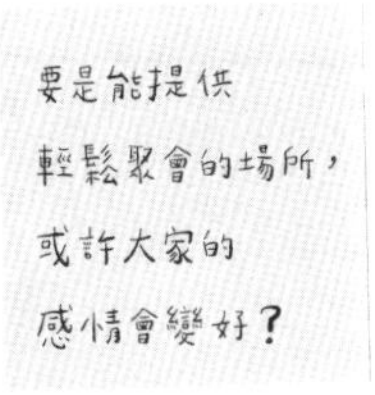
要是能提供
輕鬆聚會的場所，
或許大家的
感情會變好？

步驟3　「如實」共享

邀請無法參加的成員等所有人分享採訪內容，最好做到像是身歷其境。分享方式分為文字加照片與影片二種方式。

文字加照片可以做成投影片，一張照片搭配一句話，配合一張張投影片，重現採訪情況。此時儘量排除主觀意識與自己的發現，詳實呈現受訪者的發言。

倘若採訪時拍攝了影片，舉辦影片欣賞會也是一個辦法。事先編輯好一人三十分鐘以內的精華版，事後會非常方便。編輯雖然耗費精力，卻是和夥伴與相關人士分享課題的強大工具。無論是哪一種情況，都把在意的回答和自己的發現分別寫在不同顏色的便利貼上，貼到步驟2的圖畫紙上吧！

分享範例　文字加照片可以做成投影片，一張照片搭配一句話，重現採訪情況。

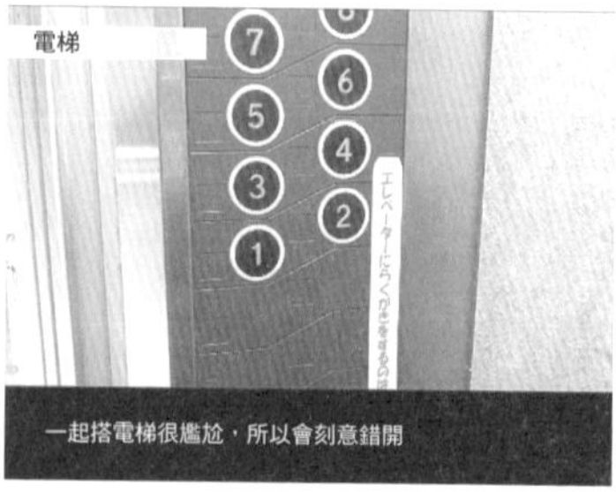
電梯
一起搭電梯很尷尬，所以會刻意錯開

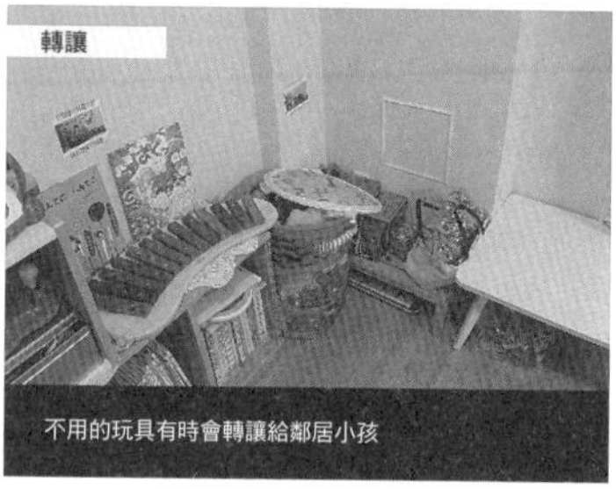
轉讓
不用的玩具有時會轉讓給鄰居小孩

共通點：興趣
會和其他小孩的媽媽互相邀請對方一起去上美甲或插花課

傳訊息與門鈴
去對方家拜訪時按門鈴是不特別明說的規矩

技術三

聆聽的技術

技術四　呈現未來的技術

打造未來的第一步是呈現未來。想要實現理想的未來，必須先用自己的文字或是視覺呈現來具體化未來的模樣，邁向未來的故事。呈現未來需要會說故事、寫文案和視覺傳達設計。

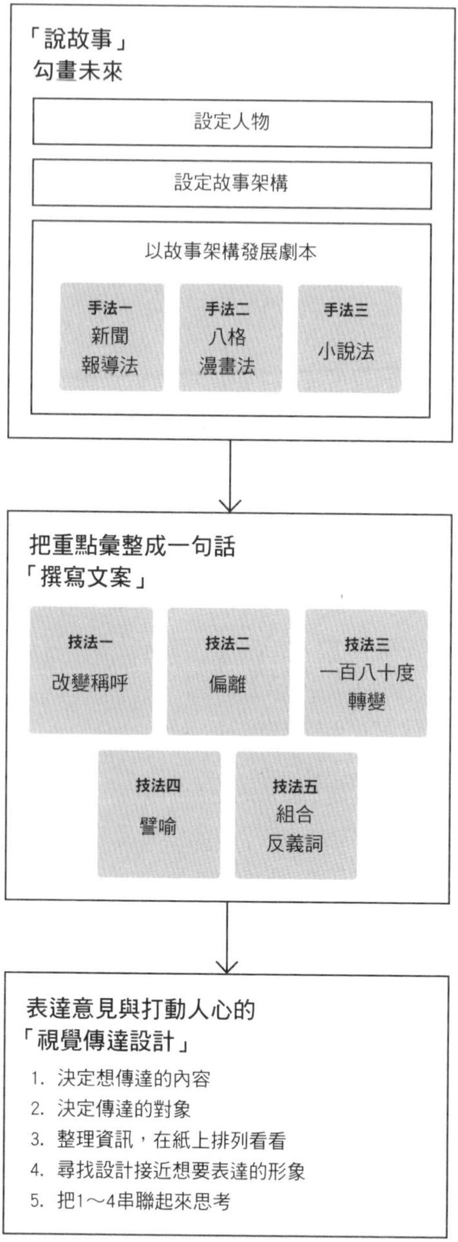

「說故事」勾畫未來

呈現與設計未來時，最好的工具就是「語言化」，也就是說出來或是寫下來。

嘗試把想法化為言語，考慮用字遣詞，把文字串連起來時，腦中想像的未來便會逐漸浮現，愈來愈清晰。

人類的思考模式分為「理論實證」與「創作故事」二種，前者是思考事情的正確與否，後者是思考現象彼此之間的關聯。用言語記述未來時，重要的是以創作故事模式思考，想像未來的模樣，自己的生活會因此產生何種變化，現在與未來之間如何連結。

創作故事的步驟分為以下三個步驟。步驟1與步驟2請參考下一頁的故事表。

步驟1　設定人物

在你規劃的未來中，登場人物、點子的客群或是面對問題的當事人是什麼樣子呢？

設定一個特定的人物，詳細描述他的屬性（性別、年齡、職業、住處、家庭成員）、生活型態（過著什麼樣的生活，抱持何種價值觀）、生活中的問題與需求等等。

步驟2　設定故事架構

用「故事表」記述主角是在何時、何地，以及採取何種行動等大概的流程。

步驟3　以故事架構發展劇本

以步驟2的重點為基礎，以劇本的形式具體記述未來想在地方做的事。

寫成劇本的手法又分為「新聞報導」、「八格漫畫法」與「小說法」。

劇本手法1　新聞報導法

想像XX報在二〇三〇年刊登了你規劃的未來，

故事表

主角檔案

姓名 山野花子

年齡 58

性別 女

住處 △□縣○×市

家庭成員 丈夫與兩個已經成年的孩子

肖像畫

請試著畫畫看

何時 When

晴朗的星期天

何地 Where

以活用野草來營造社區而聞名的地方

何事與如何做 What·How

花子的嗜好是蒔花弄草。他和兩個朋友一起去旅行。
當他們坐電車外出時，發現窗外有好多花草。
從市中心到野草公園的路上，
居民用心照顧的花朵開了一路

結果 Outcome

花子喜歡上這個處處都是野草的地方
只要有時間，他周末就會造訪此處，
和居民一起照顧野草。然後……！

報導裡寫了什麼呢？

報紙是以標題和內文簡潔表達事件的媒體。對於習慣讀報的人而言，容易具體想像寫了什麼樣的文章，下筆起來也簡單。

劇本手法2 八格漫畫法

第二種手法是男女老少都熟悉的「漫畫」。不僅是文章，簡單的畫也能有效刺激創意。就連不擅長畫畫的人，換成漫畫出乎意料就畫得出來了。

漫畫多半是報章雜誌經常可見的四格漫畫與雜誌上幾十頁的連載。花上幾十頁來呈現未免過於冗長，只有四格又太難彙整，建議長度是八格。

劇本手法3 小說法

把設定的特定人物當作主角，寫一篇關於他的小說。湯類專賣店Soup Stock Tokyo的創始人遠山正道花了三個月寫成長達二十二頁的故事型企劃書「一九九八年，某個喝湯的日子」。以下引用企劃書的一部分：

> 田中在日本Sentucky Fried Kitchen秘書室工作，最近他喜歡上開在駒澤路上的Soup Stock。這家店的賣點是料多的熱湯和剛出爐的麵包。他每天上午總想著中午要吃什麼，一直坐立不安。女性能去的餐廳有限，平常跟負責KFC Polissy的同事一起吃午餐時沒什麼選擇。Soup Stock開幕之後成為他們的新歡。菜單上註明的Nonfat和Lowfat等字眼，在他們的眼裡像是神諭。
>
> （中略）
>
> 一個人去也不錯。透過大片落地窗，看到一名女子翻閱雜誌，一邊慢慢喝湯，旁邊擺了一瓶二百五十毫升的迷你紅酒。熱湯消除了一整天的疲勞，連我在外面看都覺得溫暖。

受到矚目的植物園城鎮

從植物學家到觀光客都能近距離觀賞珍貴植物

霞輪日本百合、上臈油點草、谷麝香草……對於一般人而言，這些植物聽起來很陌生，懂的人看了一定會興奮地跳起來。因為這些都是非常罕見稀有的植物。在OO町居然看得到二十種以上這些珍貴的植物，如果連一般品種都算進去就更多了。

這裡簡直整座城鎮都是植物園。為了推動植物成為城鎮的賣點，二〇一五年度開始調查，確定值得品牌化；二〇一八年度正式推動「整座城鎮都是植物園」。以位於城鎮中心的野草公園為中心，由擔任志工的居民主導管理與維護。由於整座城鎮處處都能近距離觀察知名植物，吸引了從植物學者，主修植物學的學生到觀光客等眾人造訪。

山野花子（五十八歲）一年前搬來這裡。原本是同樣喜歡蒔花弄草的朋友告訴他有個有趣的地方，於是認識了OO町。有一天，他突然想去個小旅行，於是和兩個朋友一起造訪了這裡。野草公園本身的魅力自不待言，更令人感動的是家家戶戶都用心照顧花草，居民與居民，居民與觀光客，觀光客與觀光客都在花草面前熱情聊起關於植物的話題。這次體驗使得花子最後搬來OO町。「在城裡的生活雖然也很開心，在這裡每天都能欣賞到不一樣的景色，真是最棒的享受！」

公所的公關部門自信滿滿地表示最近零星出現像花子這樣從觀光客變成關係人口，最後移居的例子。多名全球知名的野草學者都是來自OO町。藉此機會整頓資源，重振野草之都的威名。

改變人生的整座城鎮都是植物園

企劃書中詳細敘述地段、主要客群、菜單、飲料與裝潢，內容豐富精采，讀完就能想像餐廳的模樣。

三種手法當中以小說最難，需要流利生動的文筆。只知道一個勁埋頭苦寫反而會迷失方向。要是無法把故事表直接衍伸成小說，不妨先畫成八格小說，大略思考小說流程與架構後，把每一格寫成文章。

敘事觀點為第三人稱

小說的敘事觀點共有三種，分別是第一人稱、第二人稱與第三人稱。第一人稱與第二人稱的主詞是「我」和「你」，適合描寫特定人物的生活與心情，用來描述地方的情況與場景則非常考驗文筆。最容易下筆的是第三人稱。以Soup Stock為例，以客觀的第三者立場實況轉播未來的情景，比較容易描述主角行動、情感與現場情況。

把重點彙整成一句話「撰寫文案」

無論是八格漫畫、報紙報導還是小說，標題都是彙整內容的重點。

這是二〇〇九年鄉村銀行（Grameen bank）的總裁穆罕默德・尤努斯（Muhammad Yunus）來日本演講時的部分內容。我聽到這席話，「貧困消失的未來景象」馬上歷歷在目。

> 我想要蓋一座**「貧困博物館」**。當孩子問我「貧困是什麼呀？」時，我能對他們說「貧困原本是這麼一回事喔！」我的夢想就是把貧困化為只能在博物館看到的前人遺物。

「沒有就是沒有」——這是走在地方創生尖端的地方政府島根縣海士町的願景文案。文案包含兩個意思：一是島上該有的都有，什麼都不缺；另一是島上沒有任何方便與流行的事物。這句文案是當地居民保護地方特色的宣言：島上具備所有想要活得像個人的一切，可是不需要便利商店跟連鎖店。

這兩個文案都充滿力量，令人聯想到社會與地方未來的模樣。言語有打造未來的力量。人類利用口說釐清原本模糊的想法。優秀的文案能打動人心，改變行動。自己與他人說出的言語帶來一點一滴的變化，最後累積成未來。言語是未來的起點，也能指出終點，是實現永續發展不可或缺的要素。

制定願景關鍵字的技法

海士町的願景海報，以文案「沒有就是沒有」作為主視覺。

《言語創造未來》的作者細田高廣提倡五種制定有效願景關鍵字的方法。我以高知縣佐川町的未來願景（第二四六頁）使用的關鍵字來介紹這五種手法：

技法1　改變稱呼

迪士尼樂園對計時人員的稱呼是「演員（cast）」，星巴克則是「夥伴（partner）」。這些名稱顯示公司對員工的期望，表示員工是實現公司願景的重要資產。使用代表未來理想的新名稱來稱呼地點、人員或組織，是一種呈現未來的手法。

佐川町計畫把自伐型林業（譯註：一種山林所有者從經營規劃到伐採，均由自家勞動力進行作業的森林經營型態）培育成當地主要產業，並且希望這項產業能成為當地兒童與年輕人憧憬的行業，於是把從事林業者稱為「樵夫戰士」。以下引用佐川町未來願景的部分原文：

培育山林，涵養水源與土壤，增進綠意，創造工作，建立城鎮——靠自己的雙手維護森林的自伐型林業，是支撐佐川町未來的中流砥柱。至於推廣與實踐自伐型林業的這群人就是「**樵夫戰士**」！樵夫戰士是以森林為據點，負責經營、管理以及所有林業相關工作。為了使用豐富的自然資源來貢獻城鎮，秉持愛心種樹，自行維護。這種帥氣的工作與生活方式普及至世界各地，受到眾人矚目。

技法2　偏離

技法3　一百八十度翻轉

位於石川縣金澤市的金澤二一世紀美術館，成立概念是「和兒童一同成長的美術館」。一般說到美術館都覺得是為了成年人而設立的設施。特意偏離一般的說法，表示要和兒童成長，代表美術館的未來願景是重視童心，希望能讓所有來參觀的民眾都雀躍不已。

我每年都會造訪位於北海道旭川市的旭山動物園。這間動物園引進嶄新的展示手法「行動展示」，成為全日本參觀人數數一數二的動物園。一般的動物園採用的是「形態展示」，強調的是動物身體的特徵。「行動展示」強調的是「跑、飛、游泳、獵食」等動作的瞬間，呈現動物原本的強大、美麗與偉大。這種手法偏離一般客群、手法與時空，透過一百八十度翻轉來呈現未來。

佐川町的未來願景也以「創意農人」來形容農民，大幅偏離過去眾人對農民的認知。

好像很累，好像很辛苦——**佐川町的創意農人**改變了眾人對於「農民」的既有概念。他們用心栽培蔬果，想像從生產、出貨、販賣到送達消費者手上的情況，秉持創意從事「農業」。在佐川發明實驗室舉辦的「飲食X數位技術」工作坊，使用佐川町生產的食材來開發新加工品的農民也是創意農人的一份子！

技法4　譬喻

開頭介紹了尤努斯的「貧困博物館」，利用「博物館」這個譬喻，表示願景是讓貧困成為過去的遺物。這種手法是利用譬喻引發人類的想像力。

佐川町的未來願景第一號是「整座城鎮都是植物園」。當地最大的魅力與居民最引以自豪的就是「植物」，以「植物園」來譬喻當地充斥植物的景象。

> 佐川町是日本植物學之父牧野富太郎博士的出生地。他雖然出生於一百五十年前，至今走在佐川町的路上還是能看到「原來這就是培育出植物學博士的地方」的景色。美麗的野草既可愛又堅強，雨後大自然的芬芳撲鼻。以博士種下櫻花樹的牧野公園為中心，佐川町不僅是山林，街上各處商店與民家都滿是花草。大家緬懷博士受到植物吸引的心情，享受「培育」的樂趣，**整座城鎮都是植物園！**

技法5　組合反義詞

想要創造強烈的未來願景，可以試試組合兩種完全相反的概念。海士町的「沒有就是沒有」精準表達未來願景，包含二種完全不同的意思：「全部都有」與「沒有必要」。佐川町推動社區營造的方式與呈現居民價值觀的關鍵字則是「認真、有趣」。

實現地方永續發展需要優秀的文案與願景。言語能夠打造未來。

> **認真、有趣、佐川町**
>
> 要做就來真的。要做就徹底享受。文教城鎮「佐川町」長年以來培養出面對任何問題都正面迎擊，誠實以對的態度；無論遇上任何困難都能保持笑容，享受挑戰。相信無論遇上什麼樣的問題，只要秉持這種心態，必定能克服一切，走出一條新的路。我笑了，大家也笑了，整座城鎮都笑了。

表達意見與打動人心的「視覺傳達設計」

現在地方人士也慢慢認識到美麗易懂的視覺傳達設計有多麼重要。然而不少人認為設計是名為設計師的專家才具備的技能，認為「我不懂設計」「我最好不要出意見」。其實這都是大家誤會了。

真正最明白該如何傳達的人，是有心傳達的各位，設計師不過是輔助的角色罷了。

假設現在要製作一張傳達願景的傳單，想要表達的事項多如牛毛。最常見的方式是把資料交給設計師，口頭說明之後，任由設計師發揮。優秀的設計師會自行詳查資訊，思考如何傳達，完成作品。假設交給設計師的資訊能傳達的程度約莫五成，設計師改善後應該是六到七成。然而如果自行整理資料，挑選用字遣詞，構思傳達的視覺形象，再和設計師溝通。如此一來，起步是從七成開始。設計師也能專心投入設計，至少把傳達程度提升到八成。畢竟無論是多麼優秀的設計師，在有限的時間之內都無法把五十分的作品修改成八十或九十分。

設計成果其實取決於大家的參與程度。然而無論是自行設計還是委託設計師，都必須做到以下五件事：

1　決定想傳達的內容

第一步是決定要透過設計傳達什麼，建議整理成主要傳達事項與兩個次要事項。

2　決定傳達的對象

確定對象的性別、年齡、職業、生活型態等等。針對長者跟針對年輕媽媽的傳單，視覺形象、字體大

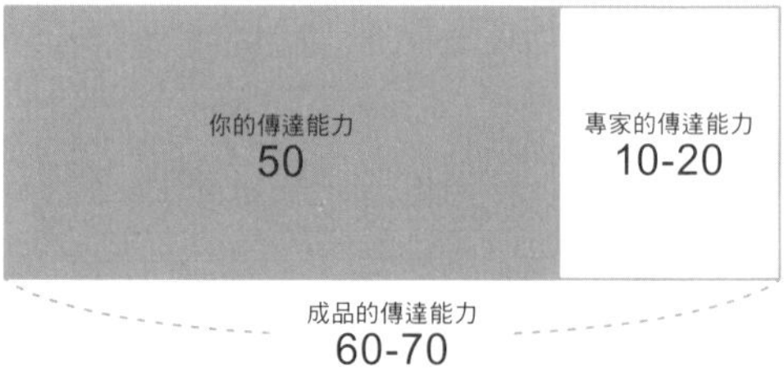

小與字數想必不同。無法鎖定時，建議分為主要對象與次要對象。

3　整理資訊，在紙上排列看看

根據想要傳達的事項，挑選所需資訊，在紙上排排看。習慣用PPT、EXCEL或WORD等軟體也沒關係。要是條列出來發現資訊太多，進行第一次取捨。倘若取捨之後發現還是太多，可以留待與設計師商量，借助專業的力量解決。

4　尋找設計接近想要表達的形象

嘗試可視化腦中的形象，是要甜美可愛還是簡單時尚呢？感覺是美麗的照片還是時髦的插圖呢？現在網路上就能搜尋到無數設計，找出接近腦中形象的設計，一字排開來看看吧！

5　把1到4串聯起來思考

完成第一到第四步後，俯視全體，修正每一個項目。排在紙上或許會發現偏離了原本設定的傳達事項。釐清對象後，必要的資訊與視覺形象也會隨之改變。整理資料，彙整成形的過程能深化思考，確定設計的核心。

完成這五步，自己也能設計看看。不妨模仿形象類似的設計，多做幾個來瞧瞧。無法獨力完成時，委託他人畫插圖或是使用他人拍攝的照片也是辦法之一。此外，希望設計成品的表達水準高達九成以上，需要擅長彙整資料、精於用字遣詞與視覺傳達等多名成員共襄盛舉。

第6章

打造每個人生活意義的「挑戰」

微風持續不斷的地方

蝴蝶效應——某處有一隻蝴蝶拍打翅膀，颳起的微風擾動了空氣，最後引發遠處發生天災。這個名詞源自氣候學家愛德華・羅倫茲*的演講標題「可預測性：一隻蝴蝶在巴西扇動翅膀會在德克薩斯引起龍捲風嗎？」。

制定明確的未來願景，獲得眾人共鳴，居民因而開始行動，慢慢興起挑戰的風氣。剛開始或許是徐徐微風，然而微風也能帶動其他人一起起風，逐漸化為強風，最後形成暴風，地方出現一百八十度轉變。

實現地方永續發展的第三個必要生態環境是「風」，風代表挑戰，是充實居民人生的自我實現。

充實的人生需要時時挑戰。居民發掘自己想做的事，進而行動並樂在其中。把喜歡的事化為工作，追求有趣工作的人也會愈來愈多。永續發展地區總是四處颳著朝向未來進行多元挑戰的風。

＊**愛德華・羅倫茲（Edward Lorenz）**

美國氣象學家。使用電腦程式計算氣象模型發現，初期某個變數的小小變異會嚴重影響結果，造成巨大差異。他將這種情況稱為「蝴蝶效應」，簡單說明混沌理論（Chaos theory）。

維持挑戰人口

根據二〇一七年辦理的「地方豐饒生活調查」，回答「目前是否有目的、目標」的日本人不到半數，僅占百分之四十四點七。日本全國人口截至二〇一九年一月一日共一億二千六百七十五萬人，代表有目的、目標者約五千七百萬人。我把這些人數定義為日本的「挑戰人口」。

日本現在人口急遽減少。然而就算總人口減少，只要挑戰人口維持在一定程度，全國社會與地方社會還是能充滿活力。

假設今後挑戰人口的比率依舊是百分之四十四點七，在二〇三〇年約為五千三百萬人，到了二〇六〇年則會減少三成，僅剩四千一百萬人。然而如果二〇三〇年的挑戰人口比率比現在增加百分之三（一年增加百分之零點二），也就是百分之四十七點六，挑戰人口的總數就不會減少。一年增加百分之零點二不至於到難如登天。雖然人口總數少，所有居民不分男女老少都能挑戰想做的事——這就是我想實現的地方創生。

＊地方豐饒生活調查
請見第一九六頁

	挑戰人口	總人口	挑戰人口比率
2019 年	約 5700 萬人	約 1 億 2670 萬人	44.7%
	－約 300 萬人	－約 770 萬人	
2030 年 A（維持現在比率）	約 5300 萬人	約 1 億 1910 萬人	44.7%
2030 年 B（比現在增加 3%）	約 5700 萬人	約 1 億 1910 萬人	47.6%

起風所需的二項要素

地方產生新挑戰需要二項條件：「熱＝個人的熱情」與「夥伴」。

起風所需的熱能

風，也就是空氣之所以會流動是因為有「熱」。空氣受熱膨脹，變輕上升。地表附近的空氣於是水平流動，填補上升空氣所造成的空洞，因而產生了「風」。

沒有個人的熱情，不會颳起挑戰之風。個人熱情不會因他人建議而生，也不會因為受迫而生，而是個人湧起內心的情感、使命感與好奇心時自然產生。

實現地方永續發展所需的三種熱能為三種型態：

源自當地內部的「地熱」

「地熱」是地方內部自然產生的熱。無論是何種地區，都有一定程度想挑

戰的熱情人士。這些人聚集串聯，便能在地方內部形成巨大的熱能。第五章介紹的制定未來願景正是串聯熱能所需的步驟。透過對話思考地方未來，察覺自己想做的事，遇到懷抱相同熱忱的夥伴，產生新的熱——這是最自然也最為理想的方式。

外界人士帶來的「外熱」

許多案例單憑地熱，難以起風。這種時候必須活用來自外界的「外熱」。從以前就流傳「地方營造需要外地人、年輕人與有傻勁的人」。許多地方發生劇烈變化往往是源自一名移居者。

因為升學就業而離鄉，之後返鄉的人才也常常從外地帶回熱情，是珍貴的熱能來源。

地熱與外熱交互作用所引發的「化學反應熱」

光憑地熱常常颳不起風，老是依賴外地人無法永續發展。這種時候需要結合內外兩種熱引發化學反應，產生熱能。但是挑戰必須由當地人才主導，

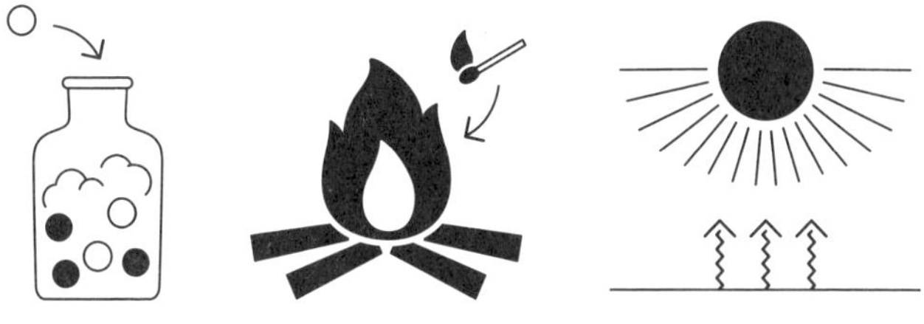

透過與多元化的外地人才交流對話，引發熱能。

夥伴的力量促成持續發熱

無論是引發熱能，持續發熱，構思點子還是加以實現，都需要夥伴協助。

每個人心底都隱含了「想要挑戰」、「想貢獻地方，貢獻社會」的熱情。但是繁忙的日常生活往往把這種渴望壓抑在內心深處。喚醒這種欲求，勇於踏出第一步正需要夥伴推一把。人出乎意料不清楚自己想做什麼，不知道自己的熱情能發揮於何處。有時和夥伴對話，會有新的發現。持續發熱也需要夥伴支援，跨越阻礙的高牆，繼續前進挑戰。

建立發熱起風的場域

為了推動永續發展的地方營造，本書經常提到以「對話」來和夥伴一起產生熱情。想要促進人與人產生化學反應，發生熱能，進而構思點子，增加熱量，颳起挑戰之風，需要對話場域，也就是工作坊。以下介紹颳起挑戰之風的工作坊是如何進行。

零、設計對話場域

主辦單位（公部門、工商協會、公民團體與民間企業等等）必須先行設計對話場域，具體的設計方式請參考第四章的「建立對話場域的技術」。本節僅說明打造場域固有的注意事項。

設定主題

對話場域不可或缺的是主題、題目。只是呼籲大家「一起來挑戰吧！」無法打動人心。確立對話主題，確定要挑戰什麼，才能喚醒「想要挑戰」的熱情。設定主題的方式分為以下三種：

①解決課題型

把參加者會想解決的地方問題當作題目，例如：「保健商業」、「支援育

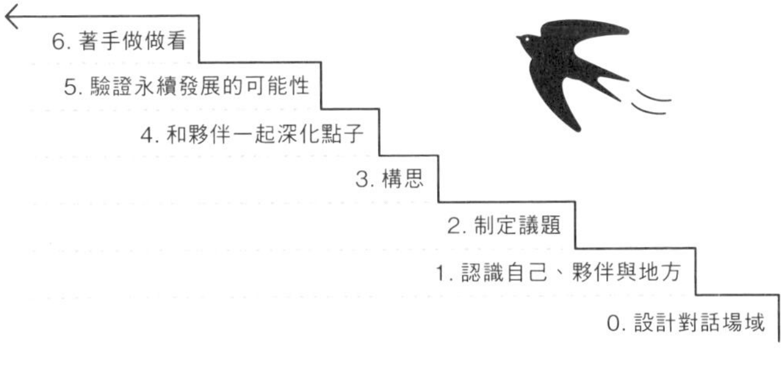

兒服務」、「活化鬧區」等等。

②活用地方資源型

把活用當地特有資源（特產、材料、技術、自然或文化遺產等等）或活化產業當作題目，例如：「溫泉」、「和紙」、「紡織業」、「日本海的海產與食魚文化」、「森林與動植物」等等。邀請與主題相關的業者與組織參與規劃，專案更具實用性。

③概念型

以活動概念取代具體的課題或資源，代表案例包括島根縣雲南市的「幸雲南塾*」，岐阜縣郡上市的「郡上公司*：打造扎根於當地的生活方式」，在埼玉縣各地發展的「我們的每個月賺三萬小生意*」以及宮崎縣新富町的「宮崎在地新創公司學校*：培育地方版ＭＢＡ人才」。基本上沒有固定主題，不過會追加活用地方資源或是解決地方問題等要件。

設定地點、次數、參加對象與人數

參加對象受舉辦地點左右。想要引發當地居民產生地熱，就得在地方舉

＊幸雲南塾

位於島根縣雲南市，專案旨在培育開創地方未來的人才。

＊郡上公司

位於岐阜縣郡上市，成立目的是創造充滿郡上風格的點子。公司二字源自英文「company」，原意是「一起分食麵包的夥伴」。如同名稱語源，公司成員是一起尋找生活方式的「夥伴、同志」，一同培育能朝未來邁進的事業種子。

＊我們的每個月賺三萬小生意

在埼玉縣各地舉辦的講座，企劃每個月只賺三萬日圓的小生意或是從女性的觀點來規劃每個月賺三萬日圓的工作。提倡斜槓多種小規模工作，實現快樂賺錢的「複業」生活。

辦；想要引進外熱，吸引外地人士移居，進而定居，就得在外地舉辦，把東京等大都市圈列入選項。

另外也可以組合兩種做法，針對都市圈的說明會選擇在東京、大阪等地舉辦；工作坊則在地方舉辦，募集都市圈民眾與地方居民一同參加。

募集參加者

確定參加條件後，最好儘快透過各種管道募集參加者（夥伴）。公部門舉辦活動時往往輕視這件事。單憑宣傳難以引人注意，吸引他人報名更是比想像中困難。募集方式沒有正確答案，唯一的作法是勤勤懇懇地極力宣傳，勾起更多人的興趣。

一、認識自己、夥伴與地方

募集到夥伴，就可以開始舉辦工作坊了。

＊**宮崎在地新創公司學校**

宮崎縣新物町的在地貿易公司「KOYU財團」主辦的「地方版MBA」，透過商業的力量解決地方問題，培育實現地方永續發展所需的人才。

認識自己和夥伴

參加者首先必須了解夥伴和自己，才有辦法自行訂定挑戰計畫，和夥伴一同執行。

如同成功的循環模式所示，對話場域產生的思考、行動與成果，也就是挑戰品質受到場域的關係品質左右。因此需要花時間，慢慢認識彼此。

想要更深入了解自己，可以利用左頁的「自我分析表」。我設計這份表格時參考了井上英之*提議的「我的專案」*中的工具。表格旨在回顧人生，尋找自己的轉捩點，發現自己的優缺點與自己真正重視的事。這份表格最好是參加活動之前事先花時間填寫，而非在活動現場趕著完成。

對話時和一位夥伴分享，彼此提問。如果時間充分，希望大家能和在場所有人分享。敞開心扉介紹自己，接受夥伴提問，透過回答更深入了解自己，並且發現新的一面與深層想法。此時發現釐清的深層想法會成為帶動挑戰的火種，要小心保溫。

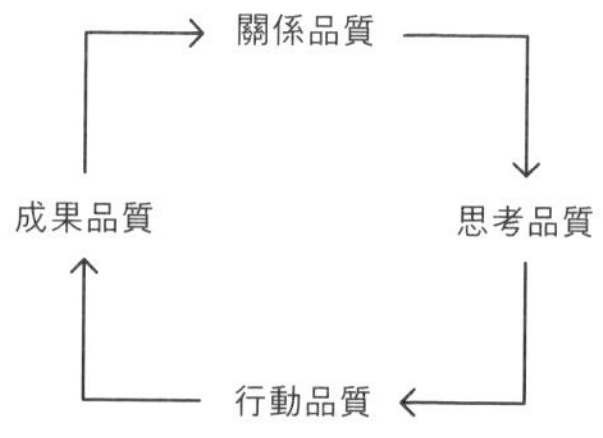

＊井上英之
社會企業家與社會創新學者，審定書籍包括《社會企業家必讀本 未來的可能性、現在的必要性（社会起業家になりたいと思ったら読む本　未来に何ができるのか、今なぜ必要なのか）》等。

＊我的專案（My Project）
慶應義塾大學湘南藤澤校區專任講師井上英之的研究室所推出的專案制定方式，藉由與自己的內心對話，發現自己真正想做的事和感受，並以此為發想專案。

自我分析表

姓名 北國好男　戶籍 △×○

請列出人生當中印象最深刻的三件好事與三件壞事

好事	壞事
國中小時班上人很少，大家感情很好，當時非常開心	故鄉經常下雪，天氣寒冷，有一陣子很討厭雪
考上志願大學！搬去城裡一個人住	祖父在接連下大雪的日子孤獨死，自己沒能為祖父做什麼，非常後悔
和朋友舉辦思考振興故鄉的活動，非常成功！	明明和女朋友交往了五年，卻劈腿朋友……

請問做什麼事時會特別高興？

特技、喜歡的事	理由
和人聊天 招待客人	可以獲得許多刺激，也能在聊天的過程中釐清自己的想法 喜歡看到對方露出笑容

參考在地議題地圖，
寫出有興趣的議題

長者的孤獨死
空屋×創業
社群

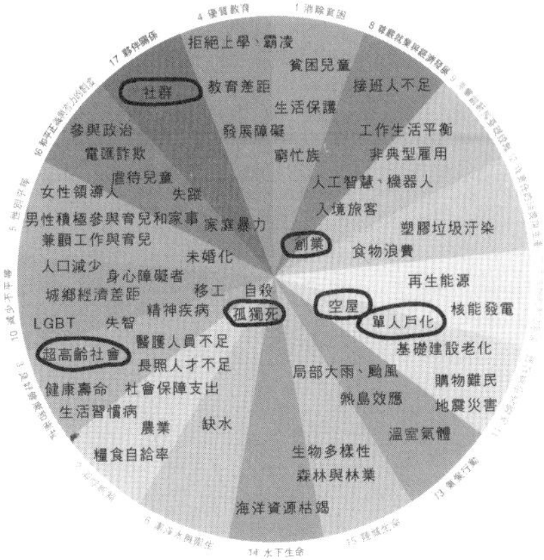

你想挑戰哪個課題？

建立大家能輕鬆交流，成為夥伴的空間

認識地方生態系

下一步是探索挑戰的舞台——地方，發掘當地特有的歷史故事與沉睡中的寶物（農作物、水產品、自然環境、歷史、文化遺產、技術、材料與人才等等）。不僅是外地人士，很多事情就連長年居住於當地的居民也不見得知道。認識地方的主要方法有兩種：

①一步一腳印

想要深入了解地方目前的模樣，親自造訪是最好的方法。issue+design把觀察地方的行為稱為「田野調查*」。造訪圖書館與博物館的文化設施，閱覽地方歷史、文化相關資料也是方法之一。

②聆聽居民心聲

想要接觸居民的心聲、問題、煩惱與探索新的機會，可以利用「訪問」這個方法。

訪問田野調查時不經意遇到的對象，是得知地方現況真相的好機會；邀請對地方產業、歷史與環境等各項事物熟悉的人士前來演講也是一種方法，

＊田野調查
請見第三三〇頁

所有出席者能在當下共享演講內容，便於之後對話。要是時間充裕，聽完來賓演講後，大家各自進行田野調查或是針對有興趣的領域訪問，更能深入了解地方，與地方建立更為緊密的關係。

二、制定議題

認識自己、夥伴與地方生態系，就能建立自己對於地方的問題意識，發現當地充滿魅力的資源。

當在地方發現的現象與自己的想法有所交集，產生「願意持續思考，秉持熱情，想著一定要解決的課題」就能成為議題。

深入挖掘，以具體的言詞敘述，確定議題，便能立刻確定挑戰的方向，大幅提升之後挑戰的品質，以及企劃實現與永續發展的可能性。這個步驟留待後文的「提問的技術」說明。

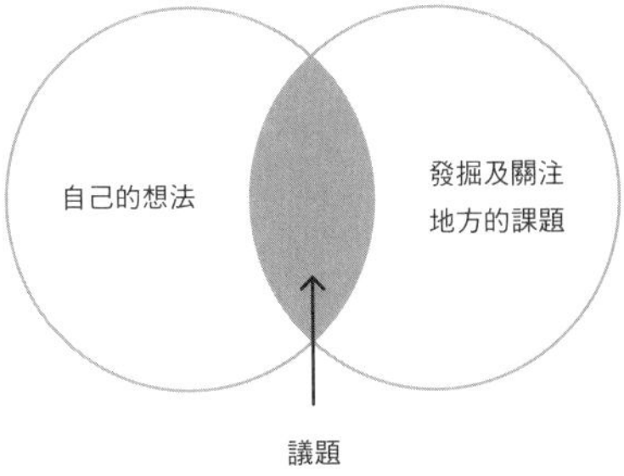

三、構思

確立議題，也就是找出大家最願意持續思考、秉持著熱情解決的課題之後，下一步是構思如何解決問題。團隊根據議題擴充點子，創造活用地方資源的新事業與解決地方問題的活動。大家腦力激盪的時光是最快樂不過了！

小點子，大力量

管理大師彼得・杜拉克*說：「未來無法預測，但是可以憑有目的的行動來創造。這些行動的原動力只是一個單純的『點子』」。他又表示「創意來自細微之處」。改變社會的偉大發明往往來自小組織的小構想。

在日常工作、家事或是與朋友、家人的對話中，任誰都可能靈機一動。從個人內在累積突然冒出來的「主意」與「構思」就是創意。廣告大師詹姆斯・韋伯・揚*對於創意生成的原理定義如下：「創意是重新組合既有要素。」

日本人發明的「折刃式美工刀」便是最典型的例子。昭和時代初期，印刷工人會用小刀割紙，刀刃卻一下子就鈍了。此時一名印刷廠工人留意到

＊彼得・杜拉克（Peter Drucker）

奧地利籍的管理學家，是現代管理學之父。

＊詹姆斯・韋伯・揚（James Webb Young）

美國廣告業界大師。著作《創意的生成：廣告大師私家傳授的創意啟蒙書》（中文版為經濟新潮社出版）是構思點子的聖經。

照片　針對岐阜縣御嵩町的民營鐵路活化進行田野調查的成果

プロジェクション マッピング
ロボットの 駅員さん
ミタケ口
みたけ 名物 スポットに なる!
絵馬を下げて
6000系レイアウト
美容室U
みたけ幼稚園
水野建材店
みたけ口

「以前工匠會用玻璃碎片切東西」，又想到進駐的美軍發給大家的「板狀巧克力」。兩個毫無干係的要素組合在一起，就誕生了全世界第一把「可以像折巧克力一樣折刀刃的美工刀」。由此可知，創意一開始是從細微處產生。

把大量點子並列，以自己的、地方的與夥伴的觀點評估，縮小範圍，統整多個創意形成新的點子。反覆嘗試修正，鞏固自己挑戰的核心。這項步驟的細節請參考後文「創意的技術」。

四、和夥伴一起深化點子

確定挑戰核心的下一步是深化點子，精益求精，琢磨得更加具體。實現點子最重要的條件是什麼？是商業技巧、經驗、金錢還是點子的品質呢？這些條件當然都很重要，但是最重要的是熱情，也就是有多麼想實現這個點子。沒有熱情，就不會起風。

制定心流專案

美國心理學家契克森米哈伊*提倡「心流理論」——人要是全心投入認為值得耗費時間的活動，就會專注到忘記時間流逝、進食與休息。凡是進入過心流狀態的人都能成就輝煌。這是他採訪詩人、運動選手、創業家、登山家與牧羊人等各界成果豐碩的創意人士後所得出的結論。

契克森米哈伊認為進入心流狀態的條件在於「挑戰難度」與「技巧程度」都偏高（圖右上方）。如果挑戰難度低，憑目前的技巧程度就能完成會令人無聊（圖右下方）；如果挑戰難度高，憑目前的技巧或經驗完全不可能成功（圖左上方），則會陷入焦慮或羨慕的情緒。

挑戰難度與技巧程度取得平衡的狀態，也就是竭盡全力便有機會實現的挑戰，能帶人進入「心流」狀態。

以前主管常常對我說：「工作時要踮腳到小腿發抖的程度」。唾手可得的成果沒意思，難如登天的目標也沒有意義。他是希望我一直挑戰自己，把用力伸出手就能獲得的成果設定為目標。但是一個人一直踮腳很困難，需要夥伴的陪伴。

＊米哈里・契克森米哈伊（Mihaly Csikszentmihalyi）

匈牙利裔美籍心理學家。著作包括《心流：高手都在研究的最優體驗心理學》（中文版為行路出版）等等。

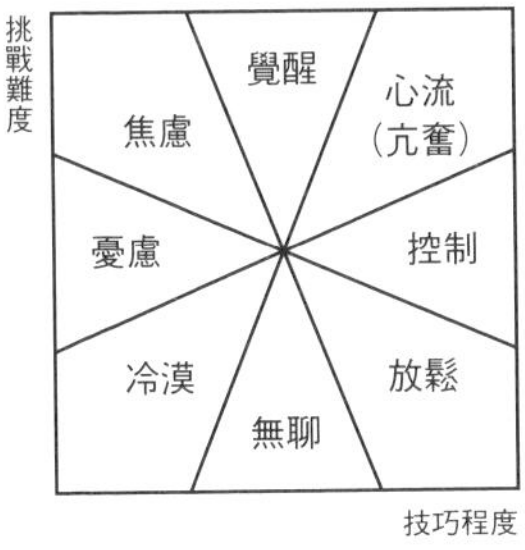

透過與夥伴的對話把「做得到的事」變成「該做的事」

社會企業家經常在訪談中提到「我相信這就是我該做的事」、「我認為這是我的使命」。把專案計畫從「想做」提升到打從心裡認為「該做」的層次，是創造心流專案的必要條件。

提倡U型理論*的夏默博士表示所有人都有兩個我，一個是自私自利，只顧自己的「小我」；另一個是想為他人與社會貢獻，發揮創意的「大我」。想要嘗試新的挑戰，以及做自己能做的、擅長做的或想做的事屬於「小我」（圖右下方）。

所謂走出小我，邁向大我代表跨出舒適圈，為了需要的人，為了他人，為了這個社會挑戰稍微超出自己能力所及的目標。這種情況屬於圖右上方，也就是進入心流狀態，最後取得豐碩成果。

大家發表自己設定的挑戰，交換意見，擴大自己「做得到」的範圍，代表對話時間的目的是把人從「小我」進化成「大我」。彼此提問的內容分為以下二點：

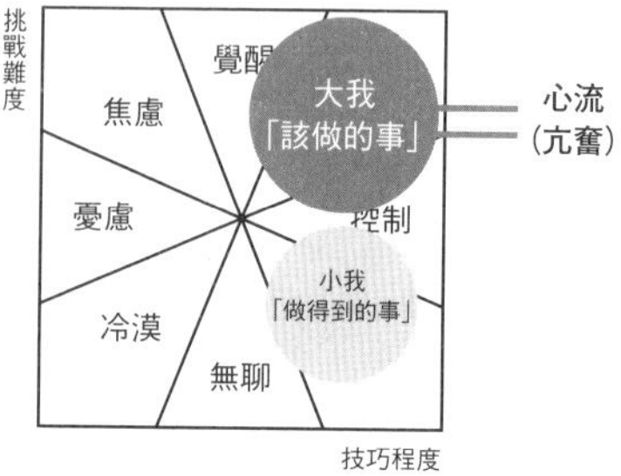

＊U型理論

美國管理學與組織學學者奧圖．夏默（Otto Scharmer）博士所提倡的思考架構，用於轉型變革。詳情請見《U型理論精要：從「我」到「我們」的系統思考，個人修練、組織轉型的學習之旅》（中文版為經濟新潮社出版）。

「想做什麼又為什麼想做？（小我）」

「想貢獻給誰和貢獻什麼？又能解決什麼樣的問題？（大我）」

分享自己的想法，聆聽夥伴的評語與提問，思考如何回答，把回答化為語言。化為語言的過程中，或許又會有更深層的發現。原本對假說沒有自信的人，透過反覆思考或許能找到明確的根據。

彼此提議能為對方做的事，以及介紹幫得上忙的人，透過夥伴的力量擴大自己「做得到的事」。建議先從雙人深入對話開始，慢慢擴展對話範圍，最後以四至五人小組來精益求精。

在對話過程察覺新發現的瞬間不僅幸福，也代表自己成長了。累積多次這種經驗，建立自信，提升挑戰難度，便能進入圖右上方的心流狀態，提高專案品質。

取得多元回饋

和夥伴兩人對話，深化點子之後，尋找團隊之外能進行多元對話的夥伴，獲得更多回饋。邀請地方的專家學者與在地產業的專業人士等觀點不同

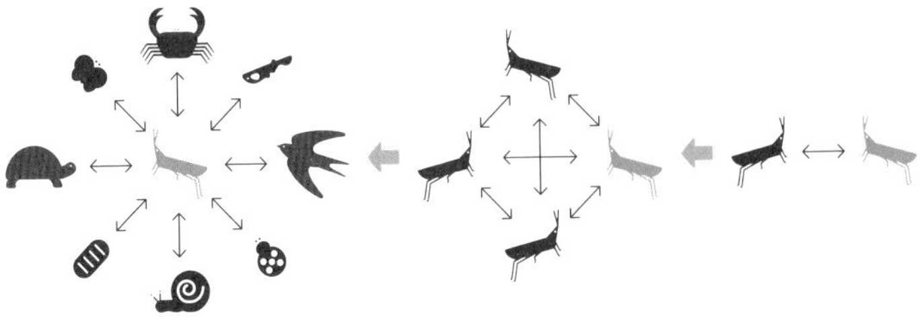

一對一的深入對話　小組間的廣泛對話　小組外的多元對話

的人士提出意見，也是擴大「做得到的事」的手段之一。要是能獲得專家肯定，不安便能化為自信。然而聆聽專家意見是為了取得深化挑戰的觀點，還是必須自行思考，不能一味仰賴專家。

選擇合適的專家學者，提供雙方對話的機會也是行政事務團隊的重要工作*。舉辦發表會也是個好辦法。要是時間充裕，建議期中與期末各舉辦一次。必須在發表會之前準備好的壓力和不同於日常生活的盛大氣氛，都能促使人神經緊繃，進入心流狀態。

＊挑選專家學者

專家學者多半口若懸河，發表起意見便滔滔不絕。然而請來這種人可能導致眾人一味接收專家學者的意見，失去個人想法，導致專案變得平凡無奇。有些專家學者經常在講評時否定他人，打消大家的幹勁。因此邀請專家學者時建議挑選願意用心聆聽，提出恰當的疑問，適當指出優缺點的對象。

五、驗證永續發展的可能性

驗證專案作為地球生態系與地方生態系的一份子，以及發展為個人事業時是否可以永續發展。

以地方生態系的角度驗證

專案是否能永續發展的關鍵在於，企劃與執行方式是否符合地方文化脈絡，是否採納居民的意見？
・是否充分尊重地方歷史、文化與先人的活動？
・是否充分發揮地方個性與特性？今後是否能繼續發揮？
・專案是否能協助解決當地居民的生活問題，實現眾人的期望？
・專案是否活用在地產業、人才優點與社交網絡？是否可能攜手合作？

以SDGs十七大目標的角度驗證

SDGs是驗證專案能否永續發展的好工具。

1.和其他領域的關聯

・是否導致新的貧困？（1消除貧困、2消除飢餓）
・是否加重環境負擔？（7可負擔的潔淨能源、12負責任的消費與生產、13氣候行動）
・是否對生態系造成負面影響？（6潔淨水與衛生、14水下生命、15陸域生命）

2.和他人、他地的關聯

・是否有人因此感到不公、痛苦與吃虧？（5性別平等、10減少不平等）
・是否有地區或國家因此受損？（10減少不平等、17夥伴關係）

3. 和下一個世代的關聯

・是否遺害子孫？

以事業可否永續發展的角度來驗證

要讓挑戰能永續發展，必須確保有長期足夠的資金來源。我在地方工作時，有時會聽到一些否定「賺錢」的發言。然而想要實現地方永續發展，對地方提供優異的價值並取得等價報酬，以及貢獻地方經濟也非常重要。

商界有許多評估與驗證事業的手法，本節介紹的架構適合驗證建立在地事業或解決地方問題的挑戰計畫。這個架構是從五個面向*來評估，星野度假村的董事長星野佳路*也是使用同一套手法。

【價格】商品、服務的定價
【服務】客製化＝針對個別顧客的應對
【可及性】地段或交通是否方便，在實體門市或網路商店是否容易取得

價格	★★★
服務	★★★
可及性	★★★
商品	★★★★
消費價值	★★★★★

＊五個面向
詳情請見佛瑞德・克洛福德（Frederick Crawford）與萊恩・馬修斯（Mathews Ryan）合著的《A+的秘訣》（中文版為時報文化出版）

＊星野佳路
度假村經營公司星野集團董事長，旗下有「虹夕諾雅」、「界」、「Risonare」等多個品牌。

【商品】提供的商品或設施本身

【消費價值】透過商品、服務、空間或活動感受到的體驗內容與品質

五個面向當中，設定一項做到五顆星（傲視同儕），一項做到四顆星（有別於競爭對手），剩餘三項則是三顆星（符合業界最低水準）。

假設要在地方開民宿，先和附近其他住宿設施比較，設定要做到五顆星與四顆星的項目，也就是自己的優勢。優勢可能是價格最低廉（價格），退房時間自由（服務），接近車站或鬧區（可及性），房間景觀優美（商品）或民宿老闆態度親切，知識豐富（消費價值）。每個項目都要做到五顆星並非易事，鎖定一個項目做到傲視群雄，不僅能增加競爭力，還能提升自己「做得到」的水準。

六、著手做做看

在初步階段多次製作模型來試驗，持續改良的步驟叫做「原型設計（Prototyping）」。近年來認為這是開發商品的重要步驟。在初期階段開始試作

有以下三種效果：

效果一　提升點子的品質

當挑戰還在點子的階段時，不過是「畫在紙上的大餅」。當下腦海中只有模糊的雛型，或許還覺得自己想出了高明的點子。實際情況卻是點子還有待琢磨，需要精益求精。因此儘快著手嘗試的第一個優點是提供邊做邊想的機會。動手做能激發創意，發揮思考以外的創造力，使得點子變得更為可行。

效果二　提早失敗

在試作階段請他人試用，代表有機會提早失敗。早期失敗還有機會修正，等到已經投入大量心力與資金才發現致命的缺陷，打擊更大。

安宅和人*在著作《議題思考：用單純的心面對複雜問題，交出有價值的成果，看穿表象、找到本質的知識生產術》（中文版為經濟新潮社出版）表示把完成度六成的作品改良到七成，需要的時間是做到六成的一倍；七成要改善到八成，又需要一倍以上的時間。因此完成到八成而失敗一次的時間，相

＊**安宅和人**
雅虎日本策略長（CSO）兼慶應義塾大學環境資訊學院教授。

當於在六成時失敗好幾次。因此先驗證完成到六成的試作品，再改良到七成或八成，能省下更多力氣與時間。與其在乎小細節，不如先試作，解決初步問題。反覆試作修正，一步步邁向完成。

效果三　增加夥伴

試作同時也是增加夥伴的階段。例如：參加工作坊時想到在商家紛紛關門的商店街舉辦攝影展，把成排的鐵捲門當作展覽板。攝影展要張貼哪些照片呢？店老闆願意幫忙嗎？該考慮的事情多如牛毛。與其在會議室找人商量，不如直接去現場聊聊比較快。而且實際在商店街開始嘗試，附近有興趣的居民自然會冒出來。

有些人覺得很有意思，會主動提議：「要不要在我家二樓窗戶也貼一些？」有些人本來是來看熱鬧，最後卻主動加入：「我幫你跟隔壁的人說一聲」、「觀光協會的隔板搞不好能派上用場」。

光憑口頭說明，講到對方完全了解並非易事。然而當對方不是用頭腦「理解」，而是打從心底覺得「很讚」，便能引起更多人共鳴，挑戰也因而得以向前邁進。

集資

公布自己挑戰的經過來募資也是一種試作，近年來在日本逐漸普及的群眾募資便是其中一例*。在網路上公布自己想法與試作品，徵求願意出資的人。對象不是專業投資人，而是一般人；資助金額可以設定成好幾個層級。這套方法能有效聚集肯定挑戰的夥伴，反而言之，也是驗證挑戰能引起多少人共鳴的手段。相信今後籌措地方永續發展專案的資金時，群眾募資將會更常派上用場。

公部門角色

想讓地方發熱起風，公部門必須扮演以下四個角色：

角色一　成為挑戰者的陪跑員

＊群眾募資（crowdfunding）

crowd：眾人，funding：籌措資金，因此crowdfunding意指向不特定多數人募集資金。這套手法始於美國，目前在日本也相當普及，用於災後重建、地方創生、產品製作與電影製作等各種方面。現在越來越多募資專案從試作階段開始募資，回禮是等到完成時寄送成品或舉辦活動時招待出資人參加等等。

美國創業家德瑞克・席佛斯（Derek Sivers）的TED*演講「如何發起群眾運動」明確指出公部門員工的重要角色。公園裡突然有個人跳起舞來，如果旁邊的人只是冷眼旁觀，整件事會以「有個怪人跳舞」作結。然而如果出現另一個人隨之起舞，可能會吸引更多人參與，最後所有人都跳起舞來。此時第一個跳舞的人就成了「發起運動的偉大先驅」。

發起活動的社會企業家當然很偉大，然而第二個人和發起人一起面對沒有把握的挑戰，同步行動，吸引周遭的人參與，持續支持，也是不可忽視的存在。公部門員工該扮演的就是這個「第二個人」，特別是協調地方各界人士與社群，成為地方的人際潤滑油。

角色二　製造發熱與傳播的裝置

公部門的另一個重要任務是讓地方持續發熱，設置讓熱情得以持續循環的體制與場域。發熱的體制分為常設空間型*與專案型*二種。此外，兒童是下一個世代的主角，因此學校教育（詳見第七章）也是重要的發熱體制，能夠引發兒童挑戰的興趣。

＊TED
邀請全球各地名人演講，並將演講上傳到網路的非營利組織。名稱取自Technology（科技）、Entertainment（娛樂）與Design（設計）三字的第一個字母。

＊常設空間型
成立名為「創客實驗室」的自造工房與協助創業的共享空間等常設空間，提供居民挑戰的機會。優點是長期間駐點，居民有許多機會參與；缺點是難以取得營運費用，招募常駐人才不易。

＊專案型
居民與住在都市的外地人在一定期間內一起挑戰的單次活動。優點是能由小做大，缺點是居民參與的部分有限，可能淪為曇花一現。

無論是何種型態，都需要公部門員工與教師秉持熱忱，把建立發熱的場域視為自己應當嘗試的挑戰。公部門員工與居民的熱情相輔相成，產生更大的熱能，擴散到地方的角落，颳起陣陣強風。

角色三　招聘外地人才，促使人才移居

儘管當地居民才是實現地方永續發展的主角，外地人才的行動力與傳播熱情的力量也是地方不可或缺的要素。因此公部門的第三個重要工作是募集移居者。岡野春樹*表示移居需要歷經四個階段，第一階段是透過觀光與工作交流（1.交流），反覆造訪之後成為關係人口（2.關係），在當地找到自己的角色定位（3.角色），最後決定移居（4.移居）。

因此公部門的重要工作之一是促使外地人才在交流結束之後，透過多次參加工作坊建立「關係」，找到自己在當地的「角色」。

地方振興協力團隊*的制度是招聘外地人才的好幫手。我曾經以地方政府舉辦的地方營造活動總監的身分，參與遴選工作，選拔了二十名以上的隊員。在遴選過程中，我發現必須做到以下四項前提，才能讓移居一事對地方

＊岡野春樹

一般社團法人Deep Japan Lab.的代表兼郡上市事業開發專案「郡上公司」總監。

＊地方振興協力團隊

一種國家制度，提供從都市移居到地方的人才薪資與經費，以從事地方營造活動。為期三年。

與當事人都有意義。

1.明確說明地方願景、課題與所需人才

近年來願意移居地方的人越來越少。然而釐清願景與需要的人才，鎖定宣傳的客群與方法，還是能有效招募人才。

2.人才必須對願景感到「共鳴」，秉持「熱忱」挑戰

遴選過程往往重視當事人有何技能。技能等人來了再學也來得及，更無須在此階段就決定要做什麼，因為接下來有三年時間可以慢慢思考。最重要的是共鳴與熱忱。

3.確認是否有心與地方社群交流

如果喜歡都市尊重個人的生活，到了鄉下生活會很辛苦，需要確認是否願意與地方社群交流。

4.保證有心接納移居者，建立體制照顧每一位移居者

招募移居者代表要對對方（與其家人）的人生負責。公部門必須負起義務，協助對方找到屬於自己的角色定位。要來就來，不喜歡就滾——這種不負責任的態度不僅影響移居者和當地居民，還會造成地方惡名遠播。

角色四　決定優先課題，由公務職員進行挑戰

想要實現地方永續發展，一定會遇上一些居民們不關心卻必須解決的問題。尤其不能忽略少數派的需要。這些課題必須由公部門主導，交由員工挑戰。

必須優先解決的課題多半橫跨多個領域，難以交給特定部署負責。富山市的解決方法是成立跨部門的專案小組。這套作法有效促進員工挑戰的理由有二。

一是員工參與和平常業務無關的專案時，能和其他充滿「熱情」的夥伴攜手合作。透過平常業務，在部門內徵求同志，慢慢擴散熱能也很重要。但是這種作法往往耗費大量精力，最後中途受挫。

另一是彌補公部門人事制度的缺陷。公務員經常異動，就算一開始熱心負責該項專案，卻往往得在看到成果之前離開。許多活動因為滿懷熱忱的負責人離開而虎頭蛇尾。加上編列預算的制度是以一年與一個部門為單位，組織領導人異動可能大幅影響預算金額與部門存續。

圖表　富山市政府的專案小組

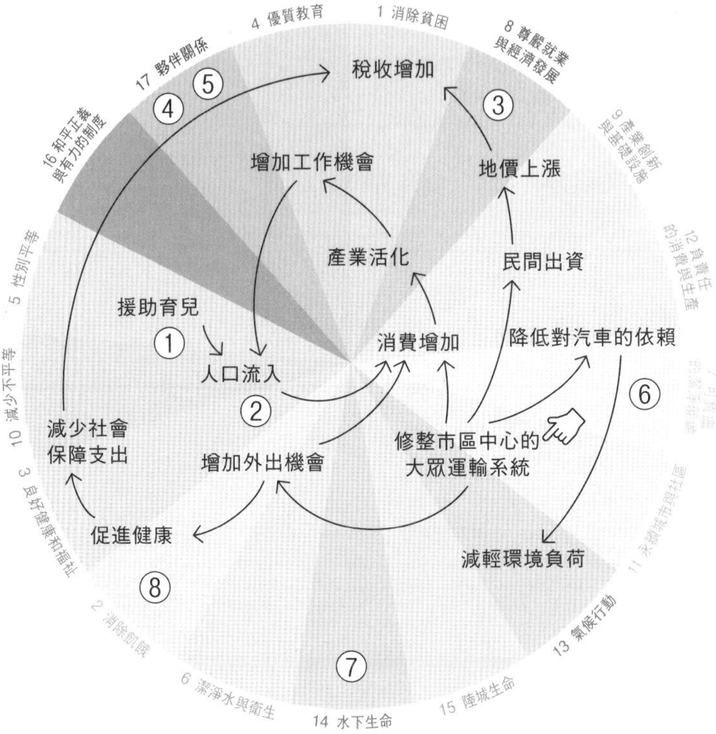

① 以女性職員的觀點制定企劃，促進女性活躍的多方政策

② 提升都市綜合能力，擴大交流人口，促進移居與定居的政策

③ 延長勞動年齡（延後退休）的相關政策

④ 連結各種活動的相關政策

⑤ 建立居民與地方各界人士組織互相支持的社會相關政策

⑥ 人口外流與偏遠地區的生質燃料發電事業相關政策

⑦ 富山灣漁產品牌化與擴大銷售管道相關政策

⑧ 推動荏胡麻（一種可製油的植物）進一步普及擴大等政策

技術五　提問的技術

嘗試解決地方問題，進行地方營造活動的關鍵是確認「我該著手解決哪個問題？」，也就是自行設定議題——最願意持續思考，秉持熱情解決的課題。提問有助於構思出對社會更有貢獻的點子，提升實現的可能性。

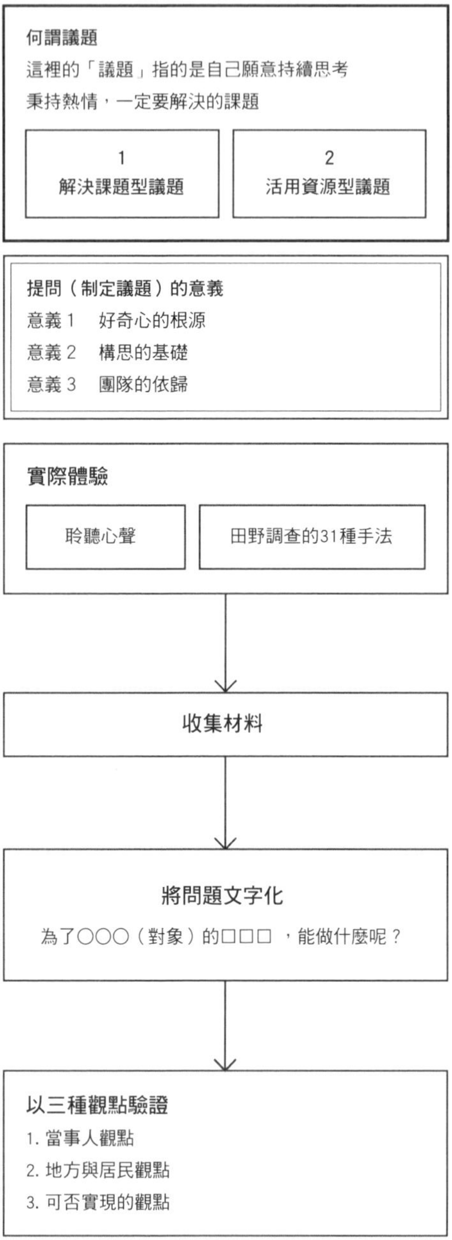

何謂問題＝議題？

自從二〇〇八年成立issue＋design以來，我前往日本全國各地舉辦設計工作坊，透過制定未來願景與構思點子來解決地方、社會問題。參與對象從小學生、國中生、高中生到成人，成員形形色色。每次舉辦工作坊，我都堅持大家一定要釐清「問題＝議題」。

大家平常有疑問時自然會問人，也可能被問。學校考試更是問題的大集合。答案的品質（解決地方問題的企劃、點子）取決於自己設定的議題程度。

問題的種類

山藤先生（第三五〇頁）在東京都立兩國高中任教，他上課時非常重視「提問」。他認為問題分為三種：

□封閉式問題：一定有正確答案的問題，例如：「蜘蛛有幾隻腳？」、「千葉縣和埼玉縣，何者人口較多？」、「SDGs是在二〇一五年通過的嗎？」

□開放式問題：答案形形色色，不限於一種的問題。例如：「日本的農業勞動人口為何減少？」、「人為什麼必須喝水？」、「為什麼人口都集中在東京？」

□哲學類或不易回答的問題：沒有答案或是難以回答的問題。例如：「我們為什來到這個世上？」、「該如何撲滅貧困？」、「地球以外的星球也有生物嗎？」

我們在課堂與考試等各種場合，習慣了封閉式問題。然而這個時代充斥了找不到答案的複雜問題與沒有正確答案的問題，一心一意尋求正確答案的作法已經面臨瓶頸。

哲學類或是不易回答的問題當然重要，但是這種問題往往得費上一輩子思考，缺乏必定能找到答案的方法。

想要促進地方永續發展與個人學習成長，更重要的是開放式問題。以「日本的農業勞動人口為何減少？」為例，想要解答必須先行調查農業、經濟、飲食文化、國際關係與地球環境等諸多領域的資料，自行分析調查到的資訊代表的意義，進而引導出答案。答案又可能隨身分立場而改變，沒有絕對的正確答案。

嘗試回答這種問題的思考與學習過程，是成長和構思點子來解決地方問題所不可或缺的體驗。因此無論是地方營造的第一線、商業或是教育等各種領域都需要鍛鍊提問的技術，好提出必要且優質的開放式問題。

這裡的「議題」指的是個人或團隊實現地方永續發展或解決社會問題時「自己最願意持續思考，秉持熱情解決的課題」。

提問（制定議題）的意義

提問有以下三種優點：

意義一、好奇心的根源

現在電視頻道充斥各類問答節目。由此可知，人類是喜歡被問的生物，聽到問題就想回答。尋找未知的事物，遇上和自己想法不一樣的人，湧起「那是什麼？」、「為什麼那個人會這樣生活？」等疑問，因為想知道答案而開口提問。「問題」是好奇心的根源。

問題也是學習熱忱的根源，有問題代表「想要學更多」。第七章的〈新世代教育〉介紹「以提問為核心」的課程，說明如何引導學生自行提問與找出答案，而非教師單方面講課。

針對地方面臨的困境提出「問題」，也就是議題，能有效吸引眾人注意，湧起好奇心，進而產生想要解決的欲望。能勾起解決欲望的議題，又能吸引更多人參與解決地方問題的專案，給予協助。

意義二、構思的基礎

沒有方針，漫無目的地思考其實並非易事。思緒朝四面八方擴散，難以深入收斂，最後只能提出膚淺的點子。議題相當於構思的基礎，也就是跳台。基礎穩固才能跳得高，跳往正確方向。釐清議題，才能想出更多點子，提升創意品質與可行性，當事人也更有心挑戰。

意義三、團隊的依歸

執行永續發展的地方營造基本上都是團隊合作。團隊擁有「想要持續解決的重要問題」，能有效促進大家團結，推動專案進行。和夥伴一起構思企劃是非常愉快的時光。大家熱情討論，自由提出意見，有時講著講著便會忘記主題。這種時候把團隊帶回正規的正是開頭設定的議題。

反而言之·團隊有時候會在對話時意見相左。當思考遇上瓶頸停滯時議題也是帶領大家回到原點，重新思考的契機。

地方營造的議題

地方營造的議題分為二種，分別是「解決課題型議題」與「活用資源型議題」。如同名稱所示，前者的目的是解決在地問題，後者的目的是活用在地資源。

1. 解決課題型議題

這些問題是想解決居民的煩惱，也就是把自己的問題意識和想解決什麼的心情化為問題。例如：

・高齡者因為大眾交通工具停駛，難以自行出門購物，我們能幫他們做什麼呢？

・有什麼辦法能讓小孩快樂學習程式語言呢？

・有什麼辦法能減少家庭的塑膠垃圾呢？

・慶典因為人口老化與減少而缺乏接班人，可能因此消失，有什麼辦法能傳承下去呢？
・有什麼辦法能修復荒廢的森林，提升地方的能源自給率呢？

2. 活用資源型議題

在地方四處走動，自然會遇上前所未見的景色、祕密景點、珍貴材料以及有趣的故事。活用這些地方資源，提升地方魅力的問題如下：

・有什麼辦法能讓居民多多接觸市區的植物景點呢？
・已經停駛的路線，能開發成什麼觀光資源呢？
・水果產量大且有收成期限，能開發成什麼產品嗎？
・該怎麼做才能讓觀光客在寒冷又下大雪的冬天也玩得盡興呢？
・想利用鮮豔的染色技術為日常生活增添色彩，能用染色技術開發出什麼商品呢？

提問（制定議題）的步驟

接下來介紹如何把內心的疑問設定成想要解決的議題。

步驟一、實際體驗

唯有實際體驗，才會找到想要持續思考，秉持熱忱解決的議題。倘若已經居住在想要推動地方創生的地區，日常生活就是最佳體驗。至於非居民則可以利用第五章介紹的〈聆聽的技術〉，問出當地居民的深層想法，或是利用後文介紹的「田野調查」手法，用全身上下感受當地。

步驟二、收集材料

四處走動，到處搭話，把在意的事情寫在便利貼上。這時候寫什麼都無所謂，重點是要寫得多。建議準備二種顏色的便利貼，一種顏色寫下「居民的心聲」與「發現」，另一種顏色寫在意的事、疑問、假

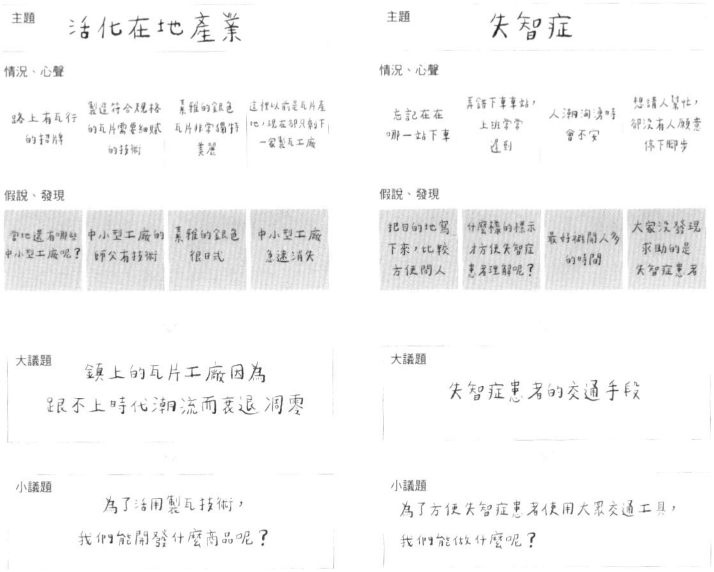
主題
活化在地產業
情況、心聲
路上有瓦行的招牌
製造符合規格的瓦片需要細膩的技術
素雅的銀色瓦片非常獨特美麗
這裡以前是瓦片產地，現在卻只剩下一家製瓦工廠
假說、發現
當地還有哪些中小型工廠呢？
中小型工廠的師父有技術
素雅的銀色很日式
中小型工廠急速消失
大議題
鎮上的瓦片工廠因為跟不上時代潮流而衰退凋零
小議題
為了活用製瓦技術，我們能開發什麼商品呢？
主題
失智症
情況、心聲
忘記在哪一站下車
弄錯下車車站，上班常常遲到
人潮洶湧時會不安
想請人幫忙，卻沒有人願意停下腳步
假說、發現
把目的地寫下來，比較方便問人
什麼樣的標示才方便失智症患者理解呢？
最好避開人多的時間
大家沒發現求助的是失智症患者
大議題
失智症患者的交通手段
小議題
為了方便失智症患者使用大眾交通工具，我們能做什麼呢？

說與感想等等。重點是兩者不可混合。

寫完之後把便利貼貼在圖畫紙上。倘若是團隊作業，可以和夥伴分享彼此寫的便利貼，把類似的便利貼彙整在一起。

步驟三、將問題文字化

仔細觀察收集來的材料，從中挑選想要解決的材料（便利貼），把議題寫成文章。

①把想解決的大主題寫成文字。這個階段就算主題抽象也無所謂，例如：「垃圾問題」、「地方能源」、「商店街衰退」等等。要是不知道怎麼決定主題，可以從SDGs的十七大目標或五十五大在地議題（六二頁）挑選。

②從大主題中挑選特別有興趣，想要深入思考的議題，並且把議題寫成文字。例如繼續鑽研「垃圾問題」會發現「家庭產生大量的塑膠垃圾」，「地方社群」則包含「忙於育兒的媽媽社群」。

③把「問題」寫成文字。issue + design的專案採用的問題格式是「為了OOO（對象）的□□□，能做什麼呢？」，例如：「為了減少家中大量的塑膠袋和寶特瓶等塑膠垃圾，我們能做什麼呢？」

步驟四、以三種觀點驗證

下一步是以下列三種觀點驗證議題，加以修改補強。

①當事人觀點：這是你想挑戰的課題嗎？

解決問題一路上會有好幾個障礙，能否突破障礙端視個人的熱情。確認自己是否真的有心做。

②地方與居民觀點：這個課題能對地方有所貢獻嗎？

不能單純只是自己有興趣，還必須對地方真正有所貢獻，才能獲得眾人協助。

③可否實現的觀點：可能由小事做大嗎？

重新審視自己具備的技術、立場與人際網絡等資源，驗證執行的可能性。由企業或非營利團體等組織負責執行時，則必須考慮是否能發揮組織強項，和其他業務能否相輔相成。

屢試屢敗容易虎頭蛇尾。為了避免有始無終，關鍵是制定規模適當的議題。就算剛開始的規模小，完成了一個，眼前自然會出現新的光景。累積更多經驗與技術，便能挑戰規模更大的議題。

田野調查的手法

田野調查是一種調查方式，藉由實際造訪現場，親眼觀察，感受當地氣氛，察覺之前沒有注意到的事物，提出更多「問題」。

這個時代只要上網搜尋就能發現大量地方、居民與社會的相關資訊。結果是我們腦中充斥大量資訊，雙腳卻因此衰退了。面對問題是靠頭腦理解，而不是

1. 從正上方俯視看看
2. 敲門看看
3. 嘗試感受古老的美好
4. 試著模仿
5. 試著跟所有人打招呼
6. 跟蹤看看
7. 倒立看看
8. 搭話看看
9. 悄悄移動看看
10. 嘗試跨越高牆

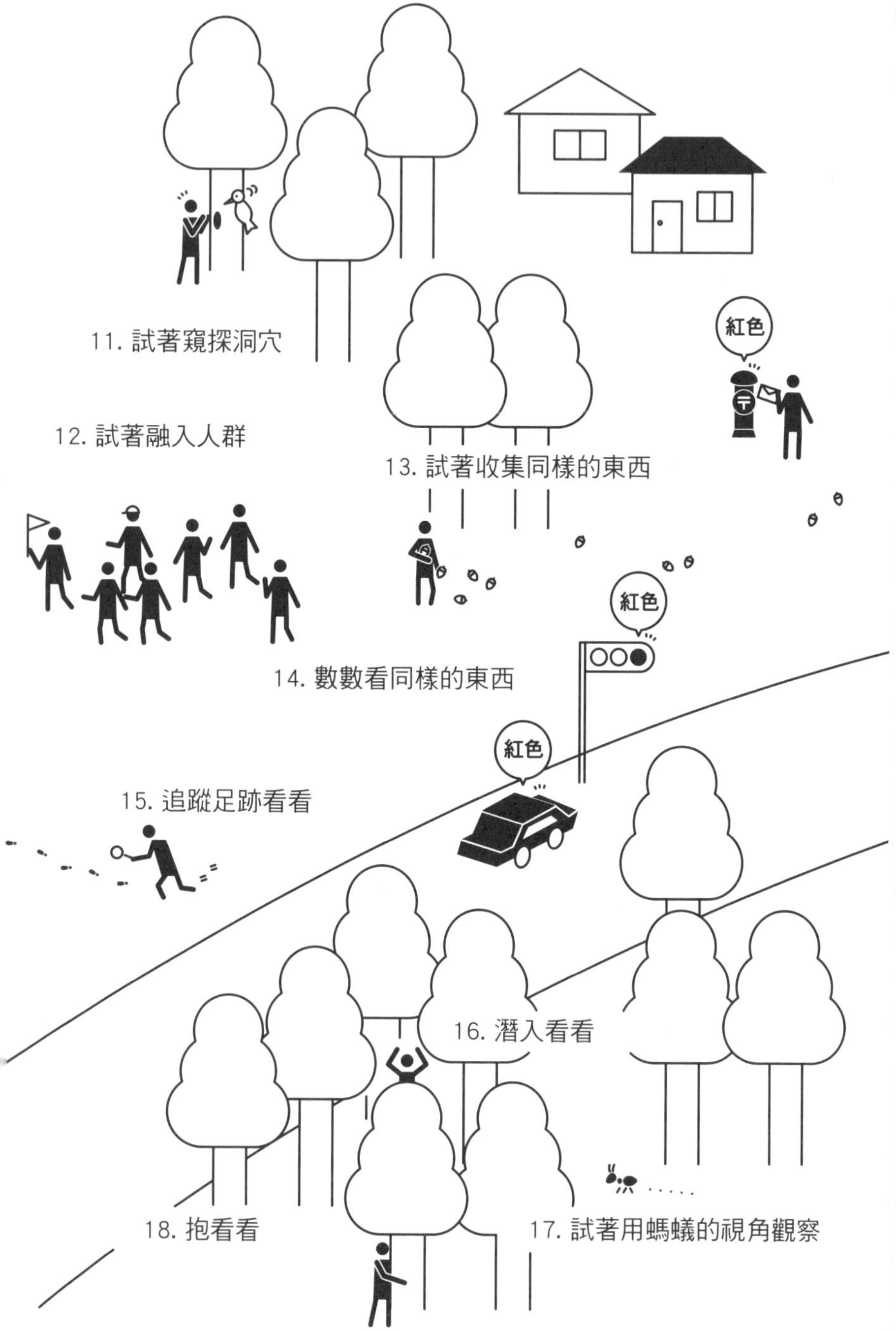
11. 試著窺探洞穴
12. 試著融入人群
13. 試著收集同樣的東西
紅色
14. 數數看同樣的東西
紅色
紅色
15. 追蹤足跡看看
16. 潛入看看
17. 試著用螞蟻的視角觀察
18. 抱看看

19. 試著用鳥的視角觀察
20. 從正下方仰視看看
21. 豎起耳朵聽聽看
22. 試著用力吸味道
23. 試著看成別的東西
24. 試著模仿別人的觀點
25. 投射影子看看
26. 試著挑戰極限
27. 試著漂漂看
28. 試著照鏡子
29. 總之摸摸看
30. 試著尋找常見的現象
31. 嚐嚐當地美食

實際體驗，總覺得這些事情和自己有隔閡。沒辦法同理地方的問題，深入探索，不可能提出優秀的議題。

「踏查」是用五感去體驗地方資訊，避免停留在光說不練的階段。四處走動，張大眼睛，豎起耳朵，嗅聞氣味，用嘴巴品嘗——用自己的身體感受資訊，深入思考，更加理解，於是出現更多想知道的事，更多想解答的謎題，也就是提出「問題」。走訪的方式沒有硬性規定，前三頁的插畫即是可以協助發現新問題的「三十一種田野調查的手法」。

技術五

提問的技術

技術六　創意的技術

實現地方永續發展需要構思點子來解決居民生活面臨的問題，以及建立新事業與充實生活。每個人都具備「改善社會的創意」。本節介紹發揮創意所應學習的「模式」與訓練方式。

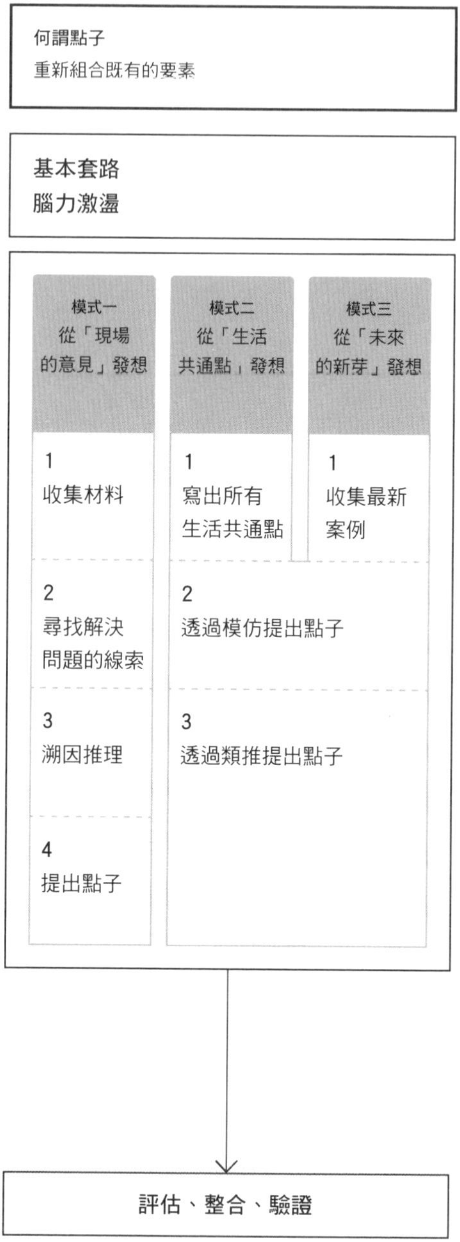

構思點子

「創意是重新組合既有要素」。既有要素是指收集而來的資訊（一手與二手資訊），以及至今累積的經驗和內隱知識（原始資訊）。結合這些要素就能形成點子。構思點子和做菜很像。想像腦子裡有個會煮出點子的鍋子，把手邊有的材料（一手與二手資訊）放進鍋子裡，倒入自己特製的湯頭（原始資訊）。烹調之前必須準備食材，洗一洗，切一切（收集資訊）。放進鍋子裡燉一燉，放一會等入味。當所有材料融為一體時，便是一道菜。端出來之後，大家一起試吃，討論該怎麼改善。

由此可知創造點子一共有三大重點：第一點是收集良好的材料加以巧妙處理。所謂的良好材料指的是居民的心聲、問題意識和地方資源。想要收集到這些材料，必須親自造訪現場，聆聽大家的意見，整理收集而來的資訊。要是食材不好，也做不出美味的餐點；要是不善加工和保存，也只是糟蹋好不容易得手的食材。

第二點是決定味道基底的原創湯頭，也就是原始資訊的必要性。原始資訊指的是儲存在自己腦子裡的「記憶資訊」，透過日常生活與工作累積。大家看到這裡或許會遲疑沒有累積記憶資訊的人該怎麼辦？別擔心，這世上沒有完全不曾累積記憶資訊的人。

第三點是團隊作業，成員多元化能彌補彼此的原

始資訊。就算手拙或是分辨不出味道的人，多做多品嘗，還是能提升做菜的技術。構思點子也是先從基礎開始學起，反覆練習與實踐，自然就會越來越拿手。希望大家平常也能運用這套構思法，在日常生活中養成構思點子的習慣。

一般人都會以為構思點子難如登天，只有部分特別有創意的人才作得到。其實構思點子和做菜一樣，先從菜刀的用法等技術學起，接著參考食譜做做看。做久了，慢慢就能做出屬於自己的菜色。先從構思的基本技術（模式）開始學起，反覆練習，自然任誰都能想出點子來。

構思點子的基本模式：腦力激盪

「腦力激盪」是構思點子的基本模式，相信不少人應該都對這種激發點子的方式耳熟能詳。腦力激盪盛行於全世界，執行方式是團隊自由提出意見，幾乎無須事前準備或特殊道具，拿出紙筆就能進行。唯一需要注意的是幾個簡單的規則。只須遵守規則，針對題目（利用「提問的技術」制定的議題），在白紙或便利貼上寫下一個接著一個的點子即可。

以下是腦力激盪的四個規則，開始之前請先跟大家說明清楚：

1. 重量不重質
2. 延後評斷，嚴禁批判
3. 歡迎自由奔放、異想天開的想法
4. 歡迎綜合、改善與蹭點子

目的是追求數量

特別要注意的是規則一「重量不重質」，最重要的是提出大量的點子。只要提出的點子數量夠多，總會找到一個好點子。除了機率問題，還有以下三個理由：

【導出原始資訊】

腦力激盪初期，想到的都是根據記憶表層產生的點子，例如：受訪者說的過話、最近在意的事等等。這些想法當然可能成為優秀的點子，不過事情沒有這麼簡單。想要更好的點子必須找到收納在腦海深處的原始資訊，也就是「根據毫無關係的體驗所累積的資訊」。奇妙的是只要想到的點子夠多，總有一個點子會成為喚醒腦中其他資訊的契機。

【組合的數量】

點子數量愈多，愈有機會增加新組合。就算點子本身平淡無奇，結合其他資訊也可能化身為嶄新的主意。我常常聽到大家反應「我已經想不出有趣的點子啦！」其實不有趣也沒關係。

【頭腦團隊化】

儘管自己提出的點子平凡無奇，卻可能刺激其他成員聯想到新點子。串聯每個人的記憶資訊，等於整個團隊獲得一大筆原始資訊。想像一整個團隊共用一個大腦。聽到別人的點子，當作材料放進自己腦子裡即可。要注意的是腦力激盪聯想到的點子不過是材料，指出點子可行與否或判斷優劣沒有意義（規則二）。結合某人荒唐的主意與另一個人正常的主意，也許能化身為可行的點子（規則三與四）。頭腦團隊化最適合的人數是四至五人，少於四人容易陷入瓶頸，超過五人容易出現有人不開口或是只有特定的人發言。

便利貼的用法

・一張便利貼寫一個點子。最好用粗的簽字筆，字數控制在二十個字以內。字太小不便閱讀，難以聯想到其他點子。
・儘量以短文方式呈現，而不是一個詞。只有一個詞難以刺激聯想，無法接續。
・加上一點插畫、記號與圖片更好，能夠刺激自己和夥伴想到更多點子。

反覆確認議題與腦力激盪

腦力激盪不受任何限制，唯一的限制是議題。

當出現不符議題的點子時，該做的不是批評點子（或許有機會與其他點子結合），而是重新確認議題，迅速修正軌道。如果大家的點子還是偏離或不符議題，或許是因為大家真正關心的是其他事情，最好重新制定議題。訂定議題來構思，構思後重新定義議題。反覆幾次之後，議題和點子都會有所進化。

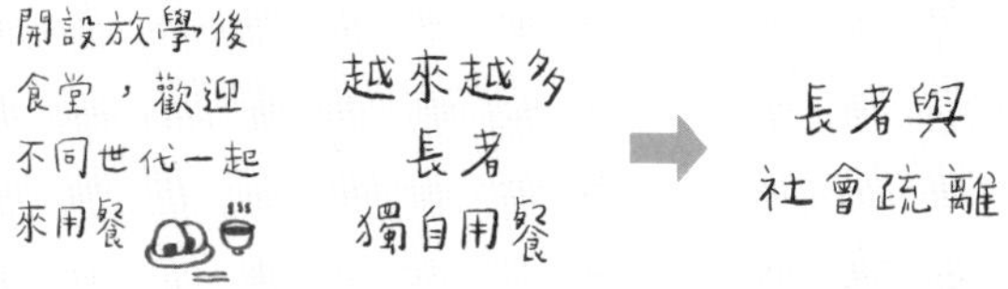
開設放學後食堂，歡迎不同世代一起來用餐
越來越多長者獨自用餐
長者與社會疏離

執行不順時

腦力激盪這種構思方式簡單有力，不過不時會有人反應「結果沒有好點子」。想不出好點子的理由很多，最普遍的理由是議題範圍過大。議題是促使成員跳躍聯想的基礎。基礎搖搖晃晃，大家也就跳不遠。

另一個可能的原因是成員不夠多元化。成員最好包括相關領域專家、直接面對問題的當事人、擅長企劃與想點子的人等等，才能提升對話場域與點子的品質。

腦力激盪不是人氣主廚一個人揮灑即可，而是整個團隊多方嘗試，利用出乎意料的食材與個人技巧，端出嶄新的菜色。每個成員幹勁十足，團結合作，營造興高采烈的氣氛也很重要。

以下介紹以腦力激盪為基礎的三種構思模式。無論是哪一種，都需要收集必要的材料，相輔相成，融合成一個點子，藉以實現「組成既有要素」。

模式一、從「現場的意見」發想

這是藉由前往現場，聆聽居民心聲來獲得靈感。這種作法類似名為「溯因推理」的思考方式。大家可以想像成偵探推理之前必須徹底調查現場，尋找線索。

溯因推理（abduction／假說推論）

溯因推理是從事實的集合，生成假設來解釋觀察或結論。以眾所皆知的「地心引力」為例，這是牛頓從「蘋果從樹上掉下來」這個現象所推論出來的原理。

小說《福爾摩斯探案全集》中出現的推理場景也類似溯因推理。以第一集的場景為例，福爾摩斯第一次見到助手華生時，推測他「去過阿富汗」。這是他根據事前得知的資訊與華生的外表等線索推論出來的結果。推理過程請見示意圖。

地方營造的腦力激盪也能利用溯因推理的原理，從收集而來的資料當中找到解決問題的線索，立定假說：「如果○○，應該可以○○吧！」

下一頁介紹利用溯因推理提出點子的範例。

無論是一人思考還是多人討論，各種場面都能利用溯因推理來構思點子。從平常就養成實際踏查，聆聽第一線的聲音，立定假說的習慣吧！利用溯因推理構思點子的步驟如下：

線索
① 華生是軍醫（事前得知的資訊）
② 華生膚色黝黑，受過傷（透過觀察得知的資訊）
③ 英國出兵海外的地區（知識）
推理（假說）
他派駐的地點位於熱帶（會曬傷）
最近發生大規模戰爭（造成他受傷）
所以應該是阿富汗吧！

該怎麼做才能促進協助地方重建的志工活動順利呢？	問題	該怎麼做，才能吸引更多觀光客在冬天造訪呢？
① 許多志工不知道自己該做什麼。 ② 災民不知道志工會做什麼，不知從何拜託起。 ③ 許多志工只能等待指示，現場一片混亂	線索	① 越來越多外國人追求知名觀光景點以外的景點。 ② 許多外國人對日本寒冷的冬天和鬆軟的細雪有興趣。 ③ 缺乏滑雪與滑雪板以外的冬季觀光行程。
要是一看就知道志工具備那些技能，或許大家就不會不知所措了？	推測（假說）	是不是有人想盡情享受北海道寒冷的冬天和大雪呢？
 志工身上標示具備何種技能，一目了然。	點子	 爆冷十項運動會！盡情享受北海道的冬天

【基本步驟】

1. 收集和問題相關的推理材料（居民的心聲與發現）
2. 黃色的便利貼上儘量寫出所有可能有助於解決的線索（似乎值得參考！印象深刻！總覺得很在意！）
3. 根據線索，立定假說（如果○○，應該可以○○吧！），寫在綠色的便利貼上。
4. 針對假說，提出執行假說需要的物品、服務、空間、資訊、體制與計畫的相關點子，寫在粉紅色便利貼上，貼在第三排。
5. 放棄聯想不到假說或點子的材料，使用其他材料繼續構思。

模式二、從「生活共通點」發想

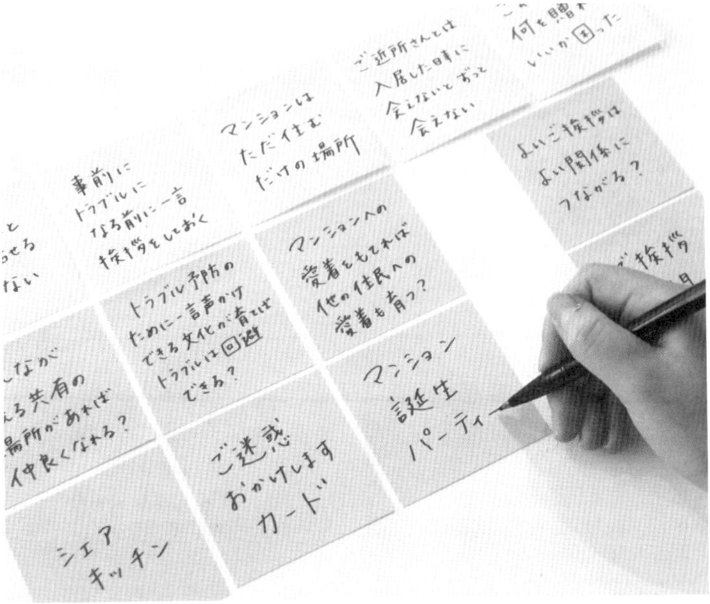

這是結合世上萬物與議題來構思點子的方法。生活的每分每秒總會接觸到各樣事物。串聯日常生活的萬事萬物與地方問題、資源，會產生異種雜交的效果。活用「生活共通點」有二種作法：

模仿（Imitation）

一般人都視模仿為負面的行為。其實模仿是創新之母，學界已經充分證明了這點。向其他人的優秀行動致敬，套用在自己的點子上吧！採用其他人已經執行的活動（提供的物品、服務、空間、資訊、體制）優點，運用在自己的專案上叫做「模仿」。然而直接模仿一定不會有好成果。嘗試配合地方特性與居民調整內容，組合其他點子，提升原創點子的層次吧！

類推（Analogy）

參考不同領域的案例，從中找到因應自己問題的解決方案。最普遍的例子就是「譬喻」。「像咖啡廳的民宿」、「類似檢傷分級的垃圾分類系統」等都

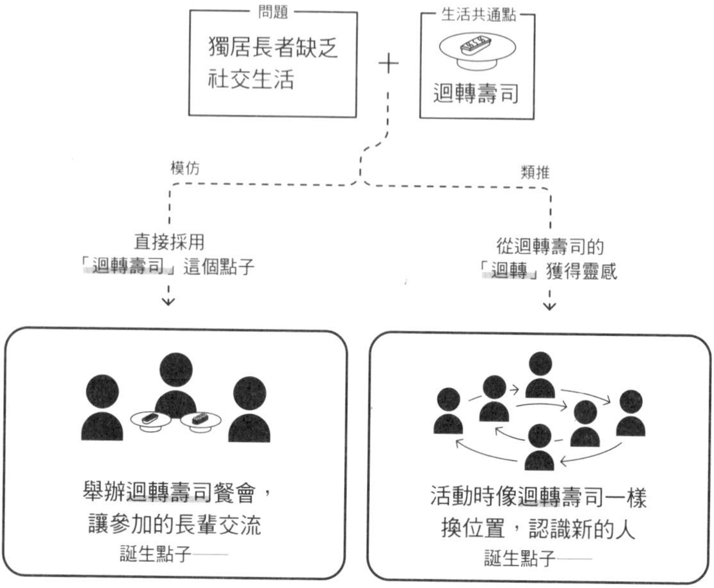
問題
獨居長者缺乏社交生活
生活共通點
迴轉壽司
模仿
類推
直接採用「迴轉壽司」這個點子
從迴轉壽司的「迴轉」獲得靈感
舉辦迴轉壽司餐會，讓參加的長輩交流
誕生點子——
活動時像迴轉壽司一樣換位置，認識新的人
誕生點子——

是以其他領域的案例來比喻，藉此提出解決問題的點子。模仿和類推都是從其他案例獲得靈感，差別在於模仿是採用案例的一部分，類推是參考案例的概念提出點子。

假設問題是「獨居長者缺乏社交生活」，以生活共通點是「迴轉壽司」來聯想解決辦法。模仿「迴轉壽司」這項既有概念，加上自己的點子，可以想到「舉辦迴轉壽司餐會，邀請長輩參加，帶動長輩彼此交流」。以類推的方式來思考，可以想到「舉辦針對長者的活動，參加者像迴轉壽司的壽司一樣換位置，藉此認識新的人」，也就是「像○○」的概念。

【基本步驟】

1. 描繪居民實際生活的情況，儘量羅列生活中可能接觸到的所有事物，寫在卡片上。除了想像平日與假日從起床到就寢的生活，最好實際體驗走訪居民的生活領域，住家、各項設施、街上都走一趟，便能發

現更多事物。就算乍看之下毫無關係，只要覺得在意或是可能激發創意就寫下來。

2. 參考各項共通點，使用模仿的方式構思點子（例如：針對長者舉辦迴轉壽司餐會），寫在共通點下方。※參考用的共通點卡請見下一頁。

3. 使用類推（譬喻）的方式構思點子（例如：類似迴轉壽司的聚會），寫在共通點下方（用粉紅色的便利貼）。

4. 跳過連想不到點子的共通點，參考其他共通點繼續聯想。

模式三、從「未來的新芽」發想

「未來的新芽」指的是世界各地優秀先進的案例，從案例中可以感受到這是地方、日本或是全世界可能發生的「未來」。其他地區的地方營造最新案例

激發構思點子的共通點卡一覽

夜景
土產
鄰居
用餐
照片
語音助理
烽火
酒吧
布偶
睡衣
交流中心
面紙
書
旅行
運動
網路
時間膠囊
文具
2000步
計步器
相簿
餐具
宅配
生活消費合作社
報紙
記事本
藥劑、健康食品
化妝品
遺書
外出服
社群媒體
捐血
集點卡
對講機
空調
電腦
電動玩具
市內電話
家庭餐廳
便利商店
健身房
遙控器
手機
電視
樓頂
廁所
橡皮擦
星期五
藥妝店
布告欄
回覽板
停車場
灑水系統
門
照明
三節送禮
水田、旱田
尺
手語
投票
迴轉壽司
足跡
寵物
賀年卡
帳篷
縫紉、針織
桌遊
業餘木工
卡通漫畫
賭博
育兒
彩券
搞笑

是挖掘點子的寶庫，就算是無關的商業或科技業案例也可能隱含適合運用於地方營造的點子。

【基本步驟】

1. 成員各自從報章雜誌與網路收集「未來的新芽」。無須拘泥於議題領域，只要是成員可能有興趣的案例皆可。
2. 為「未來的新芽」加上標題、說明與照片，做成表單。
3. 分享所有成員的表單，各自挑選在意的（值得參考！很有意思！總覺得很在意！）未來的新芽。
4. 標註在意的原因。
5. 根據在意的原因，以模仿或類推的方式發揮創意，寫在粉紅色的便條紙上。
6. 放棄無法進一步構思的案例，參考其他案例繼續聯想。

評估、整合、驗證

嘗試過三種模式，感覺已經提不出新點子時，開始評估、整合與驗證吧！目前手邊的點子從靈機一動到琢磨到一定程度，品質良莠不齊。創意是組合既有要素。把多個點子組合起來，精益求精，進而琢磨成基礎扎實的點子，提高實現的可能性。

評估

回顧所有點子，覺得「好」的點子貼上藍色貼紙，「有興趣」的點子貼上紅色貼紙。「有興趣」的點子隱含繼續發展或改善的線索。

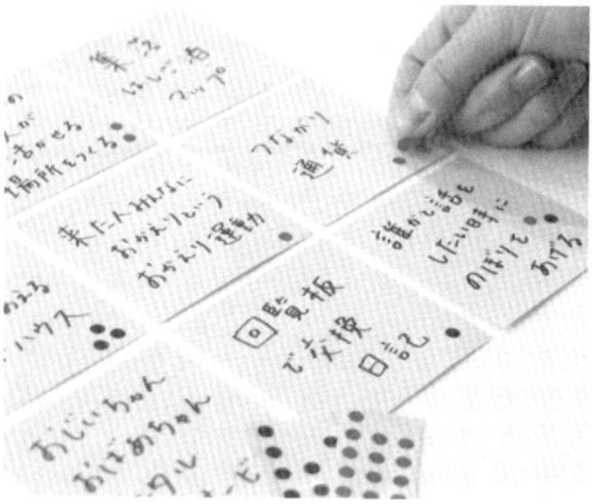

整合

把點子串聯成一個故事，能培養出更上一層樓的點子。

【基本步驟】

1. 挑選自己覺得最有吸引力的點子。
2. 挑選能為這個點子增添魅力的其他點子。這種時候「有興趣」的點子便能派上用場。有些點子單看不夠吸引人，卻是能襯托其他點子的好配角。
3. 整理匯集的點子，創造成一個故事。故事必須設定主角身分，確立時序，說明主角是在何時何地使用了何種服務、物品或體制，斟酌推敲點子。
4. 為故事加上標題。

不少點子單看不夠有意思，與其他點子結合之後卻散發出閃耀光芒。另外，把點子串聯成故事也能找出模糊不清、遺漏與不夠實際之處。

驗證

驗證點子的觀點如下：

◇這個點子能解決議題嗎？

構思時可能偏離原本的議題。改變議題並不是壞事。這種時候建議重新以文字描述議題，確認點子是否能對解決議題有所貢獻。

◇這個點子是否能打動居民？

以「孤獨死」為例，為了解決獨居高齡男性缺乏社交連結的問題，於是提出「獨居的人可能吃飯有問題，辦個料理教室吧！」但是有孤獨死風險的人真的會來參加料理教室嗎？這種「沒有明確理由」的點子無法打動人心。調查獨居高齡男性的生活狀況，想像他們的心情，確認點子是否真的能促使他們行動吧！

◇是否可能利用手邊的資源開始看看？

能夠利用現有的資源（人、物、資金、資訊）來小規模嘗試的點子很重要。由小做大，一步一步慢慢來吧！

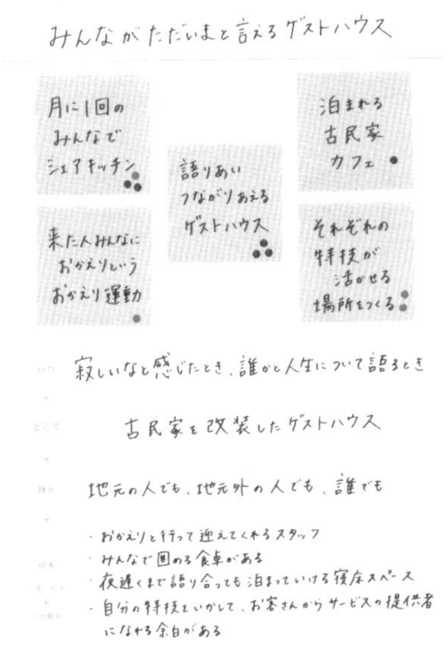
みんながただいまと言えるゲストハウス
月に1回のみんなでシェアキッチン
語りあいつながりあえるゲストハウス
泊まれる古民家カフェ
来た人みんなにおかえりというおかえり運動
それぞれの特技が活かせる場所をつくる
寂しいなと感じたとき、誰かと人生について語るとき
古民家を改装したゲストハウス
地元の人でも、地元外の人でも、誰でも
・おかえりと言って迎えてくれるスタッフ
・みんなで囲める食卓がある
・夜遅くまで語り合っても泊まっていける寝床スペース
・自分の特技をいかして、お客さんからサービスの提供者になれる余白がある

訪談四

SDGs是兒童學習與連結社會的窗口

山藤旅聞

一九七九年自美國布朗大學畢業，於都立高中擔任教師十五年後，二〇一九年四月進入私立新渡戶文化學園，負責國中小與高中的生物課。二〇一七年成立「未來教育設計Confeito」專案，旨在培養面對不可預測的未來，能夠自我管理、積極行動的學生。經常受邀前往各地演講與在外校舉辦教學示範。

Q1　請問您接觸SDGs時的第一印象。

我是在二〇一五年，也就是在第二所都立高中任教時開始實踐對話型課程，當時的教育方針是「不會棄任何跟不上課業的學生不顧」。SDGs的理念是「不會棄任何人於不顧」，和我的想法一致，所以我非常認同。

我在前往馬來西亞婆羅洲（Borneo）之際學到SDGs的本質與重要性。在當地，我親眼目睹經濟成長的代價是犧牲熱帶雨林，進而造成氣候變遷，生物多樣性遭到破壞，空氣汙染、當地勞工與原住民人權受到侵害等社會問題。

砍伐雨林的理由是種植大量油棕，以便製造泡麵、零食與化妝品所需的棕櫚油。這些都是日本人日常生活所需的物品，原來熱帶雨林和日本人的生活有所關聯，實在令我大吃一驚。我原本把這些社會問題當作是個別的問題，第一次明確認知原來彼此之間有連帶關係。

Q2 為什麼您會想推動「對話型課程」與「不會棄任何學生於不顧」呢？

這是我當老師十六年以來所得出的答案。我當初任教的第一所學校，學生無心上課，多數人都擺出「不上沒意思的課」的態度。然而日子久了，我發現這些學生不是程度低，只要課程能勾起他們的好奇心，便能發揮真正的能力。我乾脆改成全部做實驗，把課程設計成透過實驗來鑽研。結果學生紛紛迷上上課，主動向我傾訴夢想，甚至為了實現夢想而用功，選擇升學。我這才發現害得這些孩子無心自發學習的其實是老師。

下一所學校是六年一貫國高中，學生都是很有心念書的乖孩子。但是上課時，大家的眼神都很黯淡。另一方面，明明入學的都是通過國中入學或高中入學測驗的優秀學生，卻總有一成左右的學生課業跟不上。我們身為教師，對這些學生完全幫不上忙。

四年之後，我終於得到當國一班導師的機會，而且是同一個班一路帶到高三。我於是決定對眼睛還會閃閃發光的國一學生嘗試「對話型課程」與「老師不教書的課程」。

教師不出作業，也不制訂班級規矩，改為「學生自治」——由學生自行討論決定要如何度過校園生活。上課方式也交由學生選擇，看是要學生交換意見的「對話型」還是老師來主導的「講義型」。每次大家都選擇對話型課程，並且逐漸展露出自己的性格，變得自發又有個性。短短一年就感受到學生自治的成果。

二〇一三年，我參與日本國際協力機構（Japan

International Cooperation Agency, JICA）在不丹舉辦的教師海外研習。我在當地上課時，每個學生的眼睛都閃閃發光，是我在日本從未見過的光景。詢問大家有什麼夢想時，沒有一個人回答的是職業，通通都是「我想從事建立良好教育環境的工作」、「我想從事跟法律相關的工作，讓這個國家變得更好」。大家都能自發思考「我為什麼要工作？」、「為了從事夢想的工作，現在該學什麼？」

這個經驗完全打破我過去對於教育的看法。原本我對當前的日本教育有所質疑，自此之後慢慢開始發現解決的方法。回國之後，我放下更多教師權限，放寬學生自治的範圍。把管理班級的權限下放給學生，取而代之的是設計串聯學習與社會的課程，提供學生認真思考為何學習的環境。

一路堅持下來的成果是學生在高三時都培養出「念書不是為了升學考試，而是貢獻社會」的觀念，入學考試也從「上好大學的手段」轉變為「為了進入有興趣的領域」。

Q3 為了結合學生所學與社會，採取了哪些具體行動呢？

一是在普通的課堂上提到ＳＤＧｓ，作為探討社會問題的引子。生物課開頭請學生思考單元內容和ＳＤＧｓ的十七大目標有何關聯。如此一來，大家就能明白生物課實際上對社會有何貢獻。原本對生物課沒興趣的學生發現自己有興趣的主題其實和沒興趣的生物課有所關聯時，態度也變得積極起來。

另一是帶學生去見見以解決社會問題為工作的社會人士。有時候是請對方來演講，或是帶學生去工作現場，參觀對方如何解決問題。

學生透過這二種經驗開始思考自己為何念書，

主動企劃解決社會問題的專案。其中一個專案是和使用有機棉花的業者合作，使用剩餘的材料做成布衛生棉提供給開發中國家的女孩，以及書套，杯墊與嬰兒玩具等等。另外還有三十多個專案，參加的學生將近一百人。

Q4　對話型課程能夠因應大學入學考試，例如指考嗎？

明白自己想學什麼，充滿學習熱忱的學生，不用擔心大學入學考試。我也會教導學生如何準備指考等以選擇題為主的考試。對於目標放在上大學之後的學生而言，由於充滿學習熱忱，能夠一路努力到考完試。反而是讀書目標不明確的學生總會出現停滯期。原本老是在補考，成績只能勉強及格的學生努力一年之後，考上了志願的國立大學牙醫系。學生的努力反映在入學考試的成果上。

Q5　今後您要推動什麼樣的活動呢？

現在全國各地的學校都有老師跟以前的我一樣，對目前的教育方式感到質疑。我想向他們分享自己積極實踐的教學方式，助大家一臂之力。不能忽略的是學生當中也有人反對現今的教育。我經常感受到年輕一輩在探索「生命的目的與意義」。這或許是因為他們出生在物質豐富的年代吧！所以需求層次理論的尊重需求特別強烈，格外在意他人目光。針對這些孩子，我認為活用SDGs能促使他們把所學運用在貢獻社會上。

第 7 章

培育開創未來能力的「新世代教育」

連接未來的十七條河流

日本白鮭*的幼魚在河川出生，學會捕食與游泳，身體進化成適應海洋生活的銀白色，一年之內從河川朝海洋出發。據說是因為海洋中充滿食物，能提升成長期的成長速度，才會刻意前往充滿天敵的海洋。花二至四年游到數千公里之外的阿拉斯加灣，到了繁殖期再回到日本近海。日本鮭魚靠賀爾蒙記住自己出生的河川氣味，從眾多河流中選出自己的出生地溯流而上，在河底產卵，把在海洋蓄積的能量都傳給下一代。

實現地方永續發展需要四大生態環境，最後一個生態環境是「水」。水能滋潤地方的所有生態，充實生命力，帶領人類邁向壯闊的世界。水代表的是「新世代教育」。

SDGs是帶領下一代邁向未來的十七條大河，連接兒童的日常生活與未知的廣闊世界。地方的未來取決我們能教育出多少對汪洋大海充滿興趣，願意挑戰的兒童。

＊白鮭

日本的鮭魚通常是指白鮭。

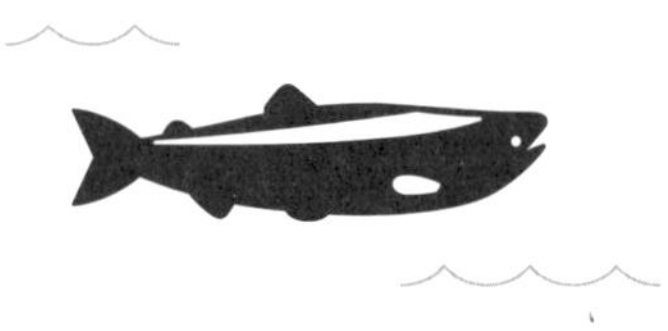

地方兒童面臨的社會環境變化

另一方面，現代兒童的生活環境已和過去天差地遠。思考促進地方永續發展的未來教育時，不能忽略三大環境變化：「學習機會的城鄉差距日益擴大」、「逐漸衰弱的教育生態系」以及「日新月異的工作環境與所需技術」。

學習機會的城鄉差距日益擴大

如同第二章所示，大學愈多的地區，當地高中生的升學率愈高。高中升學率居冠的東京共有一百三十八所大學，升學率最低的島根跟佐賀只有二所大學。家附近如果有大學，便有機會認識大學生，或是參加大學相關的活動，接觸新知。以東京都文京區與台東區等地的小學為例，由於鄰近東京大學、東京藝術大學，會請來在校生或畢業生提供許多令人雀躍的體驗，包括藝術大學學生舉辦的藝術講座，一流科學家指導的實驗教室，以及由參加過奧運的國手帶小朋友賽跑等等。相較於居住在鄉下地方的兒童，這些都市學童在學習機會方面多麼受惠不言而喻。

地方生活雖然缺乏這些人文體驗，卻能透過自然體驗培養兒童的好奇心、冒險心與運動能力，還有自古流傳至今的濃厚人情味。以花丸學習會的代表高濱正伸為例，學習會主打的概念是「培養獨立自主的帥氣大人」，推行獨特的教育模式。他主張童年最重要的活動就是外出玩耍，體驗自然。根據自己的經驗，以及實際接觸過的兒童，我舉雙手雙腳贊成用自然體驗奠定人生基礎。

我透過學校教育接觸過都市和地方兩地的兒童。雙方在小學階段對學習的興趣沒有太大差異，到了國高中則越來越多學生無心學習，印象中又以地方居多，不過我沒有明確數據可以證明。

就在此時，我看到了一個十分震撼的調查結果。二〇一七年辦理的「學習熱忱與人際關係相關調查（以下簡稱『學習熱忱調查』）＊」發現國高中的學習熱忱、是否願意挑戰，以及對未來的展望和都市的人口規模（政令指定都市、縣政府所在地的都市、其他都市與町村）有關。居住地區的人口愈少，上述調查項目的回答愈偏向否定。

＊學習熱忱與人際關係相關調查

調查時期：二〇一七年四月
樣本數量：十五至十九歲男女共二千人
調查方式：網路調查
辦理單位：issue + design

學習熱忱的差距

該調查指出回答「我喜歡學習、讀書」的國高中生僅占百分之三十六點二，約三分之一。居住地區的人口愈少，比率愈低。政令指定都市與町村差距高達八點七個百分比。與心態相關的項目「我會主動積極挑戰沒把握的事」也呈現相同結果，政命指定都市與町村差距十個百分比以上。

對未來展望（將來的夢想、希望、可能性）的差距

回答「我有夢想，有想做的職業」的國高中生不到五成，僅百分之四十六點九，乍看之下很低。然而我為大學生和高中生上課時，經常因為他們比起當年（九〇年代）的自己更認真思考未來而大吃一驚。他們比誰都明白上好大學，進好公司工作這種簡單易懂的成功路徑已經逐漸消失，這個調查結果或許代表他們正在摸索屬於自己的人生之路。

調查結果差距最大的項目是「我將來有機會成為有錢人」。居住於政令指定都市的國高中生中，肯定者占百分之四十四；町村卻只有百分之二十七

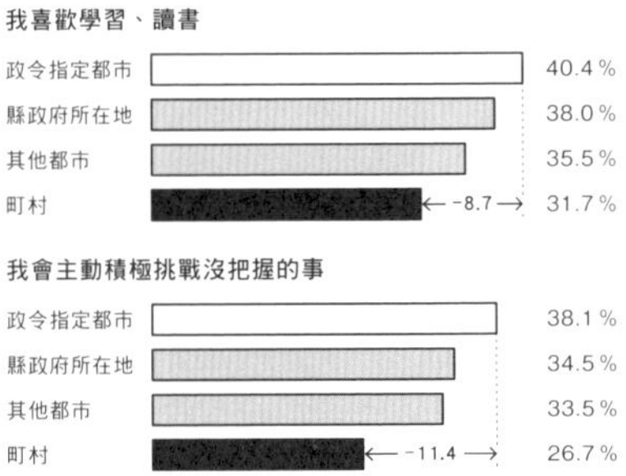

點五，相差十五個百分比以上。現在網路上或電視上隨時可見賺大錢或夢想成功的真實故事。然而住在町村的兒童由於生活環境狹窄，很難在周遭的人身上看到「自己成為有錢人」的可能性。

自我肯定感的差距

我經常看到調查結果顯示日本人「自我肯定感」較低。根據內閣府實施的國際比較調查*，調查結果顯示日本年輕人「自我滿意」的程度不到五成，僅百分之四十五點八。遠遠低於美國、英國、德國與韓國，在調查國家中排名最後*。學習熱忱調查的結果也顯示「喜歡自己」的國高中生僅占百分之二十六點五，比例相當低。町村兒童又僅占百分之二十一點七，比政令指定都市低七點三個百分比。

學習熱忱、未來展望與自我肯定感的關聯

學習熱忱、未來展望與自我肯定感之間有連帶關係。想要提升學生的學習熱忱，關鍵是肯定自我，相信自己（自我肯定），並且懷抱夢想，從今後

＊國際比較調查

調查名稱：我國年輕人與其他各國的議事相關調查

調查時間：二〇一三年十一至十二月

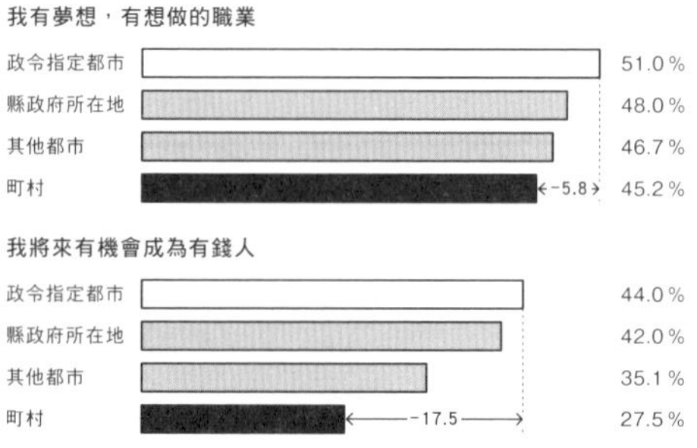

的人生發掘可能性（未來展望）。

都市與町村的學童之所以在學習熱忱甚至連學力都出現落差，可能是因為町村的學童缺乏相信自己，肯定自己的機會，難以想像未來可能是康莊大道。

逐漸衰弱的教育生態系

前文提及的高濱老師認為童年時期可分為二大箱子，分別是四至九歲的紅色箱子時期與十一至十八歲的藍色箱子時期。

紅色箱子時期約莫是幼稚園到小學低年級，正是活潑調皮的年紀，所以總是坐不住、吵吵鬧鬧，做事憑直覺。這個時期最重要的是多跑多動多玩，在玩耍中累積體驗；沉迷於自己喜好的事物。體驗何謂沉迷投入的感覺。和父母親密溝通也是成長過程不可或缺的要素。

藍色箱子時期培養的是充分思考的能力。這時候正是所謂的青春期，重視成人是否誠實對待自己與事物的本質，同時開始討厭父母干預，因此高濱老師表示這個時期的孩子需要「家庭學校之外的心靈導師」。紅色與藍色箱

調查國家：日本、韓國、美國、英國、德國、法國、瑞典
調查對象：十三至二十九歲的男女

圖表　三種指標的關聯

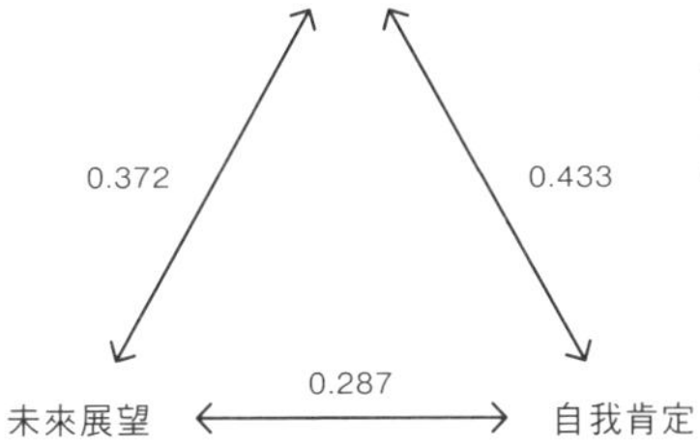

圖中的數字為相關係數，代表指標之間的關聯強度。二項指標之間的係數為一點零代表兩者百分之百有關，零則象徵兩者毫無關聯。

子時期的差異就像蝌蚪與青蛙，是完全不同的生物，所需的生活環境與教育觀念也天差地別。

我聽到這番話才終於明白町村的國高中生為何學習興趣比政令指定都市的的低。前者在紅色箱子時期有大量機會盡情玩耍，自由悠遊，所以兩者在童年時期的差距不大。然而到了藍色箱子時期，這些孩子需要在眾多成人身上，以及複雜的人際關係當中尋找自我，面對社會的本質。我腦中於是浮現一個假說：地方的國高中生由於地方的「教育生態系」衰退，進而導致學習熱忱低落。

人際關係差距取代貧富差距

大阪大學研究所志水宏吉教授有個令人感興趣的研究。他分析一九六四年與二〇〇七年的全國學力測驗結果，發現各地學童的學力差距與當地的人際關係緊密程度*有關。

一九六四年的調查結果顯示地方學童的學力與家庭的「實際收入」、「領

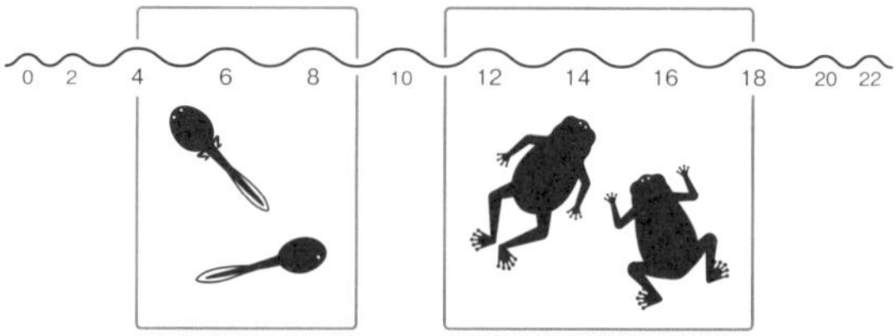

紅色箱子＝兒童期 四～九歲　藍色箱子＝青春期 十一～十八歲

＊人際關係差距
詳情請見志水宏吉的著作《「人際關係差距」影響學力》。

取低收入戶補助率」與「學童的平均每人教育費用」等經濟因素息息相關。換句話說，大都市圈以及經濟富足地區的學童學力較高，經濟貧困地區與地方的學童學力較低。這個結論簡單明瞭，直觀上也能接受。

然而二〇〇七年的結果卻顯示「實際收入」與「領取低收入戶補助率」等經濟因素依舊息息相關，「教育娛樂費比例」、「學童的平均每人教育費用」等教育相關的花費卻不見得與學力有所關聯。一般人的印象都是愈願意為孩子出錢補習的家庭愈多，當地學童的學力愈高。實際情況似乎與想像有所出入。

另一方面，和學力息息相關的因素還包括「離婚率」、「自有房屋持有率」與「拒絕上學率」。這些項目在一九六四年並未發現關聯。

志水教授因而提出「人際關係差距」的假說：「倘若家人與兒童關係緊密、鄰居與兒童關係緊密、老師與學生關係融洽，則該地學童的學力較高。這些關係反映在離婚率低，房屋自有率高與拒絕上學率低。倘若當地社群關係薄弱，則該地學童的學力較低」。

「斜向關係」提升學習熱忱

學習熱忱調查發現兒童的人際關係緊密程度與學習熱忱、未來展望、自我肯定的關聯如下圖所示。

學習熱忱和朋友、家人與鄰居關係都有一定程度的關聯。關聯程度最高是朋友，其次是鄰居與家人。自我肯定則與鄰居關係最為相關，其次是朋友與家人。這似乎是因為透過向鄰居打招呼獲得稱讚，照顧鄰居小朋友等有些距離的人際關係，感受到「我對社會有所貢獻」、「有人需要我」。

分析國高中生人際網絡（符合該項目的人際關係人數）與學習熱忱的關聯表格如下頁下方所示。前三名是「告訴自己學習很有趣的大人人數」、「當作未來目標的大人人數」與「尊敬的大人人數」。比起身邊的朋友人數，「大人」更是提高學習熱忱的關鍵。

我在父親服務的公司員工宿舍長大，附近住了許多不同年齡層的孩子。在這種情況下，大人閒聊時經常提到鄰居哥哥姐姐升學與就職的情況。例如：那家孩子一畢業就考上東大；那家孩子重考了三次才考上美術大學；那

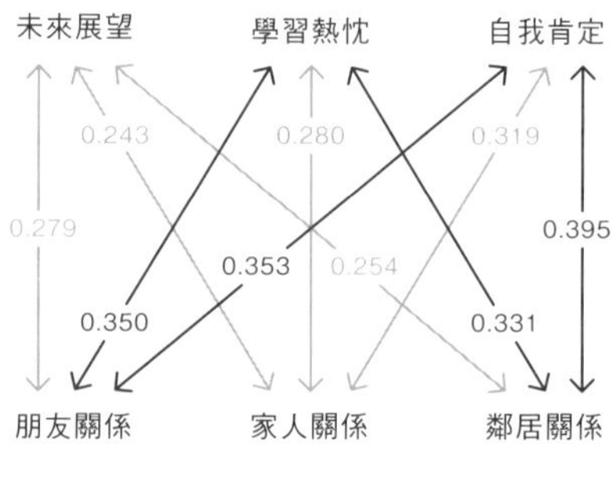

圖中的數字為相關係數，代表指標之間的關聯強度。二項指標之間的係數為一點零代表兩者百分之百有關，零象徵兩者毫無關聯。

家孩子念了軍校，大學畢業後會進入自衛隊；那家孩子聽說去念職業學校，要當口腔衛生師；那家孩子當了鷹架工人等等。此外，也認識附近商家、警察與農人等形形色色的大人，明白這世上有許多職業。

高濱老師與其他專家都紛紛指出，現代兒童雖然有同學等橫向關係與父母、兄弟姊妹等縱向關係，卻十分缺乏斜向關係，也就是「家庭學校之外的心靈導師」。

地方人口急速減少，在地產業衰退，許多年輕人因此為了升學與求職而離開家鄉。地方的國高中生開始思考未來時，身邊缺少能夠當作範本的大哥哥、大姐姐。前文提及町村的學童認為「我將來有機會成為有錢人」的比例較低，也是因為難以想像自己從事薪資水準較高的工作。然而不可否認的是程式設計師、企業顧問、科學家、節目製作人與藝術家等兒童憧憬的對象與提升學習熱忱的工作還是大都市比較多。

明明地方上有許多人從事充滿吸引力的工作，卻因為社群關係薄弱而難以認識。農民與工匠等人常常把「我們這種工作賺不了錢，在鄉下賺不了錢，不要做」掛在嘴上，也影響了當地兒童的心態。「帥氣的大人」能刺激兒童想像美好未來，帶動學習熱忱。能否遇上好榜樣，絕對會影響學習熱忱。

1	傳達學習樂趣的大人人數	0.2902
2	當作未來目標的大人人數	0.2610
3	尊敬的大人人數	0.2573
4	能夠商量的朋友人數	0.2465
5	朋友人數	0.2266
6	好友人數	0.2235
7	隸屬的團體數量	0.2224
8	異性朋友人數	0.2164
9	遇到會打招呼、閒聊的成年鄰居人數	0.1895
10	平常會連絡的家人與親戚人數	0.1581

圖中的數字為相關係數，代表與學習興趣的關聯強度。

日新月異的工作環境與所需技術

科技帶來的危機意識

拉斯維加斯在二〇一八年六月發生相當於現代版「盧德運動*」的大規模示威行動，示威群眾要求改善勞動環境，反對引進自動化設備。這是因為拉斯維加斯是美國機械化進展最迅速的城市，當地度假村陸續引進客房服務機器人來搬運毛巾與飲料；使用一人抵八人的酒保機器人，一小時能做一百多杯雞尾酒，以及無人便利商店等等。

科技日新月異，許多工作改以人工智慧*或機器人執行。最近出現許多報導以煽情的口吻介紹人類極有可能遭到這些科技取代。我推測日本引進自動化時，不會發生這麼嚴重的社會摩擦。因為日本人口急速減少，人手不足的問題日益嚴重，全國上下都需要以機器取代人工。這方面的益處又以地方感受最為深刻。

我很期待未來許多工作是由人工智慧代替人類執行。但是現在的兒童今

＊盧德運動（Luddite Movement）

一八一一年至一八一七年左右，英國中北部的勞工因為工業革命感覺可能失業，於是發起破壞機器的運動。

＊人工智慧

AI（Artificial Intelligence）的譯名。一種人工系統，由電腦來執行原本只有人類才做得到的複雜思考和判斷。掃地機器人的控制系統便是其中一例。

後即將踏入這個更迭快速的社會。我擔心他們的未來，也認為當前的教育無法教導他們如何適應未來社會。

我會到國中小，甚至高中、大學、研究所授課。之所以深感現在的教育陷入困境是因為，最有可能跟不上時代的就是教育第一線。

遭到取代的工作，不會遭到取代的工作

我之前受邀參加藥劑師學會的小組討論，討論主題是「人工智慧時代的藥劑師」。企劃起因於藥劑師的工作是「依照處方箋指示，配藥發藥」，有可能遭到人工智慧取代。

我每次拿著處方箋去藥局，總是對這個步驟感到疑惑，也曾經因為趕不上藥局的營業時間而拿不到藥。美國的新創公司「PillPack」在二〇一三年一月推出宅配藥物到家的服務，我非常期待他們進軍日本。

然而前幾天，我遇上一位非常有心的藥劑師。醫師開了三種藥給我，二種是餐後服用，一天三次；一種是一天服用二次。我用餐的時間、地點、次

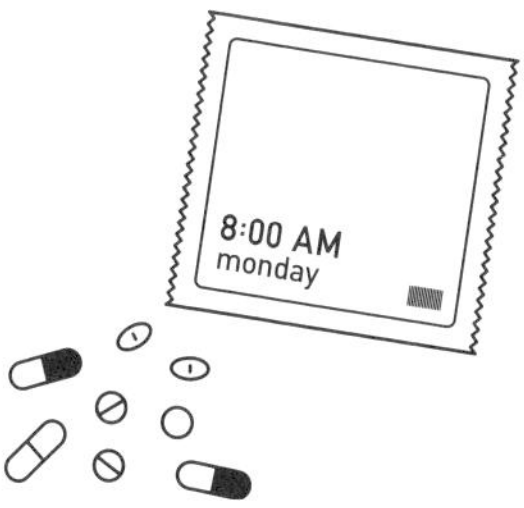

數都不一定，又一天到晚在出差。本來以為自己應該無法按時服用，決定放棄。但是那位藥劑師似乎察覺我的心情，問了我許多問題：「用餐時間固定嗎？」、「一天會吃三次飯嗎？」等等，最後向我提出建議，教我解決服藥問題。我聽完之後心態轉為樂觀積極，覺得「這樣我應該服用得來」。這很明顯就是只有人才做得到的工作，無法以機器取代。

經濟產業研究所計算日本的職業機械化替代率*，以簡單易懂的方式顯示何謂機器可以取代的工作，又何謂機器無法取代的工作。

同樣是業務工作，不動產的業務員機械化取代率是零點八六，金融保險類的業務員是零點四六八。不動產只須確認期望的地段、預算、格局等條件，便能推薦合適的物件。另一方面，金融與保險商品複雜程度超過不動產，無法單憑年薪、存款金額、家庭成員與風險容忍度等基本資料決定。個人與家人的人生規劃、預想的風險等因人而異。儘管目前出現許多使用人工智慧推薦投資計畫的服務，比起不動產業務員，協助規劃人生與投資的理財專員還是更難以機器取代。

餐廳也是一樣，店長的機械化取代率是零點零八三，不到一成。相較

＊機械化替代率

詳情請參考濱口信明、近藤惠介的〈地方雇用與人工智慧〉RIETI Discussion Paper Series 17-J-023（二〇一七）

之下，廚師是零點六八，酒保是零點七七，遠高於店長。這是因為店長必須面對顧客、進貨廠商、員工等許多立場各異的相關人士，又得具備掌握潮流與經營管理等多種能力，否則無法勝任。廚師與酒保的工作則逐漸自動化，如同前文提及的拉斯維加斯度假村以機器人取代酒保，迴轉壽司店也以機器取代部分原本是由廚師執行的工作。然而有些日本料理師傅能配合季節、食材、氣候、聚餐目的和與會人士的關係，提供最佳的聚餐體驗；有些法國菜主廚做得出前所未有的特色餐點；有些酒保則是能配合客人當天的心情調製雞尾酒，提供合適的話題等等。這世上還是有許多無法以機器取代的人才。

現在大街小巷四處充斥「會消失的工作」一詞。然而屆時消失的不是一整個行業，而是部分由機器取代人力，部分還是需要人工。依據人工智慧的特性與日本生活環境的變化來看，今後的人工智慧時代需要的是以下兩種能力：

1. 以人為本，打動人心的能力

2. 自行設定目標，主動行動的能力

以人為本，打動人心的能力

在這個科技日新月異，越來越多工作遭到人工智慧取代的時代，不可或缺的能力之一便是「以人為本」，打動人心。

過去藥劑師的工作是確認病患的服藥履歷與是否對藥物過敏，配藥發藥。這種工作模式是「以藥為本」。藥物是化學物質，可以全部改用化學式說明。換句話說，「以藥為本」的工作模式能以人工智慧完全取代人類。然而把「以藥為本」轉換為「以人為本」，工作模式便出現一百八十度轉變。「平常都吃些什麼呢？」、「三餐定時定量嗎？」、「忘記吃藥時有人提醒嗎？」藥劑師透過觀察與對話，把服藥定位為生活習慣，視為病患生活的一部分。只有人類才具備這種溝通能力。

此外，我本來不想吃藥，和藥劑師聊過之後卻改變心意。這種打動人心，提升對方幹勁也是只有人類才做得到的重要工作。

活用科技，想出把藥物宅配到府的服務也是基於「以人為本」的思考模式，是專屬人類的技能。這項商業模式起源於三種人類才會出現的行動與問題：

・忘記拿藥：沒拿藥且完全沒吃藥，導致病情惡化。
・忘記吃藥：持續在正確的時間服用藥物且次數正確相當困難。
・吃錯藥：弄錯份量或誤服不可一起服用的藥物，可能致死。

只有人類才能發現這些關於服藥的問題；想出對策，促使病人打起精神來正確服藥也只有人類才做得到。

為了實現這項解決服藥課題的對策，需要徹底活用科技。個別包裝每個人的藥物，在每個藥袋上印上服用的日期、時間與藥物種類，填裝藥物——這些工作要是全部以人力執行，費時又費力。用「以人為本」的思考模式發現的問題，轉為「以資料為本」的執行方式來解決，便能有效解決人類的困擾。

我們應該要善用科技，結合人類的智慧與科技，解決問題，而非為科技所用。這正是今後的人類必須從事的工作。

無論是藥劑師平常的工作還是最新的高科技業界，共通點都是需要人類特有的能力：細心觀察平常的生活、行動與情感，聆聽對方的心聲，想像對方的煩惱，想出解決煩惱的對策並且具體執行，最後打動對方採取行動。這些「以人為本」的思考能力，今後也依舊是人類特有的能力。

自行設定目標，主動行動的能力

我遇上的藥劑師如果照一般流程問我問題，我應該會隨便回答，矇混過去吧！但是他自行思考該如何向我提問，熱心聆聽我的回應，最後提出適合我的服藥方案。當時他的表情明顯樂在工作，令我印象非常深刻。

在人工智慧時代，唯有人類擁有且必須的第二項能力正是自行設定目標，主動行動。

把一百萬個人一天吃三次且一週份的藥物包裝好，並且在藥袋上打印服用日期與藥物種類——由人類設定好這些目標，機器就能以人類追趕不上的速度完成。相較於藥劑師每一步都是手工包裝，機器的錯誤率也比較低。但是人工智慧不會自行設定目標。以最強的圍棋人工智慧AlphaGo*為例，它學習的目標不是要戰勝人類。「東大機器人*」學習的目標也不是想進東京大學。人工智慧在現階段還沒有自己的意志與幹勁。

「該怎麼做才能讓患者正確服藥呢？」、「客戶好像生小孩了，是不是該幫客戶想想如何調整保險呢？」、「今天是不是應該配合顧客的健康情況，

＊AlphaGo

Google DeepMind開發的電腦圍棋軟體。二〇一七年五月與世界頂尖棋士柯潔較量三盤，三盤全勝。

＊東大機器人

日本國立資訊學研究所主導的人工智慧研發專案，研究主題是「機器人是否能考上東大？」該專案執行到二〇一六年。

改成溫的前菜呢？」自行設想改善對方生活的「問題」，設定答案與工作目標，主動行動。無論科技如何進步，這都會是只有人類才擁有的力量。

齊頭式教育是因應大量生產的社會而生

我有時會去公立小學，教六年級的學生設計與程式語言。課程名稱是「創作獨一無二的機器動物」，一共分為十堂課。機器動物的身體是用小學所在地生產的檜木做成的盒子，學生用樹葉、枝條和壓克力板等素材自由裝飾盒子，設計成喜歡的動物，並且學習使用程式語言讓動物動起來。每次我在課堂開頭說「你們可以任意做成喜歡的動物」孩子總會愣一下，一臉「喜歡的動物是什麼意思？」這是因為學校教育的前提是要求每一個學生都做一樣的事情，大家不曾想過可以在學校做喜歡的事。

這種現象明顯顯示日本過往的義務教育屬於「齊頭式教育」。齊頭式教育起源於明治維新，配合現代化與工業革命的潮流，聚集同年級的學童，大家一起上課。這種教育模式在第二次世界大戰結束之後，培育出許多對當時日本經濟成長有所貢獻的人才。為了持續大量生產品質一定的家電用品與汽

車，需要眾多思考模式與行動都一模一樣的人才。目前教育第一線仍舊執行相同的教育方式，學校認定的好學生是所有人能力相同，面對教師出的考題能提出正確答案。這種教育會破壞人工智慧時代不可或缺的能力——自行設定目標，主動行動。

回想自己從國小到高中的十二年來，也深受「完成大人訂定的目標」、「和身邊的人做一樣的事」這種教育洗腦。不同於其他人的是我從大學三年級到出社會的第一年之間，遇上三次大幅改變價值觀的幸運轉機*，花了三年才擺脫過去的束縛。

跳脫既定的教材、正確答案、成績與考試等他人設定的目標，從學習主題到未來的夢想都自行訂定目標，例如：「我想學習太空相關知識」、「我想利用程式語言設計遊戲」、「我想參加國際數學奧林匹克」、「我想種出全世界最好吃的米」、「我想學動物的生態系，將來從事環保的工作」在邁向目標的過程中反覆嘗試，克服失敗與逆境——這是現代人不分男女老幼都必須具備的能力。

＊三次幸運轉機

第一次是大學時在留美歸國學人一條和生副教授（目前為一橋大學教授）的專題研討課程中，和其他意氣相投的夥伴一同發揮創意，進行專案學習。第二次是大學四年級時前往澳洲留學，當時所有課程都是小班制的對話型教學。上課要發表不同於其他人的意見才代表對課堂有貢獻，這種教育方式帶給我極大的衝擊。第三次是大學畢業之後進入廣告公司，和第一位主管負責創意類型的工作。對方嚴格鍛鍊我，要求我一直提出點子和自己的工作自己創造。

把「對話型設計教育」普及到地方

地方的「教育生態系」衰退，造成學習機會和熱忱出現城鄉差距，學童所應具備的能力也不同於以往。在這個瞬息萬變的時代，我建議地方針對問題較多的藍色箱子時期，也就是小學高年級到高中生學生，採用「對話型設計教育」。

何謂對話型教育

對話型教育不同於過去由老師對學生講授課程內容，而是由學生彼此對話，交換意見，自行思考。這種教育方式的效果可以分成以下三階段：

一、**對情緒的影響**

【愉快】與朋友、夥伴對話，快樂學習。

【好奇心】發現夥伴與自己的想法、意見與知識不同，湧起興趣、關心與好奇心。

二、**對行動的影響**

【自主性】學會自行思考，主動開口的積極學習模式。

【持續性】因為是和夥伴一起快樂學習，所以能長期持續，又因為周遭的目光而難以逃避離開。

三、對能力的影響

【溝通能力】學會用心聆聽，表達自己的意見。

【記憶留存】下圖為美國國家訓練實驗室（National Training Laboratorie）提出的「學習金字塔」（Learning Pyramid），呈現不同學習方式的記憶留存率。課堂講授只有百分之五（代表忘記百分之九十五），小組討論是百分之五十（代表忘記一半），教導別人則是百分之九十（代表僅忘記一成）。由此可知，學習方式愈是自主或是採用對話方式，記憶留存率愈高。

灘高中（兵庫縣）是日本數一數二的好學校，該校學生放學後會主動聚集在教職員室前的桌子「互相教同學」。儘管同學是升學的競爭對手，大家實際體驗到教導夥伴能加深對課業的了解，所以這股學習風氣的文化才會一路傳承到現在吧！

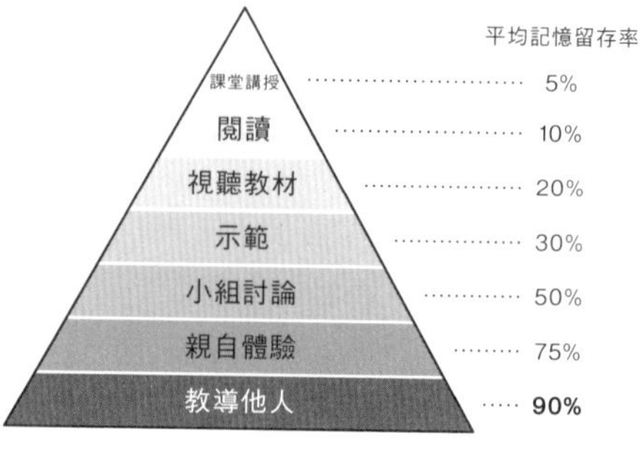

從對話型教育轉換為對話型設計教育

我經常聽到「我們學校已經在執行對話型教育了」。然而從培育「以人為本，打動人心的能力」和「自行設定目標，主動行動的能力」的觀點來看，大多數的案例都缺乏以下二點：

第一點是對話品質低落。校方引進教材與機器等硬體就已經滿足，並未準備最重要的軟體。所謂的對話不過是簡單地交換意見，無法進行學生互相教學刺激，提升彼此學習熱忱的真正對話。第二點是對話目的不明確。對話型教育的目的不是安排學生對話而已，而是透過與夥伴的對話加強以人為本的思考模式，促進每個人自行設定個人目標，主動行動。

這種時候「設計」的想法便能派上用場。大家一聽到設計，浮現腦海的通常是廣告、建築、美術課的作業等創作。我認為設計是所有現代人都應當具備的重要思考模式，以下是我個人對設計的定義：**所謂「設計」是深入了解人類的行動、情感與本能，構思如何解決人類、地方與社會所面臨的問題，並且把創意化為具體行動的行為。**

「對話型設計教育」是在對話型教育中加入設計的概念，以下是課程應當符合的三項條件：

1. 學生互相教導，彼此刺激，提升學習熱忱

2. 學生自行設定個人目標，主動行動

3. 參與解決人類、地方與社會面臨的問題，並付諸具體行動

實踐對話型設計教育的重點

在地方推動對話型設計教育，必須注意以下四大重點，並且參考第四章介紹的對話心得*與建立對話場域的技術。

重點一、階段性對話的學習

一般人印象中的對話型課程都是四至六名學生交換意見。然而對於習慣齊頭式教育的學生而言，突然開始對話實在很困難。所以一開始應該分成少人數的小組，由教師帶領，階段性提升對話的難度，而非從只有學生的多人

＊對話的心得

詳情請見第二一五頁
心得 1. 從聆聽開始
心得 2. 不立刻判斷
心得 3. 儘量開口
心得 4. 最重要的是樂在其中

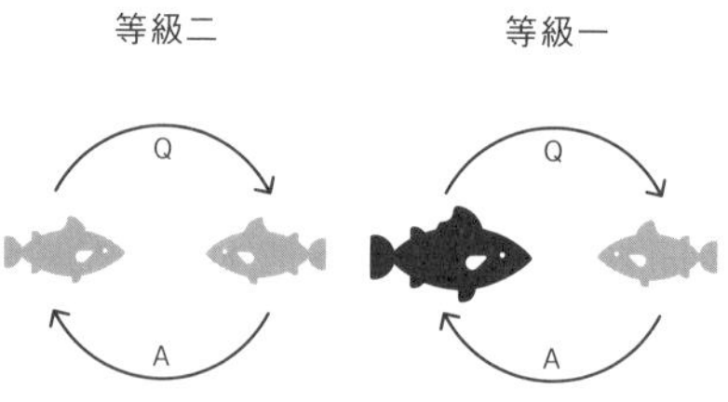

數對話開始。

◇**等級一　教師⇄學生**：先從教師與學生開始對話，由教師對每一名學生提問，請學生回答。

◇**等級二　學生→學生**：決定提問端與回答端，由學生兩人一組進行單向問答。藉由交換問答身分，慢慢習慣對話。

◇**等級三　學生⇄學生**：學生兩人一組，交換意見，互相提問回答，進入雙向溝通階段。

◇**等級四　學生與引導人（教師）**：學生三至五人一組，由教師進入小組帶領眾人對話。三至五人比一對一的難度高，有些學生會跟不上，需要司儀主持。

◇**等級五　只有學生**：學生已經具備一定的對話技巧，自然產生引導人，不需要老師加入小組。此時教師的角色是徹底觀察與協助。

用自己的話說明對話的功效

讓學童自行思考「獨自思考」與「和夥伴一同思考」的優點能有效促進

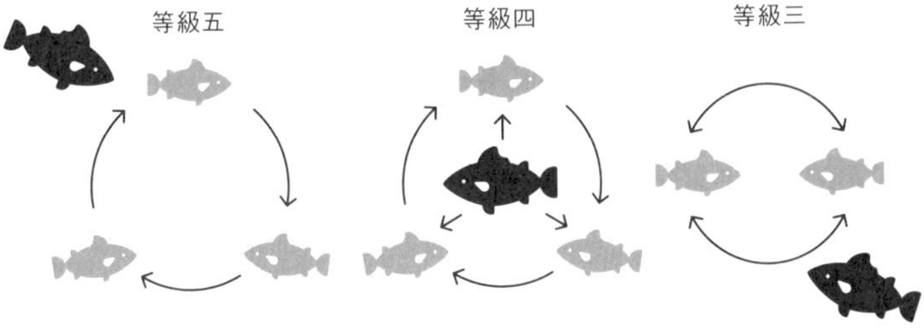

理解對話型教育的效果。學童剛開始可能無法理解為何要如此上課，等到自行發現和夥伴一同學習，教導夥伴有助於記憶留存與聯想點子，便會主動參與對話。

重點二、重視「提問」

無論是向我建議服藥方法的藥劑師還是宅配藥物的新創公司老闆，相信他們工作的原點都是出於相同的疑問：「該怎麼做才能防止病患忘記服藥呢？」

「提問」與現代社會所需的能力「以人為本的思考模式」、「自行設定目標，主動行動」直接相關，是對話的關鍵。「想要知道答案，想要自己解開謎題，想要深入了解」的想法勾起好奇心與學習熱忱，「想要多學一點」、「想要做到這件事」的動機促使人主動行動。

針對沒有正確答案的開放「提問」，學生與夥伴一同學習，找出自己認定的正確答案。在探索的過程中遇上新的問題，為了解答新的問題又繼續學習。重要的是建立提問與學習的循環。為此必須學習如何提問，養成提問的習慣。建議參考第六章「提問的技術」與採用後文介紹之「提問」與「對話」的一般課程。

重視五感體驗

想要提問就得重視「真正的體驗」——能夠打動心靈，勾起好奇心的體驗。現代人輕輕鬆鬆就能在網路上搜尋到資訊，透過影像認識全世界。正因為如此，透過自己的五感體驗更為重要（可參考第六章「田野調查的手法」）。親眼觀察，親耳聆聽，用全身上下體驗能培養「提問」的能力。前文提及的山藤老師上生物課時，為了加深學生理解運動造成的身體變化以及人體結構機能，會請學生在課堂上做「踏台運動」。

重點三、不要引導學生找到正確答案

開放式提問沒有正確答案。教師等主導課程端必須留意上課時不要引導學生找到正確答案。

以後文提及的程式語言課「機器動物園」為例，許多老師總會想引導學生寫出正確的程式語言。真正的學習是學生以為自己寫出來的是正確的程式語言，機器動物卻動也不動，於是自問自答，或是和夥伴商量。自行克服失敗的經驗，促進學生想更進一步學習，湧現進入下一個挑戰的疑問。失敗是成長與下一個問題之母。

接納兒童的意見

教師端必須時時留意對話的心得中提到的「YES AND*」的態度。推動對話型教育的第一步是確實接納學童的想法與提問。

對話型設計教育的實踐範例

以下介紹五種課程的範例，提供大家企劃實踐對話型設計教育時參考。

1. SDGs體驗型：學習SDGs的概念，以及對話、合作的基本觀念
2. 設計思考型：了解地方問題的本質，構思如何解決
3. 鄉土教育型：認識地方產業、文化、環境與人才，重新發現在地魅力

*YES AND
請見第二一七頁

4. STEAM教育型*：體驗如何利用IT與設計解決問題和創造價值

5. 一般課程型：在國文、數學或歷史等一般課程，實踐對話型教育

前三種類型通常是在名為「綜合學習」的課程執行。綜合學習沒有特定的教科書，由各校與地方安排課程內容。STEAM教育型有時會在數學或美勞課執行。一般課程型則是以後文訪問登場的山藤老師的公立高中生物課為基礎，可以活用在任何學年與科目。希望大家參考這些課程，配合地方特色、學生年級與上課時數，企劃實踐適合當地的對話型設計教育。

＊STEAM教育

整合Science（科學）、Technology（科技）、Engineering（工程）與Mathematics（數學）的跨領域教育「STEM教育」再加上Art（藝術）的教育手法。

SDGs體驗型：SDGs de 地方創生*

利用兒童熟悉的「桌遊」，在遊戲中學習何謂實現地方永續發展與SDGs的概念，不再視這些事情不干己事。

【目的】

· 地方發生的各種現象其實都息息相關，想要實現地方與地球永續發展，不可或缺的是全方位的對策。
· 認識業者、公部門、公民、非營利組織等地方社會成員的角色與工作。
· 學習如何與其他成員對話，以及互助合作的基本概念。
· 學習SDGs的十七大目標與自己的生活、家鄉有何關聯，以及達成目標所需的行動。

【建議年齡】國中以上、【所需時間】三小時左右

【適合人數】五至四十八人（一組桌遊最多可供四十八人使用。增加卡片數量與引導人人數，可供更多人參與）

【所需工具】SDGs de 地方創生桌遊一組

*SDGs de 地方創生
詳情請見網站 https://sdgslocal.jp/

START

1 學習何謂SDGs

2 分發SDGs de地方創生桌遊的角色卡與專案卡，
決定職業與負責專案

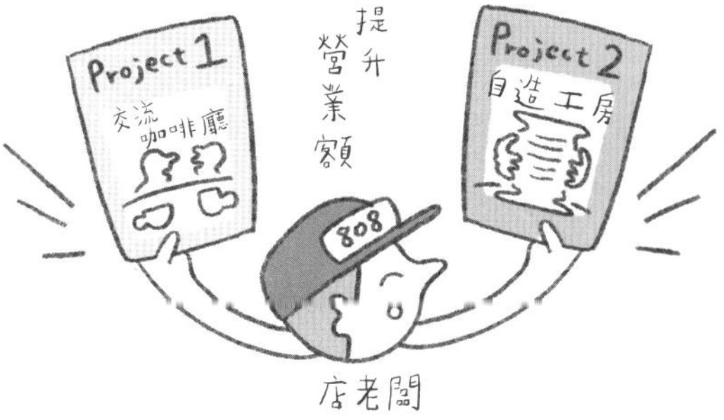

3 和其他角色交換金錢卡、人力卡與資訊卡，
努力完成專案

6 說出為了實現地方永續發展，自己現在做得到的事

5 小組討論地方上實際發生的問題與對策

4 回顧個人專案與地方12年後的狀況

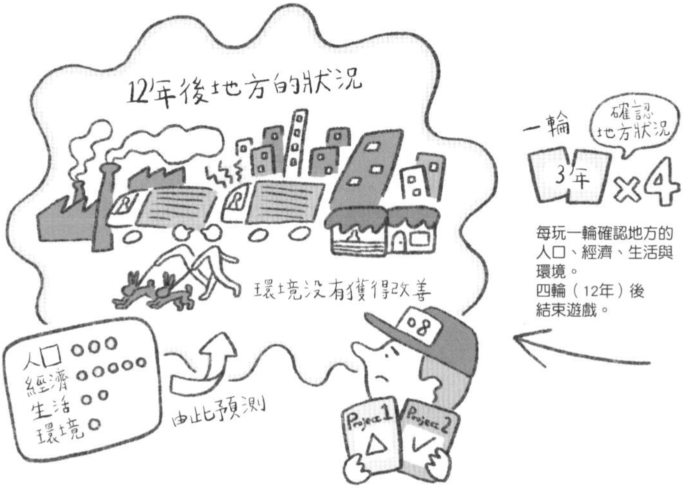

每玩一輪確認地方的人口、經濟、生活與環境。
四輪（12年）後結束遊戲。

設計思考型：地方課題＋DESIGN工作坊

自由運用「聆聽的技術」、「提問的技術」、「創意的技術」、「呈現未來的技術」來制定專案加以實踐，藉此解決地方所面對的具體問題。

【目的】
・全方位學習本書介紹實現地方永續發展所需的技術。
・發現當地居民的問題（煩惱），學習解決問題的設計方法論。
・學習與夥伴交流，相互刺激，共同創造的樂趣與意義。
・學習如何具體呈現自己構思的點子與實踐，並且向社會大眾說明。

【建議年齡】國中以上
【所需時間】六小時以上
【所需工具】圖畫紙、便利貼、筆、共通點卡（第三四六頁）、故事單（第二八四頁）、八格漫畫單（第二八五頁）。
【其他】建議透過上一頁的桌遊「SDGs de 地方創生」了解SDGs和地方課題之後，搭配實施，效果更佳。

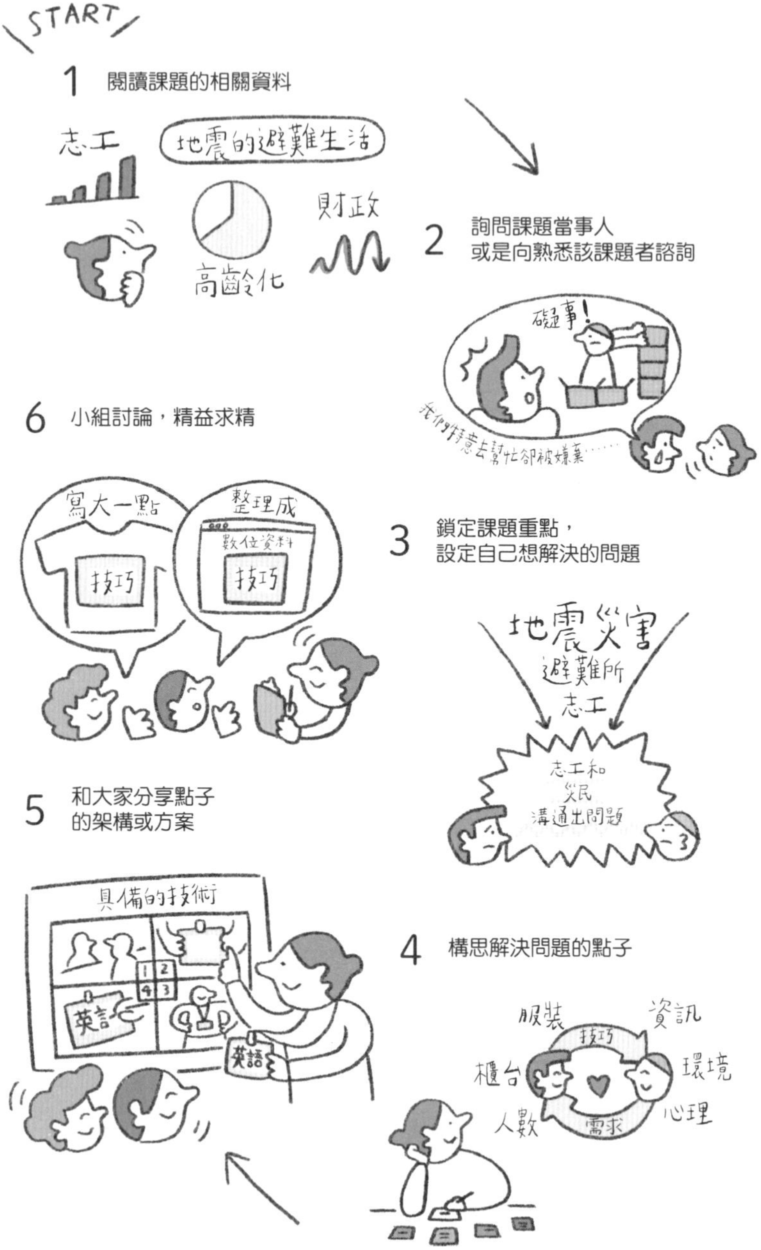
START
1 閱讀課題的相關資料
志工
地震的避難生活
財政
高齡化
2 詢問課題當事人
或是向熟悉該課題者諮詢
礙事！
我們特意去幫忙卻被嫌棄……
3 鎖定課題重點，
設定自己想解決的問題
地震災害
避難所
志工
志工和
災民
溝通出問題
4 構思解決問題的點子
服裝
資訊
技巧
櫃台
環境
人數
心理
需求
5 和大家分享點子
的架構或方案
具備的技術
英語
英語
6 小組討論，精益求精
寫大一點
整理成
數位資料
技巧
技巧

鄉土教育型：製作家鄉〇〇地圖

嘗試改變觀點，重新觀察自己出生成長的家鄉與平凡無奇的每一天，找出屬於自己的「問題」*，探索答案，把這些發現畫成原創地圖。

【目的】

・刺激好奇心，發現自己的創意思考迴路與加強。
・探索家鄉的風景、文化與自然環境，學會重新發現家鄉魅力的「田野調查的手法*」。
・漫步於家鄉各處，眺望風景，發現新觀點，學習屬於自己的提問方式。
・以具體的方式呈現實踐自己構思的點子，學習如何向社會大眾說明。

【建議年齡】小學～高中
【所需時間】半天以上
【適合人數】只要能確保田野調查時安全無虞，人數不受限。
【所需工具】圖畫紙、筆、田野調查的手法、板夾、田野調查單。

*提問的技術
請見第三二四頁

*田野調查的手法
請見第三三〇頁

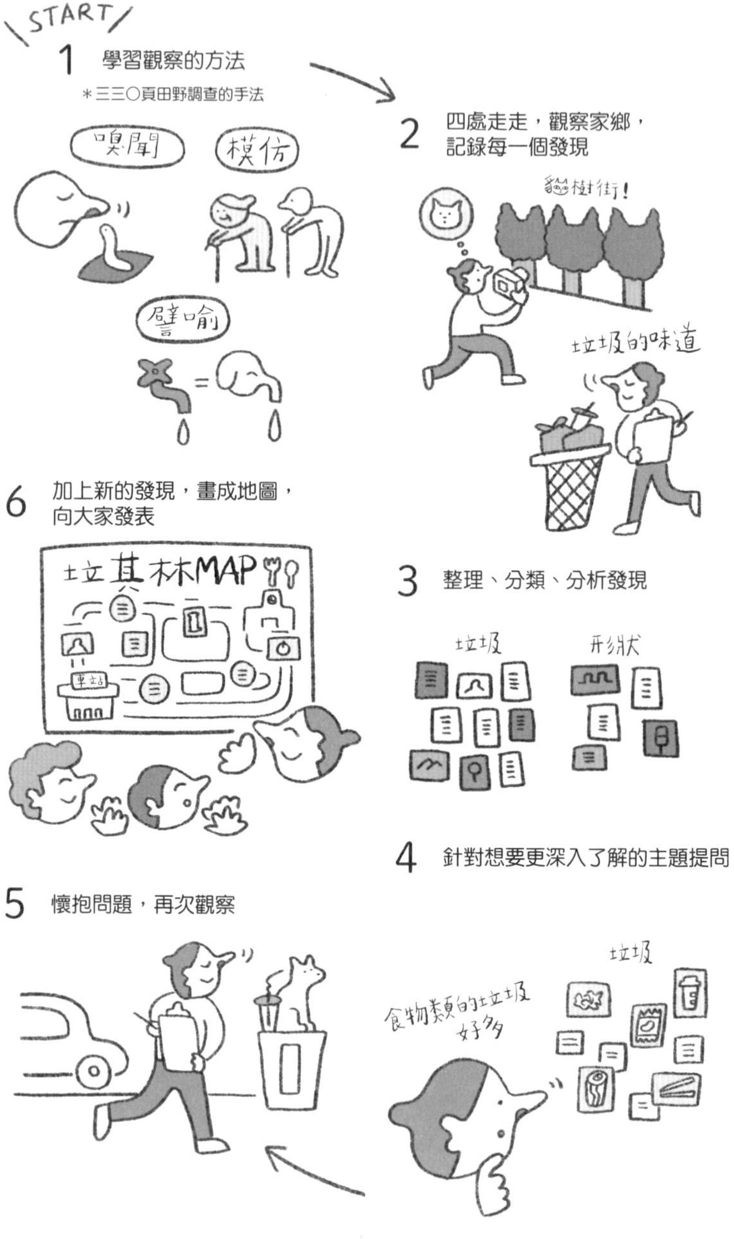
START
1 學習觀察的方法
＊三三〇頁田野調查的手法
嗅聞
模仿
譬喻
2 四處走走，觀察家鄉，記錄每一個發現
貓樹街！
垃圾的味道
3 整理、分類、分析發現
垃圾
形狀
4 針對想要更深入了解的主題提問
垃圾
食物類的垃圾好多
5 懷抱問題，再次觀察
6 加上新的發現，畫成地圖，向大家發表
垃其林MAP
車站

STEAM教育型：機器動物園*

「程式語言」由於能增進科學技術相關知識與數學素養，受到多方矚目。本套課程協助大家快樂學習程式語言，輕鬆上手。內容同時包括創造性教育與設計教育。

【目的】

・學習程式語言的的基礎，感受利用技術的力量促使機器動物「動起來」的樂趣。

・思考自己想做的東西，學習如何具體表達。

・學習使用程式語言解決生活與社會問題。

【建議年齡】小學高年級以上

【所需時間】五小時以上

【所需工具】機器動物園套組、下載好專用軟體的電腦。

【其他】機器動物園做完之後，可以嘗試挑戰更高一級的「地震災害＋CODE*」，內容是解決地震時避難所（體育館）發生的問題。

＊**機器動物園**
來自高知縣佐川町的程式語言講座，詳情請見網站。
http://hatsumei-lab.org/programming

＊**地震災害＋CODE**
詳情請見機器動物園的網站。

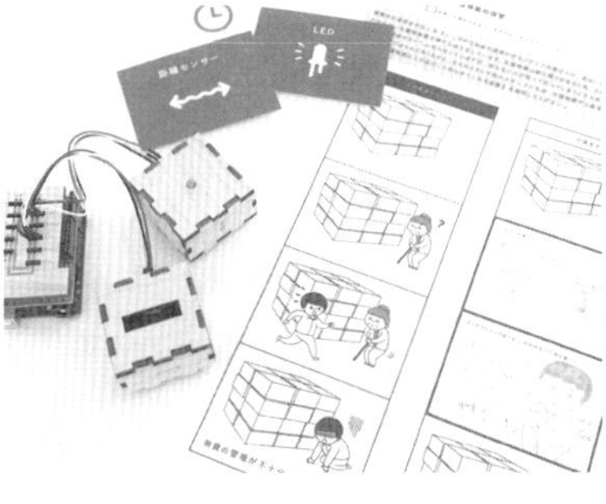

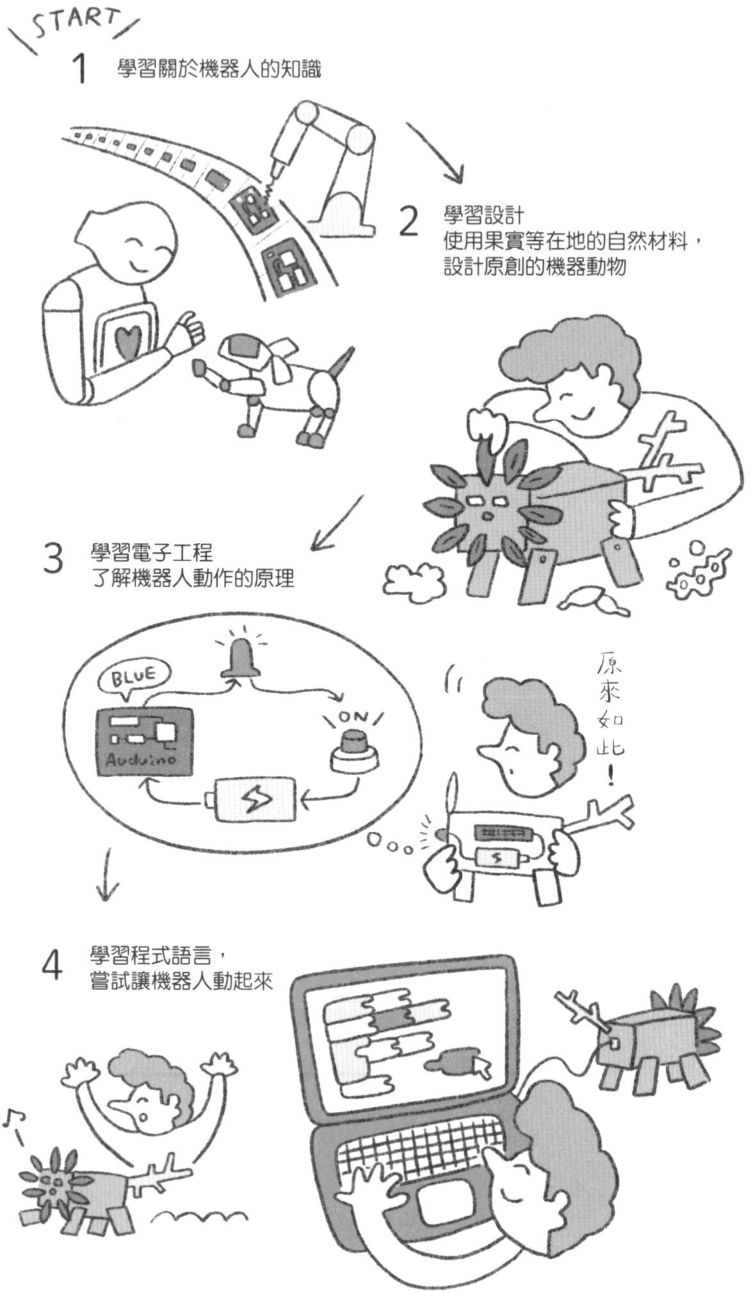
START
1 學習關於機器人的知識
2 學習設計
使用果實等在地的自然材料，
設計原創的機器動物
3 學習電子工程
了解機器人動作的原理
BLUE
ON
Auduino
原來如此！
4 學習程式語言，
嘗試讓機器人動起來

一般課程型：採用「提問」與「對話」的一般課程

大家總習慣在綜合學習與課外學習等，非一般課程的時間使用對話型教學。但是接受訪問的山藤旅聞老師表示他設計高中的生物課時也是以「提問」與「對話」為基調。他表示採用對話型教學，學生更有心學習，有效提升學力，也反映在考試成績上。所有課程都採用對話形式或許有些困難，不過希望大家可以試著把這種教學方式一點一滴應用在一般課程上，慢慢改變學生的學習型態。

【目的】

・實際體驗對話型課程的效果（愉快、好奇心、自主性、持續性、溝通能力、記憶留存）。
・學習「提問」的技術，刺激學習熱忱與好奇心。
・在一般課程促成學生主動自發，有心學習。

【推薦年級】小學～高中

【適合人數】沒有限制

【準備教材】無須特意準備

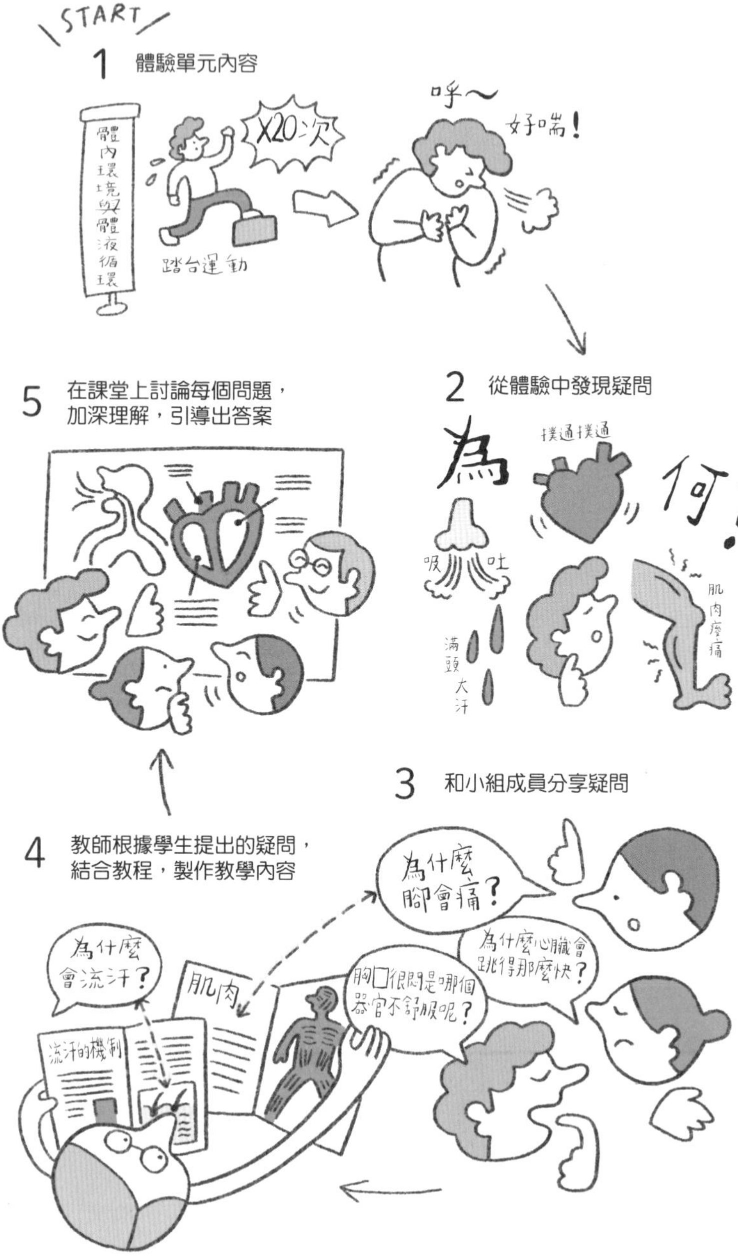
START
1 體驗單元內容
體內環境與體液循環
X20次
踏台運動
呼～
好喘！
2 從體驗中發現疑問
為何？
撲通撲通
吸
吐
滿頭大汗
肌肉痠痛
3 和小組成員分享疑問
為什麼腳會痛？
為什麼心臟會跳得那麼快？
胸口很悶是哪個器官不舒服呢？
4 教師根據學生提出的疑問，
結合教程，製作教學內容
為什麼會流汗？
肌肉
流汗的機制
5 在課堂上討論每個問題，
加深理解，引導出答案

SDGs和設計拓展的公民教育

日本的教育方式經常被稱為「產業教育*」，代表教育的主要功能是用來培育發展產業所需的人才。傳承至今的「大量生產社會所需的齊頭式教育」依然看得見這個特色。因應科技進化引進程式教育，因應全球化而提早英文教育等措施都是基於這個觀念。這些教育當然很重要，然而現代社會更需要的是「公民教育」——教育大家身為地方、日本與地球的一份子，應秉持責任行動。

SDGs說明何謂地方公民、地球公民的理想樣貌、生活與行動。「日本人每天廢棄的食物份量可以提供所有國民每天多吃一碗飯，我們可能改變這種飲食生活嗎？」、「塑膠微粒汙染眼前的海洋與破壞海洋生態系，我們可能做到零塑生活嗎？」透過與夥伴對話，討論這些與自己、地方、地球相關的問題，回顧自己的行為，思考如何解決問題，實際動手嘗試解決。這套學習過程當然也有「產業教育」的一面。

以SDGs為基礎的對話型教育極有可能培育出自覺身為地方一員，身

＊產業教育

誕生於英國的觀念，用於因應工業革命時期的產業結構變化。日本在一九五一年制定《產業教育振興法》，狹義的定義是教導學生從事農業、工業、商業與水產業等各類產業所需的知識、技術和態度。代表的例子是工藝課、家政課與高中職業科。

為地球一員的人才。

公部門角色

角色一　建立跨部門專案

公家機關各部門之間壁壘分明，其中又以教育委員會最為封閉。由於教育委員會與公所橫向聯繫不足，導致地方要一同展開新專案時，往往只有「教育」沒一起站在起跑點上。此外，學校老師的任命權掌握在都道府縣的教育委員會手上，而非市町村。這些阻礙導致執行專案時耗費更多時間。希望公家機關能儘快成立由企劃部門、教育委員會和學校相關人員（最好是有心積極改革的校長）組成的跨部門團隊。

角色二　串聯有心挑戰的人才與校方

越來越多學校設置地方學校聯合總部*，也越來越多地方舉辦串聯學校與

＊地方學校聯合總部
透過地方學校聯合活動推動員、家長會幹部、居民自治會、工商協議會、社會福利協議會、大學教授等專家、非營利組織代表等各界地方居民與組織參與，一同支援教育的鬆散網絡與推動體制。

地方人才的活動，可惜人數有限。

對話型課程單憑教師一己之力難以執行，往往需要地方各界人才提供協助。另一方面，許多人，尤其是年輕人有心推動與兒童相關的活動。希望透過地方營造活動，促成地方振興協力團隊等有心挑戰的人才與學校合作，從各種角度參與對話型設計教育。

角色三　促進教師參與地方活動

都道府縣採用的教師通常缺乏市町村當地的人際關係，鮮少有機會參加地方活動。參與地方活動與慶典等學童的日常生活，想必教師也能學到很多。希望能多呼籲教師參與擬定未來願景等活動。

角色四　提供學習對話技術的機會

我看過給公職人員參加的引導（Facilitation）研習，卻沒看過多少教師參加。希望能提供機會讓教師等各種職業的人學習如何引導。體驗公職人員、教師、業者、社福相關人士等各界人士參與的多方對話場域是珍貴的經驗。

角色五　實現「不棄任何人於不顧」的公共教育

無論是發育遲緩還是拒絕上學，現在越來越多學童需要細心陪伴才能持續學習。然而一旦脫離齊頭式教育的軌道，要再回到正軌並非易事。相較之下，對話型課程模式多元，可以靈活應對。經常可見平常上課消極沉默的孩子在對話型課程時眼睛閃閃發光，說起話來精神奕奕，嘗試挑戰困難的程式。跟不上齊頭式教育的孩子來到對話型課程的課堂上，大有機會磨練自己的潛能。

此外，透過對話型教育還能察覺家中有問題，或是遭遇霸凌等承受困難與痛苦的學童所出現的變化。提供學童機會與平常不會聊天的同學說話，也有助於預防孤立和霸凌。

希望公部門與校方能緊密鏈結，活用對話型設計教育，照顧到每一個家境複雜或是學習困難的孩子，讓他們融入地方社會。

第7章
新世代教育

終章

真正的「富足」在地方

前面的章節說明地方瀰漫形形色色的分裂，導致當地生態系瀕臨崩潰危機。想要重建地方生態，必須基於SDGs的觀念，由當地居民彼此建立社交連結，抱持相同想法，切磋琢磨，建立人與經濟都能順利循環的獨特生態系——土壤、太陽、風與水。

最後一章藉由我在日本各地累積的工作經驗與個人實際體驗的在地生活，介紹我認為存在於日本地方的五種「富足」。

高薪工作、最時髦的店家與休閒娛樂、自由刺激的生活型態……都是大都市特有的「富足」。這些特色都很美好，我也經常受到吸引。

然而日本經濟發展已經邁向成熟階段，網路串聯起全世界的資訊與人際關係，科技日新月異，促進生活急速便利化。因此在地球這個巨大的生態系當中，地球的居民所渴求的，所有日本人所渴求的，不分都會或地方居民所渴求的真正的「富足」，我相信存在於地方的生活當中。

不仰賴貨幣經濟的富足

我家附近有間傳統的魚鋪，是由祖父母、父母與兒子，一家三代一起經營。每天早上進貨的海產都是經過他們精心挑選，因此大獲好評，每天遠道而來的客人絡繹不絕。我家女兒打從有記憶以來都是吃這家魚鋪賣的魚，所以特別喜歡吃魚，尤其愛吃「銀鱈」。每次造訪魚鋪，對方都會介紹當季的海產，讓我們瞧瞧他們在廚房如何殺魚。前幾天我才請他們幫我剖墨魚，把墨囊拿出來，挑戰做墨魚義大利麵。

朋友一家人來訪時，我想做鯛魚飯招待對方，於是前往魚鋪買鯛魚。我告訴老闆想要買鯛魚來做鯛魚飯，當天卻剛好沒進貨。我正想放棄時，對方表示「我去問問認識的其他魚鋪，晚一點再來」。我再次登門時，魚鋪的確進了鯛魚，卻是一條非常巨大的鯛魚。我不得已只好請對方切好，好讓我帶回家。

「這樣多少錢呢？」

「五百塊就好，原本做鯛魚飯，不需要用到這麼大條的鯛魚吧！」

過度仰賴金錢的生活

以前住在大都市時，我總覺得有錢就能買到所有東西。速食店二十四小時提供飲食，便利商店二十四小時提供生活用品，健身房也是二十四小時營業。無論是教小孩功課還是父母需要長照服務，只要花錢就能解決所有煩惱。都市的居民極度仰賴貨幣經濟。三一一大地震告訴我們過度仰賴的下場。平常只要花幾百日圓買車票，搭上電車就能回到家的距離，改成步行卻要走上好幾個小時。無論是安全的飲水、食物、衛生紙還是汽油都得花費好大一番功夫才能取得，因為限電擔心炎炎夏日一事也還記憶猶新。

金錢原本是取代以物易物的便利工具。拿了魚要去換肉，不見得能剛好遇上有肉又想要魚的人。許多人於是養成先換好想要的東西的習慣。以日本為例，過去一般人想要的通常是布料與稻米。稻子的日文是「ne」。日文「價值」的「值」之所以與稻子同音，正是源自「這塊肉可以交換多少『ne（稻子）』呢？」另外，紙幣的「幣」原本意指成束的布帛。稻子會腐爛，布帛會骯髒，所以改用耐久性佳的金屬（硬幣）與方便攜帶的紙張（紙幣）來取代。現在更出現了信用卡、電子支付與虛擬貨幣等新型貨幣，克服時空造成的限制。貨幣為了促使人類交易更加便利，不斷進化，型態也隨之改變。

「購物」理論普及生活所有領域

金錢普及進化的過程與人類從農村移動到都市的時間重疊。農村社群固定於有限的人際關係，不需要複雜的金錢制度。都市生活需要與不特定多數的陌生人交換，金錢於是因而進化。在都市化的漫長過程中，人與人逐漸疏遠，人際關係的空隙改由金錢填補。換句話說，生活所需逐漸轉化為商品或服務，透過金錢取得。例如守望相助轉換為保全服務；請鄰居或祖父母看孩子轉換為托兒服務；教育原本的目的是透過學習實現理想與熱情，現在則是取得與學費等值的證照或是學歷的服務。

社會道德因為過度依賴金錢而敗壞

各類研究結果顯示社會愈是依賴金錢，道德愈容易敗壞。

以《正義：一場思辨之旅》（中文版為先覺出版）家喻戶曉的哈佛大學教授邁可．桑德爾（Michael Sandel）在其著作《錢買不到的東西：金錢與正義的攻防》（中文版為先覺出版）提出了二個引人深思的案例。

某間托兒所決定引進罰款制，希望能藉此遏阻家長接小孩下課時遲到。然而引進罰款制度後，別說是減少了，家長遲到的次數反而更多了，高達之前的二倍。原本守時是一種道德義務，藉由道德心克制自己，以免造成托兒所與教保員困擾。罰款制卻使得道德自制轉換為貨幣經濟，家長認為花錢就能買下教保員的時間。

瑞士政府選定山區小村沃芬希森（Wolfenschiessen）作為存放核廢料的候選地區之一，在居民公投決定是否同意之前，曾經對村民做過調查，發現贊成者占百分之五十一，反對者占百分之四十九。然而加上了建設存放設施時每年會提供補償金等「報酬」這項條件，贊成比率卻下降到百分之二十五。原本大家考量國家整體利益時，認為一定要有地方存放核廢料，所以基於公民道德決定接受。然而當決定的條件轉換為貨幣經濟理論時，大家轉為從利益得失的角度思考，喪失了公民道德。

在社會追求便利與效率的過程中，不同於利益得失的價值觀「公德心」逐漸消失在貨幣經濟的洪流之中。

金錢買不到的事物價值逐漸高張

在這個時代，金錢買得到一切，卻也可能因為物質生活豐富而失去慾望。現在二十至三十多歲的年輕人出生在經濟成長期結束之後，從未感受過何謂「景氣好」。青春期時已經出現手機、電腦與網路，娛樂活動是利用網路上的免費資源，衣服是靠價廉物美的快速時尚，也不怎麼覺得需要買汽車。

金融工程日新月異促使錢滾錢的現象持續不斷，社會上充斥尋求投資標的的資金，呈現資金過剩的狀態。由於缺乏足以購買的物品與投資標的，金錢的價值相對下降。另一方面，「關係」、「信用」、「時間」與「工作意義」等金錢買不到的東西則充滿價值。

利用各類經濟生活

貨幣以外的經濟

我在鄉下生活時，深深體會到這世上有些東西是金錢買不到的。雖然網路電商幾乎買得到所有東西，營業到深夜的便利商店等服務畢竟僅限於都市。由於鄉下還有強烈的淡旺季概念，很多食物錯過當季，再怎麼想吃也吃不到了。

另一方面，鄉下生活的另一個特徵是有各種手段能取代金錢，取得生活必需品。如果生活在鄉下，有機會收到各類當季與當地特有食材，例如：當令蔬菜、海產，以及山上抓到的野豬和野鹿等等（贈與經濟）。當路過的陌生農人在辦公室放了大量蔬菜便離開時，我實在大吃一驚。

海洋是居民的公共財，去海邊釣來鰕虎魚與星鰻；去河邊用寶特瓶做陷阱抓蝦子；在自家院子種植茄子，就有機會品嘗天婦羅大餐（自給經濟與共有經濟）。天婦羅的確出錢就買得到，可是和家人朋友一同釣魚、收成到烹飪的一連串體驗可不是花錢就能輕易買到。

不等價交換經濟

貨幣經濟的基礎是商品與金錢同時等價交換。然而到了鄉下，卻經常出現非金錢交易。典型的例子便是「分送」這種贈與經濟。甲送乙當令蔬菜，乙當下只能口頭道謝，日後用拿手的滷菜送給甲當作回禮。甲看到乙在院子裡除草，於是伸出援手（提供勞動服務），乙因此拿出親戚種的米作為回禮。當令蔬菜與滷菜，除草與送米，兩者的價值與交換時機都不一樣。價值因時因人而異，不見得必定等值。這種非等價交換在鄉下之所以能成立，是基於以下兩大關鍵。

1. 從「給予」開始

第一個關鍵是其中一方在不要求等價交換的前提之下「給予」，例如贈送當令蔬菜和幫忙除草都是免費奉獻。必須有人主動做出這件事，才會出現不等價交換。

2.交換不等價

另一個關鍵是交換不等價，也就是處於「一直欠人情」的狀態。例如乙很「感謝」甲幫忙除草，因此送甲米。甲收了米覺得「不過是幫忙除個草就收到米，真是不好意思」，於是開始思考「我還能幫忙哪些事情呢？」

回到本章開頭提到的魚鋪：我總覺得自己欠魚鋪「人情」。對方幫我調來做鯛魚飯要用的鯛魚還便宜賣給我，這正是「給予」的精神。我為了還這筆「人情債」，凡是要買魚一定會造訪這家魚鋪，也總會向左鄰右舍推薦。魚鋪是由兩個二十多歲的兒子負責在店面接待客人，我女兒每年一定會送他們情人節巧克力。

這種始於給予的非等價交換是影山知明教我的。他在東京都西國分寺經營一間名為「KURUMED COFFEE」的咖啡廳。

凡是人通常都有「獲得」和「給予」的兩大欲望：「想要賺錢」、「想要實現夢想」屬於前者，「想和別人分享美味的食物」、「想要貢獻社會」則是後者。這些欲望不是二選一，而是兩者並立。影山指出想要實現非等價交換，重點是這兩種欲望的順序：要先產生想要和周遭的人分享的欲望，才會產生非等價經濟的循環。

他在著作《慢慢趕》分享了一個故事，說明「非等價交換」的重要性。我聽了深受衝擊。原本在KURUMED COFFEE舉辦古典音樂會時，他採取的收費方式是贊助：事先告知參加所需的約略金額（一千五百日圓），實際參加費用由觀眾自行決定。幾乎每位觀眾支付的金額都超過一千五百元。他以為自己成功了，久而久之卻發現觀眾人數不見成長，逐漸看不出成效。有一天他終於驚覺原因出在「每次活動結束，主客雙方就『結清』了」。支付符合聆聽音樂會的金額（等價），聽完滿足地回家之後就沒有下一次了。當觀眾覺得音樂會的價值超過付出的金額時，才會產生「欠人情」的心情，進而帶動下一步：「今天真划算」「我在社群媒體上發篇宣傳文吧！」、「下次帶人來參加吧！」

在工作、地方活動與日常生活中，彼此給予自己能力所及之事（價值），回贈對方超過價值的謝禮——反覆這些非等價交換，建立起人與人互助合作的關係。做得到這點正是因為鄉下地方還保留了贈與、自給與共有經濟，而非單純仰賴貨幣經濟。

群眾募資始於給予

群眾募資逐漸成為地方居民挑戰新事業或是創業時募集資金的手段。這也不同於貨幣經濟，金錢與商品並非在相同時間等價交換。我也嘗試了三次，深深感到這完全也不是輕鬆獲得捐款的手段。希望能藉此獲得資金的人必須花上大把時間反覆琢磨自己的專案究竟能對社會貢獻多少價值，設定各類回禮給提供資金的人，在網路上向眾人提案。這種募資方式是從給予勞力和參加機會開始。資金來自對專案產生共鳴，覺得有價值的人。這些人提供資金並不是為了獲得與資金等價的回禮，而是對於有共鳴的專案或人給予自己能力所及範圍的金額。

日本除了所得稅，還必須繳納居民稅給當地政府。城鄉居民人數與薪資差距導致鄉下的地方政府所能收取的稅賦遠遠低於城市。日本政府因此制定了「故鄉稅」制度，國民可以選擇把部分居民稅改為繳納給其他有興趣的地方政府，地方政府也會報以回禮。然而各地地方政府為了增加稅收，紛紛提出高額的回禮，競爭越演越烈。政府不得不在二〇一九年三月成立法令來規範故鄉稅的亂象。這項制度原本是獎勵國民主動把部分居民稅「給予」故鄉或是其他有緣的地方，獲得居民稅的地方政府則提供當地特產做為回禮，藉由非等價交換獲得稅賦與愛好當地的支持者。然而制度的缺陷卻導致地方政府陷入貨幣經濟型的競爭，國民也淪為以得失為標準的消費者，失去貢獻當地與愛鄉愛土的熱情。

地方生活重視個人價值

想要給予，首先必須擁有得以給予的物品或能力。住在都市裡，進入組織工作，個人價值越來越模糊。利用頭銜與組織的力量賺取貨幣，用貨幣等價交換需要的商品與服務。儘管薪資代表自己在工作上的價值（工作內容），卻也會受到景氣、隸屬組織、雇用型態等因素左右，難以認定是純粹的自我價值。

然而地方生活不完成仰賴貨幣經濟，而是居民砥礪自己能夠給予周遭與當地社會的「價值」，先從自己開始「給予」，藉由給予建立關係，進而取得多種經濟維持生活。隨著網路與科技日新月異，更有可能實現這種生活方式。

在現代社會，金錢買不到的東西更有價值。仰賴多種經濟維生不正是充實富足的生活嗎？

以正確速度生活所帶來的心靈富足

距今約莫八年前，我每一至二個月會到位於日本海的離島生活。抵達目的地必須搭飛機二小時，轉乘巴士一小時，最後搭船約五小時，也就是約莫耗費一天。

每次前往離島時，我總是莫名地不舒服。從離島移動到東京時，還想像得出來為什麼人會不舒服。畢竟大都市人潮洶湧，加上生活步調緊湊與通勤通學時間電車擁擠，自然會感到疲倦。

直到現在，我還是忘不了那種反過來的奇妙感覺。剛從東京到離島時，身體一時無法習慣島上的氣氛，陷入無法言喻的慵懶倦怠。

這種感覺大概一兩天之後便會消失，接下來反而精神好得不得了。現在每個月有半個月在鄉下生活，已經不再出現倦怠感。想到當初每個月都要經歷一次，實在很神奇。

現在回過頭來想，這應該是身體為了適應島上悠閒時光的復健時間。

現代社會的速度是繩文時代的四十倍

所有哺乳類動物都享有相同的時間與能量

本川達雄在著作《大象時間老鼠時間：有趣的生物體型時間觀》提到無論是可以活

七十至一百年的大象，還是壽命只有三至十年的小家鼠，所有哺乳類一生的心跳次數幾乎都是十五億次。小家鼠每零點一秒跳一下，約莫持續五年；大象每兩秒跳一下，約莫持續九十年，各自達到十五億次後便壽終正寢。人類每一秒跳一下，所以壽命約五十年。織田信長吟詠的和歌說人生五十年，以生物學來說近乎正確。假設心臟是每個生物的生理時鐘，大象和小家鼠都享有同等的十五億次。

另外，無論身體大小，小家鼠、大象與人類每次心跳所耗費的能量都是二焦耳。二焦耳乘以十五億次是三十億焦耳，也就是一生消耗了三十億焦耳的能量就會壽終正寢。所有哺乳類動物都享有相同的時間與能量。第一次聽到這項知識時，深深感受到生命的神秘與偉大。

人類透過科學技術與石化資源，消費大量能量，延長與加速神明平等賜給哺乳類動物的時間。這就是所謂的人類進化史吧！

本川分析現代人消耗的能量約莫是繩文人的四十倍，也就是我們生活的步調比繩文人快四十倍。現代人是超高速動物。身體大小改變得不多，社會步調卻大幅提升。兩者的差距對身心造成負擔。

本川認為「只要放慢步調，縮小社會步調與生理時鐘的差距，解決時間環境的問題，溫室效應與能源枯竭問題自然也會隨之消失」。

資本主義與金融體系加速現代社會步調

資本主義與金融體系塑造了現代的超高速社會。

經濟學有「生產效率」一詞，據說日本比其他國家低得多。生產效率是勞動的產出量除以投入的勞動量。投入的勞動量可以想成是所有勞動者的總勞動時間。換而言之，生產效率是指每小時產出多少。

以股份有限公司為例，重視的是股東權益報酬率（Return On Equity，ROE）。這是一種指標，反映股東投資的資本能獲得多少利益。這是用全年的獲利（稅後淨利）除以股東權益所得出的數值。因此重視股東評價的老闆追求的是一年的短期利益，編列一年份的預算，要求大家積極工作以達標。然而達成預算目標，取得高營收，也不會反映在員工的薪水上，只有屬於富裕階層的股東和投資人不斷獲利。這是日本等全球各地都必須面對的資本主義課題之一。

利息機制

「利息」是金融界不可或缺的機制，促使商業積極發展。例如：想要創業的人需要資金，於是向金融機構借錢。金融機構借出時必定會要求利息。假設是百分之三的利息，代表借了一千萬，一年之後要還一千零三十萬。要是不早點還錢，利息就會越滾越多。結果短期間儘快獲利的壓力反而扭曲了原本創業的目的。

借錢這種行為是把自己未來的時間交到投資人手上。以《善惡經濟學：適度就是善，過與不及就是惡，經濟學的善惡之辯》一書膾炙人口的捷克經濟學天才賽德拉切克（Tomas Sedlacek）把借錢譬喻為「星期五的借酒澆愁」，意指上班族星期五晚上為了抒發壓力而喝了一堆酒，結果星期六日宿醉不適。星期五晚上喝酒熱唱的能量其實都是預支周末的力氣。交出自己的時間借錢便是預支。這種金融機制進入生活各種場面，推動社會整體加速前進。

次級房貸便是金融界榨取眾人未來，導致世界陷入混亂的典型例子。讓買不起房子的中低收入階層懷抱購屋的美夢，欺騙他們借貸乍看之下划算的房貸，最後落得破產的下場。次級房貸不僅毀滅了這些人的未來，還造成日本經濟重挫，企業業績惡化，開除派遣員工，失業率攀升。這便是預支未來造成的不幸事件。

以四季為基調的經濟留存於鄉下地方

相較於大都市受到金融資本主義左右，鄉下的生活步調緩慢悠哉。大都市的步調是以季度為單位，鄉下則是以四季為單位。

受到地球步調左右的產業結構

金融業、資訊業、製造業等業界都是以一季度，也就是三個月為單位，要求員工必須在短期內達成目標，提出成果。一結束又進入下一季，反覆這種手忙腳亂的日子。

另一方面，農林漁業等一級產業則是急不得。必須等待作物沐浴大量陽光，慢慢成熟；或是等待魚群隨著洋流而來。季節不是過去了就得忙著進行下一步，而是期待下一個季節，以及等待同一個季節明年來臨。這是以一級產業為主的區域才會有的感覺。

鄉下的生活結合季節活動與當季食材。我每個月都會造訪高知。高知是日本知名的水果王國。文旦、小夏與椪柑等柑橘類水果都會在產季時上架。我家女兒原本嫌棄柑橘類水果太酸，不願意吃，小夏卻讓他改觀。小夏在孟夏時分成熟，產季只有短短兩個月左右，轉眼便消失蹤影。要是錯過了就得等到明年，所以我們每年都很留意。

地方活動與慶典都和季節密不可分，錯過了只能等明年再來。要是以觀光資源為由，改成一年四季都能參與，最後通常都不會有好結果。這應該是「等待」這項要素與活動的本質緊密結合。

醫療、長照等地方的主要產業和人的一生關係緊密，產業經營必須以十年為單位。這些業界也應該與重視每年獲利和效率的市場法則切割。

地方社會不會只仰賴貨幣經濟

鄉下地方步調緩慢的另一個原因是，地方社會不會只仰賴貨幣經濟。貨幣的特徵之一是可以儲存，農產品的價值卻會隨著時間流逝而快速下降。獨占沒有益處，因此產生了轉讓共享，享受「當下」的感覺。

從「給予」開始同樣與時間息息相關。同樣都是咖啡廳，開在都市蛋黃區的高房租地段與租下鄉下便宜的空房子，可以承受的赤字期間有天壤之別。在鄉下地方才不需要急著獲利，有足夠的時間付出心力，慢慢等待眾人接納。

留給社群的時間

在鄉下生活，時間不是個人的資源，而是社群的財產。都市生活繁忙，首先犧牲的便是與他人一同度過的時光，也就是與家人朋友相處的時間。我們往往為了賺錢而工作，進而犧牲了這些寶貴的時間。

此外，都市生活由於住商分離，工作、育兒、娛樂與休息等生活機能分別位於不同區域，只能靠花錢或花時間來填補這些地區之間的距離。

另一方面，地方生活由於住家鄰近工作地點，生活範圍小，毋需長時間移動。每個地區又具備多重機能，譬如可以在職場育兒，在家裡辦公，無須多花時間與金錢。

有了多餘的時間，和他人的關係也會漸趨良好。要是想委託他人工作，對方卻正在忙，只要等到對方忙完就好，或是等到找到適合的人選。明明忙的時候正需要援手，沒時間又忙便只能一個人孤單面對了。「忙」這個字拆開來看是「心死」了。

能夠等待是一種幸福

能夠活在當下，緩緩等待未來來臨是一種幸福。

在本島與離島之間來來去去，有時會因為船班取消而回不了本島。這種時候我雖然有點懊惱，卻又有些竊喜。回不去也有回不去的辦法。

我在山區經營自造工房，距離開幕已經過了三年。剛開始是租借市民中心一隅，慢慢尋找地點，等了一年才遇上合適的場地。

新的場地位於小學生放學回家的路上，於是許多小孩下課後便來到工房。剛開始與其說是來做東西，不如說是來玩。然而日子久了，這些孩子逐漸發生變化。

「等待」是工房重視的要素之一。我們不會主動告知這些孩子應該做什麼，而是讓他們摸索出真正想做的事。大人總是想告訴小孩正確答案。孩子得知正確答案時雖然很高興，卻往往難以長長久久。反而是思考到最後，找到自己心中正確答案的孩子，才會接二連三地嘗試挑戰。

工房成立以來，樂在自造的兒童與日俱增，現在工房每個星期三和星期四開放自由參觀，回回總是擠滿了下課的孩子。當這些孩子開始成長改變，這股風氣也逐漸蔓延到大人之間。不過我們工房的文化要普及到大人之間，至少得再花上三年吧！

成長的新定義

望著孩子們，我感覺控制現代社會的「成長」概念其實是錯的。每當我看到日本政府與企業制定國內生產總額和營業額的目標，宣布「要比去年成長X個百分比」，總是不禁覺得「為什麼非得年年成長不可呢？」。

我不是要否定成長這件事，我本人也希望自己能持續成長。但是我所重視的「成長」與地方的「成長」，比較接近兒童長高的意象。每年測量身高體重時，大家總希望身高能夠確實增加。但是每個人長高的時期不盡相同。要求自己每年要長幾公分，或是要長得比朋友高，都是不切實際的目標。

成長幅度與極限，受體格、基因與生活環境影響，只要成長情況符合個人狀態便毋須擔心，不見得個子高才一定是好。身體到了某個程度自然會停止成長，心靈層面卻能持續提升。

如同植物隨季節遞嬗緩緩茁壯，耐心等待每個人逐漸成長，不操之過急，不過度要求。要追求的是質的成長，而非量的增加。這種關於「成長」的看法建立在扎根於鄉村生活的充盈時間之上，我相信這才是正確的觀念。

自己創造工作的富足生活

山口（化名）在人口約莫三萬人的山間小鎮經營「蜻蜓咖啡廳（假名）」。他在當地念到高中畢業，上大學時前往東京，進入汽車大廠工作，因為父親病倒而回到家鄉。

「剛開始我很想馬上回到東京」正當他想要逃離家鄉時，以前的同學邀請他參加社區營造的工作坊。他勉強自己參加，卻發現跟自己相同世代的年輕人都精神抖擻地討論家鄉的未來。

「當下大家問我：『阿山，你想做什麼？』我一時衝動，脫口而出：『我泡的咖啡很好喝，想讓大家嘗嘗看。』大家紛紛鼓勵我：『你就開間咖啡店嘛！我們沒地方聚會，你要是開了，我們一定會去捧場！』」

山口學生時代在咖啡廳打過工，自此迷上手沖咖啡，心裡有個角落想著總有一天要開家咖啡店。在眾人協助之下，他透過朋友介紹，在保留過去街道樣貌的鬧區中心，找到出乎意料的好店面。整家店都是他手工打造。

美味的咖啡與舒適的空間大獲好評，在社群媒體上傳了開來，現在出現不少客人是從其他鄉鎮遠道而來。咖啡廳成為當地的新名勝。他笑著對我說：「大家都很期待我泡的咖啡，沒有一天能休息」心滿意足的表情令人印象深刻。

遠離人生喜悅的工作

「工作」是充實人生不可或缺的要素之一。根據問卷調查結果顯示，「喜歡工作」的日本人不到一半。其中以六十至六十九歲者最多，占百分之五十八點八。年紀愈輕，愈是討厭工作，到了二十至二九歲僅剩百分之三十五點一，也就是只有三分之一的年輕人喜歡工作（第一〇一頁）。對於年富力強的世代而言，工作占去一天多數時間。工作無法充實人生，實為大不幸。

英國設計師兼社會主義活動家威廉．莫里斯（William Morris）表示「倘若勞動無法伴隨喜悅，這份工作就不值得做」。當時工業革命興起，導致工廠大量生產，粗製濫造，處處充斥廉價劣質的商品。莫里斯批評當時的現況，主張應當回到中世紀重視手工藝的生活，提倡「美術工藝活動（Arts and Crafts Movement）」，認為美術應與生活結合。他警告眾人工業革命導致「工作品質變化，工作帶來的喜悅減少」，這項忠告在他死後一百多年仍舊一針見血。

工作品質大幅改變，眾人難以在工作中發現樂趣，主因是工業革命帶來的新工作體制——分工。

以分工為前提的經濟逐漸消失

分工的目的是要最大化社會幸福

分工是把工作切分為多道工序，以便多人分別從事，促進個人專業化。這是近代經濟學之父亞當．史密斯（Adam Smith）所建立的概念。他在著作《國富論》中以裁縫用的別針製造過程為例，說明分工的效果。製造別針可分為「延展」、「切割」共十八道工序。所有工序由一個人負責，一天只能做一根。然而分成十個人各自負責一至二項工序，一個人平均可以做四千八百根，效率高達四千八百倍。

原本亞當．史密斯建立「分工」制度是為了增進眾人的幸福。分工普及促使效率提升，帶動更多人參與生產勞動，享受增加的產品。最後財富擴及至社會底層，消除貧困階層。

被迫從事工作

「管理」是有效進行分工，提升效率所不可或缺的體制。館岡康雄在著作《利他性經濟學——援助成為必然的時代》提到計畫、管理與控制的制度是為了促使分工的勞工朝著相同的目標前進，依上層命令行動所發展而成。

要是部分製造別針的團隊擅自休息，或是做起其他產品，分工便失去意義。為了預防這些情況產生，需要有人來管理勞工。管理人掌握生產整體過程，各工序負責人只看得到生產工程的一部分。在工作中感到喜悅是因為了解自己的工序具備何種目的，產品對社會又有何貢獻，感受到工作與社會有所連結。然而管理者為了提升效率，愈來愈細分工項。分工愈細，愈難感受自己與社會的關係。

館岡認為想要快速生產大量商品，把勞工也當作生產線上的零件最為有效。然而勞工會因此感覺物品的順位高於自己，覺得「被迫工作」。

分工促成大量生產、大量消費的社會出現，帶來富足繁榮的生活。民眾薪水增加，得以滿足物慾，享受物質生活，卻也因此接受「被迫工作」的痛苦，犧牲健全的精神。

以「分工」為前提的經濟逐漸消失

館岡表示這種建立於管理控制的經濟活動之所以成立，是基於以下三大前提：

1. 需要賣方市場，以便販賣大量製造的產品。
2. 制定管理計畫的前提在計畫期間不會改變。
3. 比起複雜的作業，勞動者投入的產出以單純的反覆作業居多。

然而這三大前提在當前社會早已完全瓦解。日本從一九九〇年代進入低成長時代，自此之後的二十年以來，一直處於前提一與前提二完全消失的情況，也就是大量製造卻不再有人大量消費，環境隨著時代劇烈變化。到了二〇〇〇年代，資訊革命興起，正式進入人工智慧時代，前提三的單純反覆作業轉為機械代勞。

工業革命的「分工」與「管理控制」所帶來的低成本、大量生產、產品一致的時代即將劃下句點，取而代之的是資訊革命帶來的新商業模式。

活用數位特性而產生的低成本、大量生產、個別化工作便是典型的例子。Google和臉書（Facebook）等內容產業以低成本大量提供符合個人需求的服務，而非整齊劃一的產品。第七章介紹的藥劑宅配服務透過電商服務協助顧客服藥，也是例子之一。

除此之外，工業革命之前的生產模式到了現代出現升級版。個人商店在大量生產、大量消費的時代難以存活。類似速食店的均一產品與服務，因為低價與品質劃一（不是惡劣）而獲得消費者青睞。

然而網路出現也帶來媒合個人商店與顧客的機會，自行烘焙咖啡豆的美味咖啡與手工皮革產品等，「個別化」的產品與服務得以透過網路送到渴望的顧客手上。

維生手段是結合公私的「自己的工作」

蜻蜓咖啡廳的咖啡好喝，又是當地唯一一家自行烘焙咖啡豆的咖啡廳，因而大受歡迎。山口忙到連休假的時間都沒有。

鄉下地方分工不普及，一個人斜槓多種工作是家常便飯。亞當・史密斯可能認為這是沒效率又古老的工作方式，卻是威廉・莫里斯認為充滿美麗喜悅的工作方式。

開店的事前準備是和參加工作坊時認識的夥伴一起塗牆壁油漆、鋪地板和作家具，菜單板和社群媒體用的影片則是自己動手做。店面改裝時還以固定攝影機拍攝過程並且上傳到社群媒體，不少客人為此特地遠道前來。

自行思考，自行製造，提供給顧客，從顧客嘴裡聽到「謝謝」二字，藉由成果獲得收入——這正是所謂「自己的工作」。

日本流行人生要「取得工作與生活的平衡」。這種觀念主張要公（工作）私（休閒娛樂）分明，生活應當重視休閒娛樂時間，我實在無法同意。在工作中發現喜悅，透過工作感覺自己活著比什麼都重要。

鄉下地方步調緩慢，透過個人信用能取得許多資源。這裡充滿能充實人生的工作機會，想要工作就自己創造，工作與生活不需要劃清界線。

身為「百姓」的富足生活

大野（化名）從事自伐型林業。他在三年前因為一歲的女兒申請不到公立托兒所，於是一家四口從東京搬來這裡。

他每周三天以振興地區協力隊的身分從事林業，在山區疏伐、開路，切割木材以供家具與建築使用。剩下來的四天中有一天是活用前一份工作的技術，為當地的老人家與同行針灸，以及利用當初當針灸師時學到的肌肉相關知識，當健身教練，教人重量訓練。

他最近和同樣是從外地移居來此處的工程師一起舉辦重現山間工作坊的活動「樵夫工作室」，並且發行虛擬貨幣「樵夫幣」，目的是交換山林資源。除此之外，他還碾碎檜木、櫟樹、核桃木與蘋果樹等枝條做成煙燻用的木屑，計畫販賣手工打造的煙燻機，工作橫跨各種領域。

大野表示：「我最近都不知道自己該算是哪一行了。」連結森林、身體與製造業，開創工作的無限可能性。

他的生活方式令我聯想起過去常見的光景，以及未來最先端的生活。

過去常見的光景指的是江戶時代百姓的生活。一般在日本提到百姓，第一個浮現腦海的印象是「農民」。其實「百姓」指的是「一百個姓（職業）」，也就是農工商等各界人士，泛指所有民眾。江戶時代的百姓大多是兼業農家，從木匠、泥水師傅、榻榻米行、髮型師到醫生，甚至連跟農業關係匪淺的神社神主都是兼顧神職與農業。當時的工作並未專業化，一個人往往身兼好幾份當地需要的工作，生活仰賴眾人相互扶持。

地方保留了百姓型經濟

在鄉下地方，一個人身兼數職是理所當然。因此移居到鄉下，這種兼差的意識加上上一節介紹的不等價交換，往往會帶來出乎意料的新工作。

以開咖啡廳為例，老闆投入資金，提供場地與服務。倘若開在大都市，提供場地與服務換來的是貨幣。每天的來店人數代表自己提供的服務有多少人感覺有價值，顧客單價代表上門的顧客每個人買了什麼又買了多少。等價交換的數量簡明易懂，兩者相乘便是營業額。

但是開在鄉下，提供咖啡換來的是往往是意想不到的價值。例如：顧客表示想讓奶奶也嘗嘗咖啡的味道，希望能外送到長照中心；鎮上舉辦慶典時，主辦單位希望能與剉冰店一起出攤；顧客表示自己田裡種了藍莓，希望能開發適合搭配咖啡品嘗的藍莓甜點。飲食相關的委託至少和咖啡還有點關係，有時候甚至會出現喜歡官方網站的設計，所以委託設計網站，或是聊到興趣是瑜珈，結果對方希望能開設瑜珈教室等等。

對於只是想開咖啡廳的人而言，這些委託或許是「找麻煩」。換個角度看卻是出乎意料的工作、新的賺錢方法自行上門來。在鄉下地方，不少人是靠出乎意料的收入生活，特別是從外地移居來的人。

自己的工作不只一種

百姓型生活擴大「做得來的事」與「想做的事」

現今社會所追求的「斜槓生活」之後會成為理所當然的光景。上一節我也介紹了「自己的工作」能讓人忘記公私之分，全心投入，充實人生。

在都市生活，所謂「自己的工作」聯想到的都是特殊專業的行業，例如：程式設計師、設計師、律師與會計師等等。我經常遇上年輕人正在找尋自我，摸索「想做的事」和「該做的事」。然而日本崇拜專業，認為「應當鑽研專業領域」，習慣批判多方嘗試的人，反而導致年輕人更加迷惘。

我遇到這些年輕人，總會勸他們「先從眼前的事情開始著手」。畢竟不先做做看不會知道。窩居在自己狹小的世界裡找尋自我也找不出個什麼答案。這個世界如此遼闊，在陌生的世界裡應該充斥了有意思的事。

先從「會做的事」開始，便能逐漸發現「想做的事」。特意只做一件事也是沒有意義的行為。畢竟沒有人知道這是否就是適合自己的那份工作，不需要壓縮自己的可能性。這個時代的工作環境與所需技術日新月異，只鑽研一件事情反而是高風險行為。

百姓型生活，也就是什麼都習慣自己來的鄉下生活，充斥遇上各類「原來這個我也做得來」的機會。

最近日本社會流行兼差做副業，我總覺得「副業」一詞很奇怪。以「副」的心態工作會做得好嗎？我也不能接受靠本行賺錢，用副業做喜歡的事這種觀念。如此一來，既做不好本行，也不能專心享受副業帶來的樂趣。既然要做，不如把副業也變成本行，改過「複業生活」。

數位經濟支撐百姓型經濟

資訊革命帶來的新工作模式是鄉下百姓型生活的好夥伴。

社群媒體、消費者對消費者（C to C）等連結個人的網路服務普及，實現了活用個人多方技術與資產的工作方式。例如：藝術家、專業人士和一般人都能製作衣服與雜貨等展現個人品味的作品，透過網路找到願意購買自己作品的人，增加獲得收入的機會；設計師等以接案方式工作的人，在網路上公開自己的專業領域與費用，發包者看了資訊之後直接連絡；把空房間租給他人，或是空閒時間去外送和做服務業等工作方式大幅增加賺錢的手段。

資訊革命之前，無論是消費者的需求（想要規格相同的高品質產品）還是製造端的需求（想要快速製造相同商品），一律是以大量製造、大量消費為前提。然而資訊革命促使雙方都能依照個人嗜好，自由挑選。

比起大都市，鄉下地方更能感受到資訊革命帶來的好處。放眼全世界，國土遼闊卻處處都有高速通訊網路的就只有日本了。當地人數愈少，人口愈老化，愈能感受到高速通訊網路的優點。公路、鐵路和航空等交通網絡日益發達，廉價航空公司推出的航班愈來愈多，前往大都市的交通手段變得快速價廉。就算住在鄉下也能前往日本與世界各地，從事各類工作。

百姓型生活靈活應對變化

看到大野的工作方式結合林業、身體保健與製造業，我想起東京都杉並區和田國中的前校長、教育改革實踐家藤原和博的主張：「利用職涯乘法，成為百萬分之一的人才。」百萬分之一相當於一個年級只有一個人，差不多是奧運奪牌選手的等級。大家或許會覺得成為如此稀有的人才很困難。其實職涯乘法是以身兼三種職業來計算。大野結合林業、身體保健與製造業，正符合藤原提出的概念。

三種職業相輔相成，一共能組合成七份工作，成為「七姓」。

第一個乘法是結合三種百分之一，成為百萬分之一。大野了解森林與樹木，知道如何保健身體與肌肉，又擅長製造業。的確有些工作非得要他來做才行。例如：活用森林資源，製造營養均衡的煙燻食品等等。

第二個乘法是結合林業與身體保健、林業與製造業、身體保健與製造業等二個百分之一，形成三份工作。提供一級產業人士保健服務便是結合林業與身體保健。

剩下來的三份工作是獨立執行林業、身體保健（針灸師）與製造業。

這七份工作不分本行與副業，而是因應情況挑選合適的工作，而且有時賺錢有時不賺。日前工時最長的是自伐型林業，收入多半來自開拓疏伐道路可獲得中央政府的補助金。補助金現在雖然是穩定收入，卻可能因為制度修訂而消失。

但是就算沒了補助金，還有六種賺錢的手段。有些能獲得穩定收入，有些是不定期收入，有些是為了未來的預先投資，或是賺不了錢但是能贏得與夥伴同樂的時間。「七姓」生活的優點就是能擁有屬於自己的投資組合。

自由遊走於多種知性領域，創造專屬自己的百萬分之一的價值，建立只有自己才作得到的工作型態——這正是在鄉下可能實踐的充實工作方式。

徹底活用身體與技術所帶來的滿足

我每年年初都會去北海道，連續三天窩在雪山裡爬上爬下。為此必須從十月開始節食與鍛鍊。事前準備要是順利，就會爬得很輕鬆；要是失敗了，一切都會付諸流水。我也在鍛鍊的過程中發現自己身體的弱點。今年大部分時間都花在爬斜坡上，疲勞都累積在左腰上。在二十度的世界（冬天的北海道，沒人會說零下），稍微爬一下山便滿頭大汗。在白茫茫的大雪包圍之下，在爬山的過程中逐漸排出累積一年的毒素。

我會年年造訪是因為當地兩位登山導遊無所不知。聽說最近原本住在沿岸的白尾海鵰逐漸移居內陸，原因是人類為了捕殺造成農損的動物，用鹿的內臟當餌。白尾海鵰於是前往內陸食用人類擱置不管的鹿內臟。他們對於生態變化的敏銳程度實在叫人大吃一驚。準備爬山之前，我們會討論天氣的話題，例如：前幾天很暖和是因為從南方來了兩個低氣壓，但是低氣壓今晚會通過北海道，到時候兩個低氣壓合併會帶來強烈的北風，所以明天可能會刮大風。考慮這些事情，同時利用GPS等最新科技，制定安全愉快的登頂路徑。

他們的房子在二〇一六年因為北海道豪雨而淹水，連工作所需的雪上摩托車都沾滿泥巴。大家都以為他們會就此放棄導覽的工作，沒想到他們分解雪上摩托車，擦拭清潔每一個零件，重新組裝，雪上摩托車就此復活。

感覺不到「活著」的時代

社會在經濟、科技與資訊主導之下日新月異，我們的生活遠比過去方便有效率。然而運用自己的手腳、肉體與頭腦的機會卻明顯減少。智慧型手機要是沒電了，我們便等不到人，也抵達不了目的地。要是失去所有依賴過度的科技，有時不禁害怕究竟該如何活下去？

社會福利、教育、環境與治安等日常所需在過去是透過自己的力量與在地或家庭的人際關係來獲得，在人際關係逐漸淡薄的現代社會，改由民間企業與公部門負責，仰賴金錢來解決。

在大量生產、大量消費的社會中，分工益發複雜，許多人感受不到自己的工作究竟有何意義，或是被迫在短期間內提出成果，為了賺錢只得長時間從事毫無興趣的工作。

在生活與工作環境轉變的過程中，人類逐漸失去原本具備的纖細感性、強韌的生命力、豐厚的人情味與深厚的道德心。許多人感覺不到自己活著，找不到生命意義。現在是「活著的感覺」日益稀薄的時代。

融合身體與技術，生活充滿活著的手感

活著的「手感」在大都市日漸薄弱，到了鄉下卻有很多機會能拾回這種感受。這裡的「手感」指的是影響自己之外的對象，直接感覺到對方的反應。這也是這個時代充滿價值又無法以金錢取得的重要體驗之一。

以我冬天去爬山為例，我在爬山的過程中得到的「手感」包括自己也是地球生態系的一員，與四季共存，有能力靠自己活下去以及夥伴的情誼等等。

農業、漁業與林業的工作是面對地方生態系，獲得生態系帶來的恩惠（感受）。我偶爾也會去釣魚。魚上鉤時的震動、拉上來時魚竿的重量、切魚時透過菜刀傳來的彈性、充滿

鮮度的口感……我藉由這些動作感受到許多。

地方經濟需要工匠支撐。除了製造漆器、和紙與陶瓷器等傳統工藝的工匠，蓋房子時需要鋪瓦與榻榻米工匠，慶祝兒童成長的七五三節與成人式等節慶需要製作和服的工匠，蓋墳墓則是石材工匠發揮拿手絕活。雖然這些工匠的手藝受到大量製造的產品所壓迫，地方經濟是建立在日本工匠確實的技術與優異的美學之上。

鄉下生活珍惜手感，重視觸感，習慣直接感受物體與人情味，充滿下工夫、親手做的工作機會。

融合身體與機械的智慧

提到下工夫和感受的價值，大家或許會以為我想建議回歸所謂「過去的美好時光」，也就是不方便又沒效率，但是充滿意義的日子。這不是我真正的主張。我相信人類今後也會繼續活用科技，持續解決生活中的各種不便與不快。

工業革命雖然剝奪了創作的喜悅與個性，資訊革命卻消弭了整齊劃一的工作方式與無聊反覆的勞動，想必能為人類重新奪回充滿喜悅與個性的工作。

比較大都市，地方更能感受到資訊革命帶來的好處。以人手不足的鄉下地方為例，想必很歡迎用科技取代人力，也有許多空間可供前導試驗，例如：引進自動駕駛的汽車、農耕機，以及無人機等等。

資訊革命之前，農業界討論機械化與大規模集約化時都集中於提升效率與生產力，缺乏考量農民喜悅與工作意義的觀點。然而活用資訊革命帶來的技術，或許有機會減輕農民的負擔，活用農民的智慧，提升種植農作物感受到的喜悅。無人機配合水稻生長情況，適當施肥；利用人工智慧操縱農耕機自動駕駛等都是活用數據的技術。

農業、林業與工匠的手工藝世界具備生活在自然環境中所獲得的「身體智慧」，以及科技進步所實現的「機械智慧」。想要融合身體與技術，在工作與生活中獲得諸多「感受」，可以前往地方實踐。

結語

我自從二〇〇八年成立 issue + design 以來，一路參與全國各地的地方營造活動。到了第八年，我決定要寫書告訴大家——地方營造需要「科學」輔助。

專案計畫在特定地區成功只是解決了當地的問題，無法套用在日本整體面對的問題。單純模仿成功案例，不了解活動本質，不因應各地情況調整，絕對無法再次迎來成功。我想要提倡的是根據科學方法建立的方法論，並且能夠運用在所有地方，而非根據過往的案例，模仿表面的形式。

當時我是以四種身分參與地方營造：提供援助的外聘顧問、設計師；隸屬地方政府的創意總監；當老闆成立事務所，雇用人才，執行地方營造相關業務；和家人一起生活的當地居民。立場不同，映入眼簾的情況也大相逕庭。我透過這些經驗發覺各地瀰漫形形色色的「分裂」，人與經濟的「生態系」陷入崩潰危機，而最重要的是要先促使生態系再生。我於是重新審視自己參與的地方營造活動，閱讀大量相關文獻，見了所有我想請教的人，最後得出我認定的地方營造永續發展的本質，彙整而成本書。

寫作本書時獲得多方大德協助，佐川町、神戶市、前橋市、御嵩町、新宮市、郡上市、富山市、嬬戀村等地方政府提供許多實踐的場域。尤其是有幸與高知縣佐川町的堀見和道町長合作，讓我有機會參與擬定願景、地方事業與教育等各種領域，並且在交換意見時獲得許多啟發，進而奠定本書核心概念。

英治出版的高野達成在執筆過程中給予溫暖關懷與細心協助，惠我良多。我最後沒能在平成年間出版，給他添了麻煩，實在不好意思（但是我在「平成年間完成校對」了！）岡崎智宏的插畫為本書增添色彩，讓內容更加簡明易懂。栗崎心、稻垣美帆、白木彩智、小菅隆太、竹井真希、土屋春奈、中村理紗與issue + design的成員儘管時間緊迫，仍舊完成各項出版作業，另外，自從issue + design成立以來，我認識了許多人。如果沒有遇到大家，我不會提筆寫下這本書。在此向各位表達由衷謝意。

最後我要感謝妻子千佐子在漫長的寫作期間一直支持我，女兒雪夕花和兒子空知總是以滿臉笑容撫慰我這個總是不在家又經常疲憊的父親。

二〇一九年四月。在即將邁入令和元年之際，於神田神保町。

筧　裕介

Entrepreneurship: What Everyone Needs to Know》，Oxford University Press，二〇一〇年
▶ 寺島實郎、日本綜合研究所《四七都道府縣幸福程度排行榜二〇一八年版》（暫譯，《全47都道府県幸福度ランキング2018年版》）東洋經濟新報社，二〇一八年
▶ 暉峻淑子《何謂豐饒？》（暫譯，《豊かさとは何か》）岩波書店，一九八九年
▶ 堂目卓生《亞當史密斯：《道德情操論》與《國富論》的世界》致良出版，二〇一二年
▶ 托馬斯·賽德拉切克《善惡經濟學：適度就是善，過與不及就是惡，經濟學的善惡之辯》大牌文化，二〇一三年
▶ 遠山正道《靠賣湯開店——貿易公司職員如何創造Soup Stock Tokyo》（暫譯，《スープで、行きます——商社マンがSoup Stock Tokyoを作る）新潮社，二〇〇六年
▶ 中野民夫《如何建立彼此學習的場域》（暫譯，《学び合う場の作り方》）岩波書店，二〇一七年
▶ 古樂朋、詹姆斯·H·福勒（James H. Fowler）合著《大連結：社會網絡的形成與對人類現實行為的影響》（暫譯，《Connected: The Surprising Power of Our Social Networks and How They Shape Our Lives》）Little, Brown Spark，二〇一一年
▶ 西村佳哲《創造自己的工作》（暫譯，《自分の仕事をつくる》）筑摩書房，二〇〇九年
《發揮專長生活》（暫譯，《自分を生かして生きる》）筑摩書房，二〇一一年
▶ 平川克美《轉型期間的混亂——經濟成長神話告終》（暫譯，《移行期の混乱——経済成長神話の終わり》）筑摩書房，二〇一三年
▶ 廣井良典《經濟不再成長的社會——新的「豐饒」構想》（暫譯，《定常型社会——新しい「豊かさ」の構想》）岩波書店，二〇〇一年
▶ 福岡伸一《生物與非生物之間：所謂生命，究竟是什麼？一位生物科學家對生命之美的十五個追問與思索》有方文化，二〇一九年
《動態平衡——為何此處有生命？》（暫譯，《動的平衡——生命はなぜそこに宿るのか》）木樂舍，二〇〇九年
《生命的故事》（暫譯，《せいめいのはなし》）新潮社，二〇一四年
▶ 藤原和博《十年後你還有工作嗎？——今後需要的「受雇力」》（暫譯，《十年後、君に仕事はあるのか？——未来を生きるための「雇われ力」》）Diamond社，二〇一七年
▶ 佛瑞德·克洛福德與萊恩·馬修斯合著《A+的秘訣》時報文化，二〇〇二年
▶ 細田高廣《言語創造未來》（暫譯，《未来は言葉でつくられる》）DIAMOND社，二〇一三年
▶ 堀江貴文與落合陽一合著《二〇三〇工作地圖：當三四種定型化工作即將消失，你的未來就從現在的選擇開始決定》商周出版，二〇一九年
▶ 本川達雄《大象時間老鼠時間：有趣的生物體型時間觀》方智出版，一九九七年《生物多樣性——由「我」出發的進化、遺傳與生態系》（暫譯，《生物多様性——「私」から考える進化・遺伝・生態系》）中公新書，二〇一五年
▶ 邁可·桑德爾《錢買不到的東西：金錢與正義的攻防》先覺，二〇一二年
▶ 前田正子《無子高齡化——無人出生的恐怖》（暫譯，《無子高齢化——出生数ゼロの恐怖》）岩波書店，二〇一八年
▶ 米哈里·契克森米哈伊《心流：高手都在研究的最優體驗心理學》行路，二〇一九年
▶ 山崎亮《縮小充實的日本「參加」為人口減少社會帶來希望》（暫譯，《縮充する日本「参加」が創り出す人口減少社会の希望》）PHP研究所，二〇一六年
▶ issue + design project《改變地方的設計——社群恢復活力的三十個點子》（暫譯，《地域を変えるデザイン——コミュニティが元気になる30のアイデア》）筧裕介審定，英治出版，二〇一一年
▶ Alex "Sandy" Pentland "The science of building great teams", Harvard business review, September 2012
▶ 威廉·伊薩克《深度匯談：企業組織再造基石》高寶，二〇〇一年

參考資料

- ▶安宅和人《議題思考：用單純的心面對複雜問題，交出有價值的成果，看穿表象、找到本質的知識生產術》經濟新潮社，二〇一七年
- ▶亞當．格蘭特《給予：華頓商學院最啟發人心的一堂課》平安文化，二〇一三年
- ▶新井和宏《幸福的人懂「金錢」與「工作」》（暫譯，《幸せな人は「お金」と「働く」を知っている》）EASTPRESS，二〇一七年
- ▶家入一真《金錢流動的社會。或是為什麼你應該生活在小經濟圈裡？》（暫譯，《ならかなお金がめぐる社会。 あるいは、なぜあなたが小さな経済圏で生きるべきなのか、ということ。》）Discover 21，二〇一七年
- ▶石川善樹《壽命長短取決於朋友多寡》（暫譯，《友だちの数で寿命はきまる》）magazine house，二〇一四年
- ▶伊藤大介、近藤克則〈需援助、長照認定率與視為社會資本指標之地方組織參與比率的關聯：JAGES專案之長照保險人單位分析〉《社會福祉學五四卷二號》二〇一三年
- ▶中土井僚的著作《看漫畫學U型理論》（暫譯，《マンガでやさしくわかるU理論》）日本能率協會管理中心，二〇一五年
- ▶岩崎博論《發現機會——從生活者出發的市場》（暫譯，《機会発見——生活者起点で市場をつくる》）英治出版，二〇一六年
- ▶內井惣七《夏洛克．福爾摩斯的推理學》（暫譯，《シャーロック・ホームズの推理学》）講談社，一九八八年
- ▶小田理一郎《學習的組織》（暫譯，《学習する組織》）英治出版，二〇一一年
- ▶奧圖．夏默《U型理論第二版：感知正在生成的未來》（暫譯，《Theory U: Leading from the Future as it Emerges, 2nd edition》）Berrett-Koehler Publishers，二〇一六年
- ▶落合陽一《日本再興戰略》（暫譯，《日本再興戰略》）幻冬舍，二〇一八年
- ▶筧裕介《社會設計實踐指南——解決地方問題七步驟》（暫譯，《ソーシャルデザイン実践ガイド——地域の課題を解決する7つのステップ》英治出版，二〇一三年
  《人口減少X設計　用數據與設計思考想想地方與日本的大問題》（暫譯，《人口減少Xデザイン地域と日本の大問題を、データとデザイン思考で考える》）英治出版，二〇一五年
- ▶影山知明《慢慢趕——從咖啡廳推行不把人當手段的經濟》（暫譯，《ゆっくり、いそげ——カフェからはじめる人を手段化しない経済》）大和書房，二〇一五年
- ▶國谷裕子《播報員這種工作》（暫譯，《キャスターという仕事》）岩波新書，二〇一七年
- ▶詹姆斯・韋伯・揚《創意的生成：廣告大師私家傳授的創意啟蒙書》經濟新潮社，二〇〇九年
- ▶島根縣中山間地區研究中心《實施低碳、循環、自然共生的環保政策對於地方經濟與社會的效果評鑑之研究報告書》島根縣中山間地區研究中心，二〇一六年
- ▶志水宏吉《「人際關係差距」影響學力》（暫譯，《「つながり格差」が学力格差を生む》）亞紀書房，二〇一四年
- ▶關澤英彥《調查力》（暫譯，《調べる力》）ASUKA F　PRODUCTS，二〇一〇年
- ▶高濱正伸《十歲是育兒分水嶺》（暫譯，《子育ては、10歳は分かれ目》）PHP研究所，二〇一八年
- ▶館岡康雄《利他性經濟學——援助成為必然的時代》（暫譯，《利他性の経済学——支援が必然となる時代へ》）新曜社，二〇〇六年
- ▶佐川隊《大家制定的綜合計劃》（暫譯，《みんなでつくる総合計画》）學藝出版，二〇一六年
- ▶David Bornstein、Susan Davis《大家都該知道的社會創業》（暫譯，《Social

作者
筧　裕介

一九七五年生，一橋大學社會學院學士，東京工業大學研究所、東京大學研究所工業系研究科修畢（工學博士）。二〇〇八年成立社會設計非營利組織issue+design，自此著手研究解決社會問題的設計並加以實踐。曾獲日本計畫行政學會獎勵獎、GOOD DESIGN獎、竹尾設計獎、坎城創意獎（法）、D&AD獎（英），獲獎無數。個人著作包括《社會設計實踐指南——解決地方問題七步驟》、《人口減少X設計　用數據與設計思考想想地方與日本的大問題》，合著、審定著作包括《改變地方的設計——社群恢復活力的三十個點子》、《設計能為地震災害做什麼？》（暫譯，《震災のためにデザインは何が可能か》NTT出版）。

issue + design
http://issueplusdesign.jp

二〇〇八年成立的社會設計非營利組織，成立概念是「民眾發揮創造力解決社會議題」。針對地方、日本與整個世界所面臨的社會問題，由民眾、公部門、大學與企業攜手合作，嘗試使用設計之美與同理心挑戰如何解決。與公部門、企業一同推動的設計專案包括協助三一一大地震志工的「技能背心」、協助懷孕生育的「親子健康手冊」、認識更多人的旅遊導覽「Community Travel Guide」、和三百名居民一同勾畫未來的「高知縣佐川町大家制定的綜合計劃」、規劃未來和失智症患者共生的「共創失智症未來樞紐」等等。

地方創生×SDGs的實踐指南
孕育人與經濟的生態圈，創造永續經營的地方設計法

持続可能な地域のつくり方——
未来を育む「人と経済の生態系」のデザイン

作　　者　筧　裕介
譯　　者　陳令嫻
審　　定　黃世輝、李宜欣

主　　編　董淨瑋
編輯顧問　林承毅
責任編輯　黃阡卉
封面設計　陳恩安
內頁排版　立全電腦印前排版有限公司

出　　版　裏路文化有限公司
發　　行　遠足文化事業股份有限公司（讀書共和國）
地　　址　新北市新店區民權路108-3號8樓
電　　話　02-2218-1417
傳　　真　02-2218-8057
Email　service@bookrep.com.tw
客服專線　0800-221-029

法律顧問　華洋國際專利商標事務所　蘇文生律師
印　　刷　凱林彩印股份有限公司
初　　版　2022年4月
初版四刷　2024年8月
定　　價　680元

國家圖書館出版品預行編目(CIP)資料

地方創生×SDGs的實踐指南：孕育人與經濟的生態圈，創造永續經營的地方設計法/筧裕介著；陳令嫻譯. -- 初版. --
新北市：裏路文化有限公司出版：遠足文化事業股份有限公司發行，2022.04 面；　公分
譯自：持続可能な地域のつくり方：未来を育む「人と経済の生態系」のデザイン
ISBN 978-626-95181-4-2(平裝)

1.CST: 社區發展 2.CST: 永續發展 3.CST: 日本

545.0931　　111003138

JIZOKUKANO NA CHIIKI NO TSUKURIKATA
MIRAI WO HAGUKUMU "HITO TO KEIZAI NO SEITAIKEI" NO DESIGN by Yusuke Kakei
Copyright © Yusuke Kakei, 2019
All rights reserved.
Original Japanese edition published by Eiji Press, Inc.
Traditional Chinese translation copyright © 2022 by make paths CO., LTD.
This Traditional Chinese edition published by arrangement with Eiji Press, Inc., Tokyo, through HonnoKizuna, Inc., Tokyo, and Keio Cultural Enterprise Co., Ltd.

Printed in Taiwan
著作權所有・翻印必究

特別聲明：
有關本書中的言論內容，不代表本公司／出版集團的立場及意見，由作者自行承擔文責。